爪哇明珠
ZHAOWA MINGZHU

力共建命运共同体
能托起

国能集团印尼爪哇7号项目
开发建设运营实践

爪哇7号项目工程纪实编辑委员会 编著

企业管理出版社
ENTERPRISE MANAGEMENT PUBLISHING HOUSE

图书在版编目（CIP）数据

助力共建命运共同体 国能托起爪哇明珠：国能集团印尼爪哇7号项目开发建设运营实践 / 爪哇7号项目工程纪实编辑委员会编著. －北京：企业管理出版社，2022.11

ISBN 978-7-5164-2716-3

Ⅰ.①助... Ⅱ.①爪... Ⅲ.①能源经济－国际合作－项目管理－中国、印度尼西亚 Ⅳ.①F426.2 ②F434.262

中国版本图书馆CIP数据核字(2022)第174775号

书　　名：	助力共建命运共同体 国能托起爪哇明珠：国能集团印尼爪哇7号项目开发建设运营实践
书　　号：	ISBN 978-7-5164-2716-3
作　　者：	爪哇7号项目工程纪实编辑委员会
责任编辑：	于湘怡
出版发行：	企业管理出版社
经　　销：	新华书店
地　　址：	北京市海淀区紫竹院南路17号　邮　编：100048
网　　址：	http://www.emph.cn　电子信箱：1502219688@qq.com
电　　话：	编辑部（010）68701661　发行部（010）68701816
印　　刷：	北京虎彩文化传播有限公司
版　　次：	2022年12月第1版
印　　次：	2022年12月第1次印刷
规　　格：	700毫米×1000毫米　开　本：1/16
印　　张：	23.25印张
字　　数：	350千字
定　　价：	98.00元

版权所有　翻印必究 · 印装有误　负责调换

本书记录和呈现了爪哇7号项目采用中国电力标准体系，发挥国华电力专业化优势，依靠中印尼社会各界及建设者的力量，团结协作，积极响应中国"一带一路"倡议与印尼"全球海洋支点"构想，基于共生模式，成功打造中国境外投资建设的生态环保、节能降碳、容量最大电站项目的过程。

向所有为项目栉风沐雨、努力奉献的中印尼社会各界及建设者致敬！

2017年9月5日，时任中国国有重点大型企业监事会主席李克明（右一）到爪哇7号项目视察

2019年8月11日，时任中国驻印尼大使肖千（左二）到爪哇7号项目调研

2017年1月11日，时任中国驻印尼大使馆公参王立平（左五）到爪哇7号项目调研

2019年9月28日，时任中国驻印尼大使馆参赞潘永录（左五）到爪哇7号项目调研

2020年2月29日，印尼PLN总裁一行到爪哇7号项目调研考察

2018年12月7日，时任印尼PLN总裁（右二）到爪哇7号项目调研考察

2017年10月3日，时任神华集团有限责任公司总经理凌文（前排左二）到爪哇7号项目视察

2019年11月28日，国家能源集团领导张国厚（中排左二）到爪哇7号项目调研指导

2015年12月20日,时任神华集团副总经理王树民(左二)到爪哇7号项目视察

2019年3月27日,时任国家能源集团副总经理米树华一行到爪哇7号项目调研考察

2019年11月20日,时任国家能源集团外部董事刘国胜、赵吉斌一行到爪哇7号项目调研考察

2019年11月10日,时任中国神华总经理杨吉平一行到爪哇7号项目调研考察

2017年6月8日，时任国华电力公司董事长肖创英（前排右二）到爪哇7号项目调研

2019年11月10日，时任国华电力公司董事长宋畅一行到爪哇7号项目检查指导工作

2020年9月1日，时任国华电力公司总经理李巍（前排右四）到爪哇7号项目慰问疫情中坚守一线的全体员工

2019年3月20日，时任国华电力公司总工程师陈寅彪（前排左三）到爪哇7号项目检查指导工作

2021年度亚洲电力大奖——快发能源项目金奖

2021年度亚洲电力大奖——煤电项目金奖

证 书

证书名称：2022 年度中国电力优质工程

工程名称：国家能源集团印尼爪哇 2×1050MW 燃煤发电工程

建设单位：神华国华（印尼）爪哇发电有限公司

证书编号：2022-DYJW01-01

中国电力建设企业协会
二〇二二年六月

2022年度中国电力优质工程奖

2022—2023年度国家优质工程金奖

爪哇7号项目工程简介

国家能源集团印尼爪哇2×1050MW燃煤发电工程（下称爪哇7号项目）位于美丽的印尼爪哇岛万丹湾，是中国"一带一路"倡议与印尼"全球海洋支点"构想对接的典范项目，受到中印尼两国政府的高度关注。

工程采用BOOT模式，由国家能源集团与印尼国家电力公司（PLN）按照7：3的比例出资建设。工程于2017年6月30日开工，2020年9月23日竣工投产。工程总投资18.83亿美元（120亿元人民币）；工程建设合规性文件、验收文件齐全，实体质量优良，截至2022年9月30日，两台机组安全生产1024天。

工程汇聚中国设计、装备制造、施工建设、运营管理优势，带动中国电力工程成体系、高台阶、大规模"走出去"。工程主要有以下亮点。

● 境外投资建设单机容量最大、参数最高、技术最先进、指标最优的环保型电站，各项指标为境外同期同类工程最优水平。

● 中国技术、设备输出最多，工程采用中国标准、中国制造，主要设备134项，涉及中国厂家1200家。

● 多项设备容量为世界最大，包括最大褐煤锅炉、最大容量发电机组等。

● 采用50多项创新技术，整体设计水平领跑境外同期同类工程。

● 构建了可借鉴的海外电站工程管理体系，官方媒体评价项目是"一带一路"可借鉴、可复制、可推广的实体案例。

工程获得2022—2023年度国家优质工程金奖、2022年度中国电力优质工程奖、2021年度亚洲电力大奖"煤电项目金奖"及"快发能源项目金奖"等多个重要奖项；获得中国省部级奖项60项，其中科技进步奖22项（一等奖8项）。

工程牢记"国家、荣誉、责任"的光荣使命，打造了21世纪海上丝绸之路的能源新地标，在国际舞台上展示了中国智慧和中国方案！以"共商、共建、共享"精神，树立了国际合作的成功典范！

爪哇7号项目大事记

回顾爪哇7号项目的建设与运营历程，一个个关键时刻令人难忘。

● 2015年12月10日，取得爪哇7号项目预中标通知书。

● 2016年3月10日，神华国华（印尼）爪哇发电有限公司召开第一次股东大会。

● 2016年3月29日，神华国华（印尼）爪哇发电有限公司与印尼国家电力公司（PLN）签署购电协议（PPA合同），2016年4月7日合同正式生效，项目融资和建设进入实质性阶段。

● 2016年7月6日，神华国华（印尼）爪哇发电有限公司与中国能源建设集团浙江火电建设有限公司和山东电力工程咨询有限公司联合体签署神华国华印尼爪哇7号2×1050MW燃煤发电工程EPC合同。

● 2017年1月16日，爪哇7号项目桩基工程正式开工。

● 2017年3月17日，爪哇7号项目煤码头正式开工建设。

● 2017年6月30日，爪哇7号项目顺利浇筑主厂房第一罐混凝土。

● 2017年9月27日，爪哇7号项目1号锅炉钢结构正式吊装。

● 2018年9月22日，爪哇7号项目210米钢筋砼烟囱外筒顺利实现结顶。

● 2019年7月5日，爪哇7号项目煤码头正式投运。

● 2019年12月12日，爪哇7号项目1号机组成功完成168小时试运，1号机组正式投产。

● 2019年12月13日，爪哇7号项目1号机组获得商业运营证书（COD），1号机组正式进入商业运营期。

● 2020年8月12日，神华国华（印尼）爪哇发电有限公司克服新冠肺炎疫情影响先后组织近150名中方生产基建及管理人员复产复工。

● 2020年9月23日，爪哇7号项目2号机组一次通过168小时试运顺利投产，圆满实现工程全面竣工。

● 2020年11月30日，爪哇7号项目取得印尼"国家重点项目"认证。

● 2021年1月14日，爪哇7号项目1号机组首次检修圆满完成，冲转一次成功，各系统设备运行平稳，机组轴系振动达到优良水平。

● 2021年7月8日，爪哇7号项目取得2号机组COD文件，成功完成全厂转入商业运行。

● 2021年11月4日，"亚洲电力"评委会正式宣布爪哇7号项目在2021年度亚洲电力大奖赛中获得"快发能源项目金奖"和"煤电项目金奖"。

● 2022年6月28日，爪哇7号项目荣获中国电力建设企业协会颁发的2022年度中国电力优质工程证书。

● 2022年12月，爪哇7号项目荣获2022—2023年度国家优质工程金奖。

爪哇7号项目规范名称

1. 国家能源集团印尼爪哇2×1050MW燃煤发电工程或神华国华印尼爪哇7号2×1050MW燃煤发电工程，简称：爪哇7号项目、本项目、本工程
2. 神华国华（印尼）爪哇发电有限公司，简称：印尼爪哇公司、项目公司
3. 神华国华（印尼）爪哇运维有限公司，简称：印尼爪哇运维公司、运维公司
4. 中国能源建设集团浙江火电建设有限公司，简称：浙江火电
5. 山东电力工程咨询院有限公司，简称：山东院
6. 印尼浙江能源建设有限公司，简称：印尼浙火
7. 山东电力工程咨询院有限公司印尼分公司；简称：印尼山东院
8. 山东鲁电国际贸易有限公司，简称：鲁电国际
9. 中国港湾（印尼）有限公司，简称：中港印尼
10. 湖北中南电力工程建设监理有限责任公司，简称：中南监理、施工监理
11. 中国能源建设集团广东省电力设计研究院有限公司，简称：广东院、设计监理
12. 中交第四航务工程勘察设计有限公司，简称：四航院
13. 电力规划设计总院，简称：电规院

注：（1）浙江火电、山东院、鲁电国际、印尼浙火、印尼山东院、中港印尼合称EPC联合体，其中浙江火电为EPC牵头方；（2）浙江火电、山东院、鲁电国际、印尼浙火、印尼山东院、中港印尼、中南监理、广东院合称各参建单位；（3）中南监理和广东院合称监理单位。

缩写释义

1. PPA：购电协议
2. PLN：印尼国家电力公司
3. IPP：独立发电商
4. IFC：国际金融公司
5. BOOT模式："建设—拥有—运营—移交"模式

6. **RFP**：招标书

7. **PJB**：印尼国家电力公司全资子公司

8. **MSL**：平均海平面高程

9. **GIS**：气体绝缘全封闭组合电器

10. **ASTM**：美国材料与试验协会

11. **IEC**：国际电工委员会

12. **NFPA**：美国国家防火协会

13. **PJBI**：印尼国家电力公司子公司

14. 印尼 **MNA** 公司：印尼粮油公司

15. **TVC**：国华专利技术——带蒸汽热压缩器

16. **MED-TVC**：6效两级逆流工艺低温多效蒸馏

17. **Term Sheet**：关键性条款

18. **CP和CS**：前置条件和后置条件

19. **OM**：运维

20. **CSA**：供煤合同

21. **EPC**：指公司受业主委托，按照合同约定对工程建设项目的设计、采购、施工、试运行等实行全过程或若干阶段的承包

22. **LOI**：中标意向函

23. **JISDOR**：印尼盾与美元的兑换基础

24. **COD**：电站项目投入商业运行日期

25. **TUKS**：自建码头

26. **TERSUS**：专用码头

27. **Master List**：进口货物减免税清单

28. **OSS系统**：运营支撑系统

29. **DPMPTSP/K/L**：一站式综合服务窗口

30. **AMDAL**：生存环境影响分析

31. **SLO**：运行许可（由PLN颁发给电力企业，允许其接入电网系统并开展电力生产的许可性文件）

32. **FCB**：机组快速甩负荷至带厂用电运行，即"孤岛运行"

33. **ITP**：设备检验及试验计划

34. **APS**功能：一键自启停功能
35. **BKPM**：印尼投资协调委员会
36. **QHSE**管理人员：质量健康安全环境管理人员
37. **IPP**：独立发电运营商（PLN以外投资印尼电力建设的企业）
38. **PLTU**：火力发电厂
39. **ANDAL**：环境影响分析
40. **RPL**：环境监测规划
41. **RKL**：环境治理规划
42. **PT**：合作有限责任公司
43. **RB**：当机组正常运行时，突然有一台或两台辅机发生故障跳闸，机组系统能自动快速减负荷，以维持在低负荷下继续运行，RB即指机组系统在这种事故状态下的自动处理功能

编委会

顾　　问： 温长宏　崔育奎　余西友　闫子政　李立峰　封官斌
　　　　　　闫卫东　郝建光　俞　玮　王作峰　李华强
编委会主任： 赵志刚　陆成骏
编委会委员： 徐北辰　安　亮　刘　琦　沈建飞　高景民　刘朝阳
　　　　　　周翔龙　钱义生　安耀国　王学成　徐雪冬　刘绍慰
　　　　　　王　有　李建忠　滕　跃　邢鹏飞　高志华　陈　伟
　　　　　　鲁德利　顾巨红　赵忠明　沈启亮　徐　旸　林长春
　　　　　　孙　文　齐光才　董广君　章　鹏

编者的话

本书的编者是一群正在或者曾在印度尼西亚工作和生活的中国建设者，这些专业人士将自己在印尼参与国家能源集团印尼爪哇7号项目建设的真实感受和所见所闻汇编成书献给广大读者，本书凝聚了项目建设者的宝贵经验与所思所得。

中印尼两国社会各界共同努力，建设者于杂草丛生的印尼沿海滩涂之上，携手打造出这个世界一流水平的现代化大型能源项目。本项目建成投运以来创造了一系列优异的运营成绩，为带动中国技术、中国装备与中国标准"走出去"，为确保能源安全，以及推动中印尼共建"一带一路"等做出了重要贡献。爪哇7号项目正在安全稳定、源源不断地为印尼人民提供优质高效的电能。

本书编写的初衷就是将爪哇7号项目亲历者的感受分享予读者，将项目建设与投运过程中的经验总结出来，为中国电力企业提供一定的借鉴和参考。

踔厉奋发、勇毅前行之际，本书编者以亲身经历为"一带一路"倡议的实施丰富内涵，用实际行动为中印尼两国的经济发展和民生福祉添砖加瓦。

衷心希望这本书能为读者提供有关大型能源建设国际合作项目体系完整、真实生动的素材，帮助读者更好地了解建设者在海外参与大型能源项目的奋斗历程和在实践中获得的宝贵经验。

爪哇7号项目工程纪实编辑委员会

目录

第一章　聚焦爪哇7号项目 ... 1
第一节　项目圆满竣工 ... 2
第二节　逐梦爪哇 ... 5

第二章　顶层设计及前期工作 ... 15
第一节　建设理念和管理原则 ... 17
第二节　项目前期筹备 ... 25

第三章　基建历程 ... 41
第一节　起而行之，拓荒谱新篇 ... 42
第二节　首创海外基建管控体系 ... 63
第三节　海外EPC项目管理举措建议 ... 80

第四章　参建同心 ... 85
第一节　同奏华章，筑"梦之队" ... 86
第二节　设计龙头，采购尖兵 ... 88
第三节　能建者上，铸就精品 ... 109
第四节　弄潮涛头，擘画彩虹 ... 119
第五节　夯实合作，行稳致远 ... 127

第五章　生产准备及运营　151

- 第一节　爪哇运维公司筹建　152
- 第二节　项目公司运行特色及亮点　162
- 第三节　生产基建一体化　165
- 第四节　生产运营挑大梁　172

第六章　人资管理、文化与社会责任探索、财务管理　185

- 第一节　人力资源管理　186
- 第二节　文化与社会责任探索　196
- 第三节　财务管理　213

第七章　奋进者说　219

- 第一节　决战决胜基建显本色　220
- 第二节　奋斗是青春最亮丽的底色　238
- 第三节　"爪哇7号人"的家国情怀　241
- 第四节　新竹高于旧竹枝，全凭老干为扶持　247
- 第五节　互学互鉴，共同成长　251
- 第六节　精益求精，工匠精神　259
- 第七节　砥砺前行，以终为始　268

第八章　打赢海外防疫战　283

- 第一节　迅速反应，制定措施，科学防疫　285
- 第二节　逆行与抗疫　291

第九章　总结昨日，开启明日征程　293

- 第一节　总结昨日辉煌　294
- 第二节　凝聚今日之力量　318
- 第三节　开启明日之征程　331

附录　333

第一章

聚焦爪哇7号项目

第一节　项目圆满竣工

美丽电站——爪哇7号项目

南纬6°，赤道无风带附近，印度尼西亚（下称印尼）爪哇岛万丹湾，点点白鹭悠闲地在红树林中嬉戏，归来的渔舟拖着长长的波纹悄悄划开水面，海水欢快地拍打着防波堤。一抹残阳倔强地挂在天边，绚烂的晚霞笼罩着电站，仿佛为她披上了一件金色的薄衫。高耸的烟囱此刻显得有些寂寥，唯有顶部闪烁的灯光似乎按捺不住激动万分。

傍晚时分，周遭的热浪让人更加热情高涨。今夜，这里注定无人入眠。华灯初上的电厂秩序井然，但所有为之奋斗的人啊，都在静静守候那一刻的心安……

爪哇7号项目2号机组圆满通过168小时试运现场

大屏幕上的时间来到印尼当地时间2020年9月23日0时0分，灯火通明的电厂集中控制室幸福感瞬间拉满。本项目2号机组在这一刻圆满通过168小时满负荷试运（下称168试运），标志着凝聚中印尼两国建设者心血，印尼电力建设史上迄今为止单机容量最大、参数最高、技术最先进、指标最优的高效环保型电站全面竣工。

厂用受电、汽机冲转、并网发电、RB试验和168试运均一次成功！2号机组锅炉效率93.85%，汽机热耗7243.9kJ/kW·h[①]，厂用电率3.96%，供电煤耗277.1g/kW·h，各项指标均优于设计值，主要环保指标达到印尼最优，这一切都有力诠释了中国速度和中国品质，也是落实国家能源集团"一个目标、三型五化、七个一流"企业总体发展战略的生动写照。

本项目2号机组整套启动调试正值新冠肺炎疫情形势严峻时期，国家能源集团贯彻落实国资委对中央企业境外疫情防控工作的要求，迅速行动，主动作为，统筹协调各参建单位根据疫情形势，科学、动态调整防疫策略，紧抓安全生产，科学评估风险，先后平稳有序地组织了20批次202名中方工作人员返岗复工，有效地推动了各项调试工作的稳步推进，为2号机组顺利通过168试运打下了坚实基础。

爪哇7号项目作为国家能源集团积极响应国家"一带一路"倡议与印尼"全球海洋支点"构想对接的重要举措，是中国制造成体系、高水平、大协作"走出去"的大型火力发电项目，项目提供中国工程建设方案，集成先进低碳环保数字化火力发电技术，以成熟的自有知识产权海水淡化技术等为强大科技内核，是汇聚中国电力工程设计、装备制造、施工建设、管理运营优势的优秀范例。

作为大型国际化合作项目，爪哇7号项目建设充分体现了"共商、共建、共享"的原则与理念，在项目许可、项目融资、外事签证、劳工风险、资源协调等方面得到了国资委、商务部、银保监会、中国驻印尼大使馆等部门的高度重视和大力支持。

印尼总统佐科亲临项目开工仪式并提出殷切期望，印尼政府出台了一系列优化投资环境政策和税务优惠政策，实施了简化行政审批程序的举措，印尼矿能部、国企部、经济统筹部、投资协调委员会等部门在本项目建设过程中提供了有力支持。在各方共同努力下，爪哇7号项目成为印尼第一个在购电协议（PPA）生效后6个月内完成融资关闭的项目，成为第一个通过印尼投资协调委

---

① 1kJ=0.2389kcal。

员会"3小时投资证照申请通道"一次性办结11项注册成立证照的项目,并成为以优质高效的方式圆满落成和顺利投产的项目。

爪哇7号项目2号机组完成168小时试运暨一期工程竣工仪式现场

第二节　逐梦爪哇

一、项目诞生背景

2013年10月,习近平主席在访问印尼时,提出与东盟国家共同建设21世纪"海上丝绸之路"。

作为当今世界上面积最大的岛国,印尼由17000多座大小岛屿组成,是名副其实的"万岛之国"。印尼第五大岛，长约970千米，最宽处170千米，总面积13.87万平方千米，这个面积接近我国安徽省，但是岛上居住人口超过1.4亿人，人口数量比整个日本还多，这就是爪哇岛。

受经济社会发展和自然环境等因素的影响，加上人口压力，印尼一度出现电力短缺情况。中国商务部2018年发布的相关国别报告显示，伴随经济发展，印尼对电力的需求与日俱增。

早在2006年7月，时任印尼总统苏西洛签发了第七十一号总统令，由PLN实施"10000MW应急计划"，计划建设35个火电站。2008年，PLN推出第二个"10000MW电站建设计划"，计划在2010年至2014年建设93个电站。到2013年，"10000MW应急计划"中的项目基本完成，"10000MW应急计划"的实施实现了印尼总电力装机容量在短时间内的迅速增加。

2014年9月，印尼政府发布了"35000MW电力发展规划"，计划到2019年年底，新建电力装机36835MW，电站建设总计109个。"35000MW电力发展规划"中的70%由独立发电商（IPP）投资建设，项目总装机25904MW，电站建设总计74个，另外配套建设输电线路4600km；项目规划剩余的30%由PLN投资建设。

2015年3月，来华进行国事访问并出席博鳌亚洲论坛的佐科总统表示，印尼欢迎中方参与印尼下一阶段35000MW电站建设，并愿与中方积极探讨在电网规划、建设、运营和维护方面的合作。

在印尼"35000MW电力发展规划"中，最大看点就是爪哇1号到爪哇13号这13座电厂的建设，爪哇7号项目便位列其中。

二、惜别中爪哇项目

"中国—印尼能源论坛"于2002年在两国政府领导人的倡议下设立。论坛对促进两国政府间能源政策交流、企业间能源项目推动等具有重要意义。2002年9月，首届"中国—印尼能源论坛"在印尼首都雅加达召开，双方政府将合作开发印尼煤电项目的意愿列入政府备忘录，国华电力公司代表中国神华参加论坛。

2007年4月，中国神华与印尼穆印公司成立联合体，同年10月，联合体与PLN签署购售电合作框架协议，国华南苏穆印项目正式确立。2008年1月，中国商务部批准设立国华（印尼）南苏发电有限公司，当年PLN总裁在应邀参观国华电厂后提出，要按"中国的国华标准"来建设电厂。2009年7月，南苏2×150MW煤电项目破土动工。

印尼中爪哇2×1000MW火电项目是印尼政府及PLN指定的10个示范电厂项目之一，项目位于印尼中爪哇省八马兰市。印尼政府通过国际竞争性投标选择IPP，并聘请国际金融公司（IFC）作为项目牵头咨询公司，协助PLN开展招标工作。该项目采用BOOT模式，由PLN与独立发电商签订为期25年的购电合同。中爪哇项目吸引了包括中国神华在内的多国企业参与。中国神华投标工作组在14个月的时间内，以高度敬业的工作态度，编制了专业性强、严谨度高的投标文件，积极参与此次项目投标，但最终未能中标，中国神华惜别中爪哇项目。

三、脱颖而出，成功中标爪哇7号项目

（一）项目概况

爪哇7号项目位于印尼万丹省，东南距雅加达约100千米，西南距芝勒贡约6千米，东南距西冷约15千米，西北距默拉克港约13千米。本项目由PLN代表印尼政府以BOOT模式开发、运行和维护，是面向全球的IPP招标项目。

（二）招标方情况

PLN是印尼最大的电力供应商，也是世界最大的电力公司之一。该公司为垂直一体化电力企业。在发电领域，印尼能源禀赋较高，电源建设空间很大，发电以煤电为主；在配电领域，印尼群岛星罗棋布决定了其分布式的电网格局。PLN拥有约67个子公司和合资公司，2019年的收入（包括补贴和其他政府补偿）为277万亿印尼盾（约合198亿美元），固定资产总额超过1433万亿印尼盾。PLN每年都会准备未来10年的电力规划（RUPTL）提供给印尼能源和矿产资源部。RUPTL中包括未来电力需求预测以及满足未来需求的输电和发电扩展计划。

PJB是PLN的全资子公司，为印尼最大的国有电力公司之一，也是PLN两家主力企业之一，在印尼能源领域拥有较大影响力。PJB注册资本4.78亿美元，截至2020年年底，总资产119.46亿美元，投资管理20941MW装机，其中18336MW已投运，2605MW在建。PJB拥有10个控股公司，10个参股公司，主要业务为电厂投资、维护、运营，电力建设，电力咨询，电厂管理培训及其他电力相关业务。

（三）投标历程

惜别中爪哇项目后，中国神华进一步加大对投标环节的关注和投入，抽调骨干力量保证投标文件的专业性，借助专业咨询机构和各级领导直接监督保障投标文件的审慎性，并总结出大量涉及设计、施工、投资控制、融资、法律等方面的工作经验，为后续开发国际市场和参与国际市场竞争积累了值得借鉴的工作方法。在爪哇7号项目的投标工作中，这些努力最终得到验证：充分利用已有并被实践证明是行之有效的管理经验和成果，是集团公司走出国门、走向世界、走得更快、走得更好的必由之路。

2014年6月23日，中国神华以《关于国华电力分公司参与PLN西爪哇滨海独立电厂项目前期工作的批复》，同意国华电力代表中国神华参与该项目前期开发，标志着爪哇7号项目前期开发工作正式启动。

2015年4月27日，PLN发布公告，中国神华通过该项目投标资格预审。同年6月，PLN发布该项目招标文件，中国神华积极响应国家"一带一路"倡议，在充分论证和准备的基础上参与了项目的投标工作，由国华电力组织开展。来自中国、新加坡、泰国、马来西亚、日本、法国、韩国等国家和地区的36家企业参加了资格预审。中国神华于2015年9月28日递交标书，12月10日，PLN宣布中国神华为首选中标人。2015年12月15日，中国神华与PLN签署中标意向函，并于次日接到正式中标通知书。中国神华最终脱颖而出，成功中标爪哇7号项目。

2015年，对集团公司海外项目发展来说注定是不平凡的一年。中国神华与相关方组成联合体，继2015年11月9日成功中标南苏煤电项目后，又一举中标爪哇7号项目。双喜临门，让集团公司每名员工都备受鼓舞。2007年首个能源项目落地，2009年探索中爪哇项目，经过8年坚持不懈的努力，中国神华终于在2015年取得丰硕成果，一举拿下印尼两个能源项目，为深耕印尼市场与促进合作夯实了基础。

得益于"一带一路"建设快速发展，以及"一带一路"倡议开拓出的一条通向繁荣的共赢之路，中国神华坚持开放合作，勇当"一带一路"建设主力军，持续拓展书写新故事，贡献中国企业的担当与力量。

印尼海洋与投资统筹部部长卢胡特称赞"一带一路"倡议为沿线国家提供了一个更大的投资与贸易合作平台。他认为，"一带一路"倡议能够弥合行业差距，促进区域市场统一与发展。

PLN负责人表示，期待与更多中国企业加强共建"一带一路"相关领域合作，共同打造印尼与中国电力合作典范。

印尼国际战略研究中心中国研究中心主任维罗妮卡认为，加快推进共建"一带一路"合作项目在印尼落地，全方位促进印尼和中国互利合作，将有效改善印尼基础设施状况，助力经济社会发展，造福广大民众。

四、攻坚克难，砥砺前行

作为海外大型能源项目，爪哇7号项目实施过程中遇到多重挑战，以国家能源集团建设者为代表的中国电力建设者直面困难、迎难而上、攻坚克难。

（一）地质条件复杂

爪哇7号项目处于火山和地震活动并存地区，地质条件复杂，厂址地震加速度达0.33g，表层为深厚火山灰淤泥层，淤泥最深处达17米。

针对特殊地质条件，本项目创新性研发了"真空堆载预压+换填砂石垫层+局部预制小方桩复合地基和混凝土镇墩加固""管道分期施工+预留沉降量+与建（构）筑物接口安装""码头引堤结构半开挖、半回填"等一系列技术方案，得以成功在深厚火山灰淤泥层上建设火电站。据统计，本项目地基预处理56.1公顷，施工排水板长750万米，回填土石约340万立方米，灌注桩合计10682根，方桩合计4130根。

本项目在PLN已经获得所有权人的场地内建设，场地四周设有围墙、界桩。厂区用地由两部分构成：一部分为靠近海侧的废弃鱼塘，另一部分为靠近陆地侧的荒弃农田。场地东西长约1580米，南北宽约1100米，总面积约173公顷。

（二）气候条件复杂

本项目现场处于热带雨林气候地区，年平均气温为25℃～27℃，全年降雨充沛，天气炎热潮湿，累年平均雷暴日112天，是全球雷暴发生最为频繁的地区之一。同时，本项目现场位于赤道附近海边，处于高盐雾环境。由此，本项目面临高温、高湿、强紫外线、多雨、高盐雾等复杂气候条件，这些气候条件给项目设计、建设和运营提出了很高要求。

本项目团队从整体出发，开展系统研究，针对建筑、钢结构、管道、设备及附属设施等制定了统一的"五防"（防高温、防高湿、防强紫外线、防雷电、防海边盐雾）标准，项目设计、设备制造与安装等全流程执行"五防"要求，取得了良好的实际效果。

（三）印尼电网特点

印尼当时只有"爪哇—巴厘电网"一个主要电网系统，其他岛屿的电网都是独立的。印尼电网有几个基本特点：大机组、小电网——爪哇7号项目单机容量约占电网统调负荷的2.7%，"大机小网"问题比较突出；接口复杂多样——印尼电网在线路保护、GIS开关量直跳传输、电量计费信息、调度信息传输通道等方面均有区别于中国的要求。

本项目通过采用世界最大容量发电机（视在功率1262.7MVA）、采用最大容量三相一体变压器（1330MVA）、安装扭振监测装置等多项措施成功解决了网源协调问题。

（四）燃用发热量低、高水分褐煤

本项目燃煤煤种全水分28%，挥发分38.29%、高位发热量4348kcal/kg，为高水分褐煤。为此，项目配置了世界最大的褐煤锅炉（出力3100t/h，重37000t），以及最大中速磨煤机，并制定了制粉系统防爆、锅炉热偏差调整等专项方案。

（五）可靠性要求极高

本项目签署的PPA合同规定，项目设计使用年限40年，年利用小时数不低于7533时，可利用率不低于86%，机组净供电容量不小于991MW，对主辅机可靠性要求高。本项目1号机组于2019年12月13日移交生产后，一直稳定运行，截至计划检修主动停机时连续稳定运行300天，创造了同类型机组168试运后连续长周期运行天数以及机组最长连续运行天数两项纪录。

（六）工期要求短

本项目总工期为48个月，其中包括6个月的融资期限以及正常约需18个月的地基预处理时间，工期压力极大。

回顾本项目建设历程，从主厂房浇筑第一罐混凝土至1号机组投产共用时29个月，整体进度与国内平均水平齐平，较PPA合同约定工期提前4个月，建设者面对的困难之复杂、挑战之艰巨可见一斑。

（七）资源配置和物资供应难度大

作为海外能源工程，爪哇7号项目设备物资采购受距离远和海上运输不确定性大等因素影响，资源配置和物资供应难度大。项目物资从国内工厂发运开始，要经过集港、运输、清关、仓储等诸多环节，海上航行时间平均约12天。本项目设备、材料总货量达57万吨，发货周期约22个月，累计发货70多个批次。

本项目团队通过成立设备专委会，采取最大范围实现设备监造、最大化工厂内整机试验、最高标准国际运输等举措，克服了海外项目设备管控困难，实现了设备"零缺陷、零缺件、零延误、零破损"及时交付，质量全部达优。

（八）中国标准与中国设备应用

本项目采用我国出口海外的第一台百万千瓦级火电机组，肩负着推动中国标准、中国设备走向世界的使命和重任。项目主要设备134项，涉及国内厂家达1200家，为同期同类工程中国技术和中国设备应用最多的项目之一。

此外，本项目主蒸汽管道、再热（热段）蒸汽管道和低温再热蒸汽管道采用美国ASTM标准，专用设施采用IEEC标准，消防系统按美国国家防火协会（NFPA）以及印尼当地要求设计，要求实现多种标准的兼容。

五、项目推进中几个主要评价

2017年10月5日，印尼佐科总统亲临爪哇7号项目现场并出席奠基仪式。其间，他视察施工现场并按下开工按钮。佐科总统强调，爪哇7号项目的建设将极大缓解印尼电力紧缺状况，增加劳动就业机会，并能为印尼经济发展注入强劲动力。同时，他还肯定了中国神华为印尼电力事业和两国友谊做出的贡献。

尽管佐科总统到现场视察仅一天时间，但背后却凝聚了本项目工作人员巨大的付出和努力。"为了此次视察，我们筹备了整整一年！"当时在国华公司驻印尼代表处工作的赵喆说："PLN想要呈现能源建设成绩，需要选择一家企业展示，这可不是随便哪家企业或者哪个项目就能担此重任的，是我们用巨大的诚意、敢为人先的精神和高标准作业打动了他们。"

前期和印尼总统府沟通联系、敲定时间、布置场地、安排宣传工作、制定方案、加强安保措施……种种事项，环环相扣，直到最终落实，项目策划人员在无数个日子一直工作到深夜才拖着疲惫的身躯离开办公室，最终促成佐科总统的爪哇7号项目之行，也为项目高标准建设做了良好的开工动员。

2018年9月20日，PLN子公司PJBI董事长来到爪哇7号项目考察时指出，爪哇7号项目对于促进印尼经济和社会发展意义深远，项目建设团队朝着既定目标奋勇拼搏，取得了优异的成绩，并赢得了印尼各界的广泛好评，PJBI将为项目建设营造良好环境，发挥好桥梁和纽带作用，切实为项目顺利推进提供保障。

2019年8月11日，中国驻印尼大使肖千一行到本项目调研时表示："爪哇7号项目对'一带一路'倡议实施意义重大，项目建设人员使命光荣、责任重大。项目能够在短时间内稳步高质量推进，离不开华公司优秀的管理体系以及项目领导班子丰富的内部管理经验，同时也体现了项目建设人员的决心和毅力。"

2020年2月29日,PLN董事长祖尔基弗利一行到爪哇7号项目调研,并对项目建设取得的卓越成绩表示由衷赞赏。祖尔基弗利感谢全体参建人员付出的辛苦与努力,并指出,爪哇7号项目具有重要的国家战略价值,它的建成投产意义非凡,PLN将积极为项目建设及运营提供必要的支持和帮助,共同保障项目持续安全稳定运行。

时任中国驻印尼大使肖千(右三)在爪哇7号项目调研

助力共建命运共同体　国能托起爪哇明珠

时任PLN董事长祖尔基弗利一行到爪哇7号项目调研

第二章

顶层设计及前期工作

助力共建命运共同体 国能托起爪哇明珠

2013年10月7日,习近平主席在亚太经合组织工商领导人峰会上提出:"我们既要创新发展思路,也要创新发展手段。要打破旧的思维定式和条条框框,坚持绿色发展、循环发展、低碳发展。要不断提高创新能力,用创新培育新兴产业,用创新发掘增长动力,用创新提升核心竞争力。"

项目前期工作是提高项目建设效率、推动项目实施的重要保障,是全面履行项目基本建设程序的要求,是落实国家资金投向和产业政策的具体体现,是投资决策的重要依据,是控制投资的有效手段。

爪哇7号项目坚持以"生态文明"为旗帜、"美丽电站"为纲领、"清洁高效"为路径,落实"低碳环保、技术领先、世界一流的数字化电站"基本要求。项目体现"发电厂创造价值、建筑物传承文化"和"建设现代工业艺术品"的文化理念。项目遵循"节能环保做加法、系统设计做减法"的技术创新思路,致力于打造一座"安全、清洁、高效、智能"的环保型美丽电站。

人与自然和谐相处的爪哇7号项目

目标导向原则：要长远思维，目标明确，可量化，坚定不移地将爪哇7号项目做成一个中印尼两国企业合作的示范窗口。

依法合规原则：一切工作均要按程序和法律法规办事，发生问题可追溯，以制度管人，按法律办事，照合同执行，实现权责利的高度统一。

合作共赢原则：要发扬合作精神，要能够和同事、相关方协同工作，敢于担当。

风险管控原则：要增强风险意识，使风险辨识成为习惯，一切风险皆可控制。

理性创新原则：要提高竞争能力，追求价值创造和效益，实事求是。

效率效能统一原则：要建立科学高效的管理制度，充分激发参建人员的活力和潜能。

第一节　建设理念和管理原则

一、精炼优化顶层设计

爪哇7号项目正式启动后，印尼爪哇公司牢记国家能源集团的嘱托，严格落实集团领导在各类办公会、总裁会上的工作部署，高效开展各项工作。其间，国家能源集团副总经理王树民先后6次莅临现场进行指导，为本工程的开展明确项目定位和建设目标，确保高标准开展顶层设计和前期策划工作。

（一）战略引领

目标要求：项目建设的设计思想，要统一到落实我国"一带一路"倡议和印尼"全球海洋支点"构想，落实到中国神华"1245"清洁能源发展战略。要在战略引领下，选准项目建设目标，明确项目定位，做到建筑物传承文化、发电厂创造价值，打造中印尼合作的窗口和艺术品。

建设思路及成效：经反复研讨、论证，将本项目目标确立为建设中印尼合作示范企业，为印尼带来安全、稳定、绿色优质电能，促进印尼经济社会发展。本项目两台机组高水平投产后有效改善了印尼电力供应状况，缓解了爪哇岛用电紧张局面，对当地经济增长和社会发展发挥了有力的带动作用。本工程通过组织专业设计单位，结合印尼元素，对厂区进行整体设计，体现了中印尼文化融合。

（二）示范性

目标要求：爪哇7号项目对中国神华海外发展具有重要的示范意义，国华电力公司要有历史紧迫感、有追求、负责任，要从讲政治的高度系统思考问题，要树品牌、建窗口，确保本项目建设的先进性、前瞻性和示范性，使项目成为中印尼两国国有企业合作的示范窗口。

建设思路及成效：以"如期建成具有中印尼文化特色、同行认可、长期盈利的国际一流示范电站"为基建目标，努力将工程建设成为印尼示范电厂项目和国家能源集团海外窗口项目。本项目1号机组作为印尼电力建设史上装机容量最大、参数最高、技术最先进、指标最优的高效环保型机组，已经成为集团公司在东南亚能源市场一体化协同发展的"桥头堡"和"新名片"。

（三）可靠性

目标要求：爪哇7号项目要实现价值创造，重点在项目的可靠性、经济性、环保性上下功夫。

建设思路及成效：明确过程控制目标为"高标准开工""高质量建设""高水平投产"，品质目标为"确保结构和基础的安全性、设备和装置的可靠性、系统和技术的先进性、环保和环境的合法性"，采用国内成熟设计和技术。本项目基建期组织了设备质量保卫战，组织技术人员深入制造厂进行设备监造，确保机组运行可靠性。

（四）经济性

目标要求：要把投资分析工作做细、做实，在控制成本和造价上做到心中有数，在EPC模式下，把工期、质量和造价结合好，把设备的可靠性、经济性、环保性平衡好。

建设思路及成效：本项目在设计上坚持"持续优化系统、降低设备冗余，提高机组效率及可靠性，降低厂用电及供电煤耗"的设计优化理念。在投资方面合理分配资金，确保EPC承包商资金流充足的同时，降低财务费用支出。项目投产后主要经济技术指标均优于设计值，项目投资低于初步设计概算，有力确保实现寿命期的经济效益以及海外投资保值增值。

（五）环保性

目标要求：清洁和高效是中国神华煤电的标志和特色，爪哇7号项目要按照印尼环保法规和环评的要求，践行"绿色发电、主动革命"和"节能环保用加法、系统设计用减法"的理念，做好环保设施建设工作，预留脱硝设备空间，做到一次到位。

建设思路及成效：明确环保安全目标为"环保指标确保满足合同要求，环保事件确保为零，环保建设确保'三同时'，树立'环保领跑'理念"，全面落实印尼环保要求。本项目在满足PPA合同约定的基础上增设煤场防风抑尘网，完成脱硝的地下桩基及基础工程、预留脱硝空间，预留一层海水脱硫喷淋层高度。本项目两台机组投产后主要环保指标均大幅优于当地排放标准，实现废水"零排放"。在环境监测方面，每月由印尼当地机构进行环境检测，电厂每年发布年度社会与环境责任报告，严格落实环评报告各项要求。

（六）前瞻性

目标要求：总平面布置要放眼未来，把发展放在第一位，设计上按照多期建设统筹考虑，总平面布置要按照至少6台、远期8台规划考虑，充分利用现有厂址。

建设思路及成效：本项目充分利用173公顷用地的宝贵资源，总平面布置按3期（2+4）建设统筹考虑，提前做好规划。本项目采用长栈桥码头方案，能够满足后期海域使用需求。2016年在取得海域使用许可、海工工程许可，以及妥善解决当地公司填海问题后形成了一系列具体措施，包括将排水口区域水深浚深至-3.0米，疏浚面积6.04万平方米，疏浚量约16.3万立方米；拆除已经施工完成的排水导流堤，长约100米；在特拉特河口附近新增抛石护底约2.5万立方米，引堤堤脚抛石防护900米。通过采取相关措施，给未来海域使用预留了充足的空间和条件。

（七）集约化、简约化

目标要求：工业设计要集约化、简约化，把每个建筑物、构筑物的空间布局统筹好，把本期工作和长远发展结合好。

建设思路及成效：总平面布置秉承"集约化、简约化"设计理念，统筹了集控办公楼、多水合一的水务中心等集约化布置，布局紧凑、合理，致力于将本期工作和长远发展相结合。

（八）创新驱动

目标要求：实现创建世界一流目标，必须靠创新驱动。爪哇7号项目是中国神华在海外的第一个EPC总承包项目，意义非常重大，要从项目全寿命周期考虑，不断进行设计优化，抓住创新和优化空间，创新项目管理模式，要珍惜项目发展机会，经得起历史考验。

建设思路及成效：本项目不断探索创新国际化项目管理理念和思路，创新体制机制，围绕"六新技术"创新工程建设各环节，重点抓好双设（设计设备）管理创新，安全方面形成"1、6、8、5、20"的管理抓手，质量方面形成"12345678"的管理纲领。设计方面创下多个百万千瓦级火电机组世界之最及多个首次、首创，可研、初步设计和施工图阶段全方位设计优化，经济指标优于投标值，在管理上交出了一份"高标准开工、高质量建设、高水平投产"的答卷。

（九）价值创造

目标要求：项目建设的设计思想，要统一到追求卓越、创新创效、创造价值上来，做到建筑物传承文化、发电厂创造价值。

建设思路及成效：构建"管理规范、创新引领、创造价值"管理模式，在项目"可靠性、经济性、环保性"上下功夫，实现价值创造。项目整体投运后，年发电量约150亿千瓦时，服务于印尼当地经济社会发展，为社会创造价值，为股东创造效益。

（十）中国设计、中国制造、中国标准、中国品质

目标要求：爪哇7号项目的全部主机、主要辅机，尤其是控制系统，要利

用中国的优势产能，要充分展示技术创新，要坚持中国设计、中国制造、中国标准、中国品质。

建设思路及成效：勇担"带动中国电力工程设计、设备制造和建设运营成体系、高台阶、大协作'走出去'"的重任，落实标准、制造、装备的国产化目标。特别注重应用自有国华输煤专利技术。例如，根据当地煤质特点，在调研国内电厂的基础上进行优化。烟囱采用国华电力研究院烟囱淋滤液收集技术，海水淡化则采用国华专利技术——带蒸汽热压缩器（TVC）的6效两级逆流工艺低温多效蒸馏（MED-TVC）海水淡化方案。实践证明，上述国华专利技术在海外电厂实际运行效果良好，实现了专利技术与应用相结合，创造了有益的社会价值。

（十一）依法合规

目标要求：要坚持依法合规，严格落实好印尼相关法律法规以及PLN的要求。杜绝舞弊行为，加强设备监造，强化质量监检，做到质量事件可追溯。

建设思路及成效：牢记责任与使命，坚持依法合规治企。印尼爪哇公司自成立之初，就严格履行各项审批手续，如期先后完成环评等行政许可办理工作，建设过程依法合规。施工标段及设备招投标过程中，未发生舞弊违纪行为。

（十二）中印尼文化融合

目标要求：要统筹现场色标色系，体现出印尼特色；厂内建筑物要考虑印尼文化特色，厂区景观设计也要与印尼文化结合，结合园区绿化统筹考虑建设连廊。

建设思路及成效：加强中印尼文化充分融合，体现"以人为本、关爱员工"的理念。建筑风格萃取印尼文化精髓，以当地传统建筑为切入点，借鉴其独具特色的底部架空形态，全厂主要建筑物设计防雨连廊，生活区建筑布局融合中印尼传统院落文化，集控室装修采用印尼特色。主厂房建筑屋顶、建筑立面点缀色（红色）提取于中印尼两国国旗中的颜色，寓意跨国合作，白色提取于印尼国旗主色及其传统建筑的白色，展现文化融合。

（十三）尊重宗教信仰

目标要求：尊重宗教信仰，在工作、生活建筑物的设计上要考虑设置祈祷室。

建设思路及成效：充分尊重当地宗教信仰，专门聘请印尼当地专业设计团队、专业施工队伍，按照"与工程同步设计、同步建设、同步投用"的原则，在厂区入口附近建成了现场周边规格最高、设施最好且符合当地习俗的清真寺，并在厂区各建筑物内均设置祈祷室。清真寺面向周边民众开放。广泛开展中印尼员工"文化融合日"活动，举办印尼国情讲座，宣贯尊重印尼宗教信仰和民族传统等思想，增进中印尼员工的相互理解和包容，尊重彼此习俗，谨言慎行，兼容并蓄，加深两国员工的友谊。本项目开工伊始，在联合办公区等多区域规划布置了祈祷室，满足了初期进场印尼员工的需求。随着工程推进和建设高峰期的到来，印尼员工大量增加，为进一步满足印尼员工的需求，项目公司在原有三个祈祷室的基础上，又在临建生活区、现场班组办公区、循环水泵站区、水务中心区、煤场区增加了六个祈祷室。

（十四）尊重自然，依山顺水，生态文明

目标要求：设计要遵循"尊重自然，依山顺水，生态文明"的理念，充分利用地形，做到有当地特色，尊重原有生态环境，利用和保护红树林，规划建设好水务中心，并建设小型水族箱。

建设思路及成效：尊重自然，生态文明，解放思想、整体策划。与当地居民共建蓝天碧水，涵养海边湿地生态。为尊重当地生态环境，最大限度保留原始场地附近的红树林，项目开工前专题编制了《红树林保护方案》。特别是在进行厂区总平面布置时，为成片保留厂区东北角的红树林，不惜提高取水口的工程造价，将东侧护岸向陆地推后约70米，并专题研究制定了施工完毕后红树林再生及养护措施。努力终有回报，如今在海工清淤施工堆积的泥土之上，长出成片红树林，与厂区保留的大片原始红树林连成一片，形成了美丽的红树林景观带，各种鸟类纷纷在此筑巢繁衍，形成了"落霞与白鹭齐飞"的自然景观。本项目在水务中心特别设置了小型水族箱，采用海水和海水淡化产品水两种水质养鱼，作为水生生物饲养展示和科普教育场所，既是生态文明展示中心，又是宣传公司自主知识产权海水淡化系统的绝佳"平

台",为后续类似项目实施提供了良好示范。

(十五)开放和共享

目标要求:要做到开放和共享,加强与印尼驻华机构及中国驻印尼有关机构的沟通和协调,印尼爪哇公司还要特别加强与股东方印尼PJB公司及其母公司PLN的交流和沟通,多与印尼有关企业开展交流,提升项目国际化水平和价值创造能力。

建设思路及成效:以"共商共建共享"精神,打造"一带一路"国际合作典范。印尼正从全球智慧制造、管理引进等方面来解决电力发展问题,印尼矿能部、投资协调委员会等部门和PLN等机构始终在工程建设过程中发挥积极作用。印尼爪哇公司充分利用当地良好的投资环境,与印尼股东方团结协作,取得了"PPA合同签订后6个月内融资关闭"等多项印尼第一,有力带动了印尼当地上下游相关产业(材料、机加工等)的发展。此外,公司于2019年在印尼大学建立了"电力仿真和科研教育合作中心",创办了印尼第一个高校电力仿真机实验室。本项目为当地带去了大量劳动就业岗位,基建期累计吸纳当地员工参与项目建设达3800人次,为周边创造就业岗位近2000个,生产期创造直接就业岗位近500个,为当地培养了一批电力建设与运营专业人才。

二、深化合作促进发展

爪哇7号项目是国家能源集团在印尼市场成功建设运营的又一重大项目,得到了包括中印尼两国政府在内的社会各界的高度重视和有力支持。

2016年11月15日,时任印尼国企部部长莉尼考察本项目时讲到,爪哇7号项目是印尼和中国两国特大型能源合作项目,希望通过参建各方的共同努力,高质量完成项目建设目标任务,并将爪哇7号项目建成两国合作项目典范,为印尼经济社会发展做出积极贡献。

作为中印尼两国能源基础设施重点合作项目,本项目在项目许可、项目融资、外事签证、劳工风险、资源协调方面得到了国资委、商务部、银保监会、驻印尼大使馆等部门的高度重视和多方协调。同样,本项目也备受印尼政府关注，印尼政府先后出台了一系列优化投资环境的政策、税务优惠政策和简化行政审批程序的便利措施。项目建设得到了来自印尼矿能部、国企部、经济统筹部、投资协调委员会等多部门的大力支持。

印尼《公司法》规定，公司在注册成立后60日须召开首次股东大会和董事会。印尼爪哇公司成立后，认真落实国华电力公司年度工作报告中提出的"坚持稳健经营，坚守法治思维"相关要求，围绕首次股东大会、首次董事会积极开展工作。公司在国华电力公司领导和各职能部门的通力协助下，于2016年3月10日在雅加达召开首次股东大会暨首次董事会。

2016年3月10日，印尼爪哇公司召开第一次股东大会

神华集团股东代表、国华电力公司副总经理许定峰，印尼PJB公司董事长贝尔纳杜斯出席了股东大会，印尼爪哇公司全体董事、部分监事会成员列席会议。本次会议由时任项目公司董事长闫子政主持。按照公司章程，会议讨论通过了公司成立初期的相关议案并形成决议。

会上，许定峰副总经理阐述了爪哇7号项目作为中国首次出口海外百万级火电机组项目的重大意义，并对项目建设寄予厚望，希望项目保质、保量、按期建设投产，要求项目公司与PJB公司保持密切沟通，继续双方未来深化合作。PJB公司董事长贝尔纳杜斯感谢中方建设者对项目的辛勤付出，希望本项目建设能够按照要求顺利投产，并期待双方股东立足当前、继往开来，携手创造更多合作机会。

股东大会结束后，印尼爪哇公司举行了首次董事会，董事会全体成员对公司成立初期的相关问题进行了讨论研究并形成决议。此次会议的顺利召开具有里程碑意义，标志着印尼爪哇公司已经完成公司成立所需的所有法律程序，成为印尼认可的法律主体，为依法在印尼从事项目建设和经营活动提供了法律保障。

在两国政府部门大力支持和印尼爪哇公司的艰苦努力下，爪哇7号项目前期各项工作取得出色成果。本项目成为印尼第一个在PPA合同生效6个月内完成融资关闭的项目，第一个按照印尼投资协调委员会"3小时投资证照申请通道"一次性办结11项注册成立证照的项目，第一个依据印尼财政部企业所得税减免政策取得企业所得税减免批复的项目。

第二节　项目前期筹备

一、项目融资创印尼电力IPP新纪录

为确保提前完成PPA合同约定的融资工作，印尼爪哇公司积极协调和调度国内外人员、各参建单位力量，从组织保障、股东方审批、融资谈判、沟通协调，到协议签署、融资关闭，融资工作小组成员以极大的热忱，夜以继日地投入到融资工作中。2016年9月29日，全面完成融资主合同及相关交易

协议26份文件的签署，同日取得PLN的确认融资关闭证书，较PPA合同正式生效日提前9天完成融资关闭，成为印尼IPP电力项目第一个在半年内完成融资的项目。

PLN在其官网进行了专门报道，赞扬国华公司的专业水平、高效管理；成绩的取得，离不开集团公司的正确领导和大力支持，离不开各条战线的通力配合。PLN对外媒体发布会上称爪哇7号项目创造了印尼电力IPP的新纪录，是印尼电力史上值得铭记的成功。

（一）项目审批及项目公司组建

2015年7月20日，中国神华在《关于国华电力公司印尼爪哇7煤电项目投标有关问题的批复》中，同意由浙江火电与山东院成立联合体作为本项目EPC总承包商联合投标。

爪哇7号项目EPC合同签订仪式

2015年9月15日，本项目在取得中国驻印尼大使馆经济商务参赞处《关于参与印尼爪哇7号燃煤电站IPP项目的意见函》后，随即启动印尼审批流程。10月20日，中国神华印发《研究国华电力公司印尼爪哇7煤电项目投标等事宜》会议纪要，同意国华电力代表中国神华参加爪哇7号项目投标，并原则同意国华电力绑定上海电气集团和北京巴威作为三大主机的设备供应商联合投标。

在印尼爪哇公司组建历程方面，2016年1月13日，取得"投资准字""临时电力准字""公司成立司法人权部批文""税务登记号""公司注册登记证""外国人员雇佣计划批文""工作签证""进口准证号""海关登记号"等9项基本证照。1月22日，取得中国神华《关于合资设立神华国华（印尼）爪哇发电有限公司的批复》，中国神华与PJBI按照70%、30%比例共同组建印尼爪哇公司，负责本工程建设、经营管理和贷款本息偿还。

2016年1月25日至28日，电力规划设计总院（下称电规院）组织爪哇7号项目可行性研究外审。1月28日，项目取得中国商务部《企业境外投资证书》。2月2日，项目取得国家发改委《项目备案通知书》。

2016年3月29日，印尼爪哇公司与PLN签署PPA合同，合同于4月7日正式生效。4月28日，完成土地租赁协议签订。8月8日，取得环评许可批复。8月23日，取得项目规划许可。11月11日，取得项目建设许可。11月16日，取得自建码头管理许可。同时，根据EPC合同要求，公司向EPC总包单位下达开工令，项目全面合法开工建设。

（二）融资工作背景

不同于国内火电项目在取得国家（省）发改委核准后即可直接从商业银行取得信用贷款，本项目融资是贷款人（银行）向特定的工程项目提供融资，对于该项目所产生的现金流量享有偿债请求权，并以该项目资产作为附属担保的融资类型。简言之，这是一种以项目未来收益和资产作为偿还贷款的资金来源和安全保障的融资方式。

本项目融资涉及资金规模大、期限长、参与方多、融资结构复杂等问题。在这种融资模式下，贷款本息偿还完全依靠项目经营效益，贷款人为保障自身利益必须从该项目拥有的资产取得物权担保，还可以要求有项目实体以外的第三方提供担保，贷款人有权向第三方担保人追索，这些情况都导致项目融资风险很大。

PPA合同约定，本项目进行融资工作的期限为6个月。PPA合同于2016年4月7日正式生效，融资工作必须在10月7日前完成，否则就会面临严重违约责任。在PPA合同生效之日前，印尼爪哇公司须向PLN提交第一阶段3500万美元履约保函，如果在融资日截止前无法完成融资工作，第一阶段保函将面临被没收的风险。

（三）融资存在五大挑战

第一，与国内项目完全不同，本项目融资模式缺少可供借鉴的经验。不同于国内火电项目在取得路条或者核准后，公司就可与银行签署借款协议，海外项目融资工作，需要完成包括融资协议签署等在内的一系列工作。具体而言，印尼爪哇公司必须先期取得PLN签发的融资完成确认函。同时，中国神华海外新建投资项目较少，系统内缺乏可供借鉴的融资经验，加之本项目融资时间较印尼以往IPP项目1年的融资期限大幅压缩，时间紧、任务重、经验匮乏、沟通协调难度大等对公司的组织协调能力提出了极大挑战。

第二，多达26项的融资协议要在极短时间内定稿。不同于国内火电项目的融资工作仅围绕一个贷款合同开展，本项目除融资协议外，还要完成大量相关工作，涉及融资主协议权益质押、担保、账户管理等一系列事项。公司在融资过程中需要将相关资料全部整理完毕，这些资料是在投标前国家开发银行提供的关键性条款（Term Sheet）基础上，细化、完善为融资协议签署的前置条件（CP）和后置条件（CS）。融资协议相关方谈妥CP和CS后，将二者融入融资协议文本后才能最终定稿。

完成上述工作后，才能进入签署多份融资相关协议阶段。本项目涉及26份融资文件，除融资主协议、PLN同意函、账户管理协议、中国神华担保外，剩余23份协议均为权益转让类合同，主要涉及OM运维合同、CSA供煤合同的权益转让，印尼爪哇公司资产抵押、账户质押等。

第三，利益相关方众多，协调困难。爪哇7号项目融资工作涉及主体多，相互之间的债权、债务、担保及商业交易关系错综复杂，工作环节和程序多，一旦协调不好将直接对融资推进产生负面影响。半年内，印尼爪哇公司

第二章　顶层设计及前期工作

要协调不涉及政府部门审批的融资相关方达22家之多，协调难度可见一斑。

第四，中印尼两国、中方外方股东的审批手续繁杂。外部审批方面，国内主要涉及国家发改委、商务部、外管局、国务院国资委的相关审批。印尼主要涉及印尼央行、经济统筹部、司法部、投资协调委员会、能矿部、工业部、贸易部等多部门审批，涵盖了印尼爪哇公司、EPC联合体等多家单位的投资、融资、环评、施工建设、外籍劳工、电价等审批。审批部门多，协调沟通难度大。公司内部审批方面，主要涉及印尼爪哇公司和中国神华、外方股东PJBI公司对项目融资、PPA和EPC等重大合同及股权质押等的审批。由于涉及国华电力、中国神华以及外方股东的同步审批，涉及层级多，内部文件的审批流转时间长。此外，EPC联合体方面还涉及山东院和浙江火电项目部及其母公司对EPC合同、母公司担保的内部审批。

第五，跨国异地办公导致沟通时效不佳。2016年年初，印尼爪哇公司基建人员已在印尼项目现场开展工作，而计划、财务人员在北京开展融资准备工作。工作需要组织印尼爪哇公司、国开行总行及厦门分行、中国神华、律师事务所等多家单位进行沟通协调，异地办公给及时传递信息带来了一定困难。

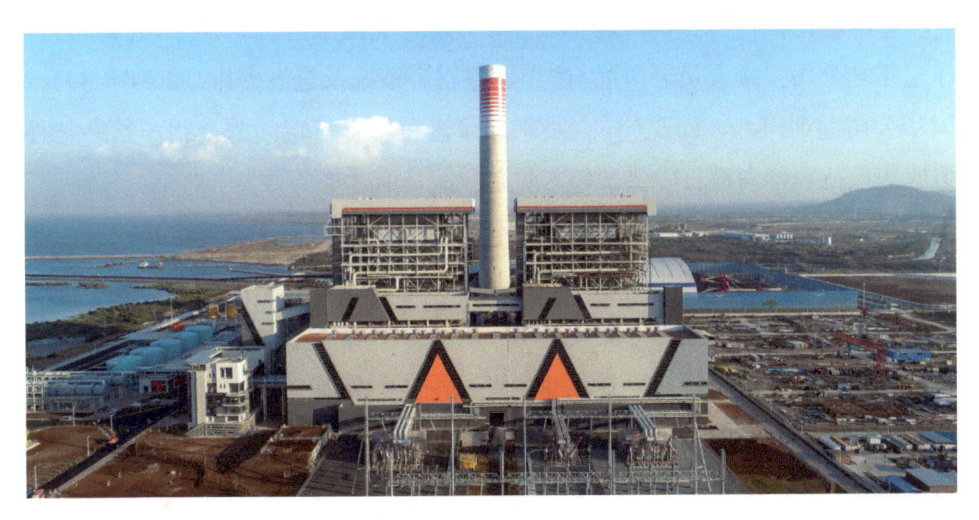

建设期的爪哇7号项目

（四）项目融资应对措施

面对重重困难，唯有迎难而上，印尼爪哇公司在国华公司指导下，通过采取综合性措施，顺利完成了项目融资工作。

第一，国华公司组织得力，提前安排融资工作。国华财务部于2016年1月牵头成立了爪哇7号项目融资工作小组，涵盖了国华公司相关部门、印尼爪哇公司等人员，倒排计划，并对相关工作予以分工。

第二，印尼爪哇公司内部再分工，进一步细化各部门职责。财务人员主要负责在北京与国开行开展融资协议谈判，并协助国华相关部门完成国内和印尼方面的贷款审批，以及外方股东融资涉及财务领域的工作；计划部门在北京负责EPC合同；基建部门在印尼负责印尼政府的环评、建筑等审批；行政部门负责贷款涉及的印尼爪哇公司、中外方股东三会材料编制，以及法律意见书准备工作等。

第三，建立多方谈判机制，集中精力开展融资谈判。设立谈判小组，通过视频会议、电话会议等形式与融资协议相关各方开展谈判，克服时空限制。融资小组针对谈判后期存在的问题，采取落实责任人、限期处理等方式，取得良好的闭环效果。

第四，协调得当，确保印尼股东PJB始终全程参与。2016年4月和7月，印尼爪哇公司工作人员赴印尼与PJB通报融资概况及进度安排。2016年8月，国华公司邀请PLN、PJB工作人员来北京进行融资待定问题谈判。始终与外方股东保持顺畅沟通，确保了各方对条款能及时达成一致。

第五，合理安排融资协议前置条件。融资小组对协议签署前必须完成的前置条件进行认真梳理，将包括供煤协议、运维协议在内的20项前置条件调整为后置条件，确保融资协议签约前的前置条件顺利完成。

第六，巧妙采用传签形式代替现场签署，加快文件审批速度。为保障融资工作在规定时间内完成，融资小组先签订了必要的7项协议，部分英国法下协议通过"文件传签扫描"形式将涉及国开行、中国银行、中国神华、印尼爪哇公司等单位的签字页汇总，在满足法律要求前提下，加快了文件审批进程。

第七，发扬忘我工作的钉子精神，盯办上级公司融资审批进度。为确保内部审批进度能跟上融资工作节奏，印尼爪哇公司主管领导多次在中国神华、国华电力盯办项目融资审批流转进度。正是抱有这种忘我工作的钉子精神，才能推动融资各项工作稳步推进。

（五）可供后续项目借鉴的经验

一是组织得力，提前布局。国华公司积极协调各种资源，国华财务部提前组织，牵头成立融资工作小组，印尼爪哇公司领导在一线盯办，促使融资工作提前完成。

二是善于借助外力。印尼爪哇公司积极求助中国驻印尼大使馆，通过大使馆出面协调印尼有关部门，产生了良好的促进作用。

由于本项目融资具有运作周期长、融资成本高等特点，采取有限追索和风险共担的方式有助于解决投资巨额资金需求和降低投资者的投资风险，但融资成本要比一般公司融资方式高。在今后的融资过程中，在条件允许的前提下，应注意简化支付审批，开展账户沉淀资金和换汇的询价比选业务，有效实施资金收益管理工作。此外，在后续项目中可以考虑搭配一部分人民币贷款，降低汇率波动风险。

二、多措并举顺利签订PPA合同

在印尼签订PPA合同与我国国内电厂与电网签订售电协议不同，PPA合同是印尼BOOT模式建设及运营过程中最重要、最核心的文件，内容涵盖融资、基建、运维、购售电、煤炭供应、土地租赁等，明确了合同双方的全部权利义务，且对技术指标、建设要求等进行了详细的约定。PPA合同是发电厂和PLN之间最重要的法律文件，也是电厂基建和运营的基础性文件。可以说，PPA合同是项目建设和运营的"纲领性文件"，建设和运营的整个过程其实就是"履约"的过程。

爪哇7号项目中标后，国华电力公司与印尼爪哇公司成立了技术、商务、法律商务小组，商务小组在PPA合同模板基础上与PLN进行多轮次磋商，在违约责任、担保、技术参数、利用小时数等方面提出了合理建议和意见，得到了PLN的认可，并在规定时间内签署，有效维护了股东权益。

（一）PPA合同谈判签订过程

印尼电力招标项目在确定中标后，PLN会发出LOI（中标意向函），并要求中标方立即与其商定PPA合同谈判流程，在规定时间内完成PPA合同签订工作。在接到本项目LOI后，国华电力迅速成立印尼项目谈判小组，负责组织和开展爪哇7号项目的PPA合同谈判工作，主要包括爪哇公司成立前联合体协议、股东协议、公司章程、购电协议、煤炭供应框架协议等谈判工作，提前全面明确了谈判难点，及时制定了相关谈判策略，为谈判顺利推进与成功闭环奠定了坚实基础。

在集团公司的正确领导和各方协同努力下，历经4个多月夜以继日的磋商和艰苦卓绝的谈判，2016年3月29日，印尼爪哇公司与PLN签订PPA合同，4月7日PPA合同正式生效。

（二）电价机制

电价机制是PPA合同的重要组成部分，也是项目电费收入的基础依据，不同的发电方式有不同的电价机制。

电价组成及占比参考

电价组成	各项数据指标			占比/%
	单位	费用名称	对应公司成本科目	
A部分	美元/MW·h	固定投资回收费用（CCRm）	资产折旧，财务费用	55.01
B部分	美元/MW·h	固定运行和维护成本（FOMRm）	修理费、委托运行、人工成本，及其他管理费用	4.62
C部分	美元/MW·h	燃料成本（ECRm）	燃料成本	34.9
D部分	美元/MW·h	可变运行和维护成本（VOMRm）	大宗材料费、排污费、水费等	1.54
小计（A~D）				
E部分	美元/MW·h	输变电线路成本（CCRTm）	公司送出线路成本摊销	3.93
合计（A~E）				

（三）项目里程碑及违约责任

1. 项目里程碑

根据PPA合同约定，项目里程碑进度主要包括4个日期，即融资关闭日、临时验收日、首台机组商业运行日（COD）、项目商业运行日（COD）。本项目PPA合同生效之日为2016年4月7日，以此作为项目里程碑基准日。融资关闭日为基准日之后6个月，即2016年10月7日；临时验收日即专用设施移交为基准日之后36个月，即2019年4月7日；首台机组商业运行日为基准日之后48个月，即2020年4月7日；项目商业运行日为基准日之后54个月，即2020年10月7日。

本工程竣工日期2020年9月23日为接收日。PPA合同约定了2年缺陷责任期和6年潜在缺陷责任期。缺陷责任期是工程接收日起至接收日满2年止，即至2022年9月23日止；潜在缺陷责任期是工程相关缺陷责任期结束之时起满6年止，即至2028年9月23日止。

2. 违约责任

如果因为卖方或其任何承包商的缘故，本项目未能按期实现商业运行，卖方应根据PPA合同向PLN支付违约赔偿金。根据延误的阶段不同，分别按每天10万美元（首台机组延误至本项目COD期间）、20万美元（本项目COD延误至其后180天期间）和50万美元（本项目COD后181天至275天期间）的标准支付违约赔偿金。PLN可以利用阶段Ⅱ银行保函扣除违约赔偿金，如违约赔偿金超过保函担保数额，则卖方应直接向PLN支付。

（四）厘清责任，规避主要投资风险

一是里程碑时间约定。里程碑节点从PPA合同签字的生效日起算，里程碑时间节点未按时完成，将导致保函被没收、支付延误赔偿金，甚至PPA合同终止等严重违约后果，印尼爪哇公司必须按里程碑节点合理安排进度。

二是年度可用系数约定。年度可用系数是爪哇公司运营期间上网电量的保障。在机组的检修及非计划停运等前提下，尽力争取较高的可用系数，在确保电量收益的同时，规避不能完成可用系数造成的罚金。

三是不可抗力事件约定。在PLN对印尼爪哇公司的不可抗力免责事件中，涵盖印尼爪哇公司相关方的不可抗力事件，如EPC承包商的不可抗力事件、煤炭供应商的不可抗力事件，在印尼爪哇公司不对相关方进行追责的同时，印尼爪哇公司也不应被PLN追责。

四是违约事件约定。努力将印尼爪哇公司违约事件归入可补救违约事件的类别，一旦发生相关事件，允许印尼爪哇公司在一定时间范围进行改善，而不是直接进入合同终止程序。

五是合同终止后果约定。首先在合同中明确何种终止是由PLN方面造成的终止，由PLN造成的合同终止要由PLN弥补项目损失，在补偿项目投资的基础上还应偿还双方约定的投资收益。

六是EPC合同约定。项目建设质量、建设时间绝大部分源于与EPC承包商的约定，EPC合同中除了体现印尼爪哇公司对EPC承包商的要求外，还要在项目建设方面体现PLN对印尼爪哇公司的要求。EPC合同中约定建设的性能赔偿金及延误赔偿金，罚金标准应完全等同于PPA合同可能出现的罚金。

七是运维合同约定。运维过程中可能对印尼爪哇公司运营期间造成的风险包括：对运维成本的控制，即确保B、D部分电价盈利能力；对非计划停运的控制，即是否可以完成PLN要求的可用系数。如因上述运维方面原因导致印尼爪哇公司损失，运维商应承担相应赔偿责任，传导PLN对印尼爪哇公司的处罚和责任。

八是供煤协议约定。供煤协议要约定煤炭供应的安全性、稳定性，如因煤炭供应造成机组的降出力运行或停运，致使PLN对印尼爪哇公司收取罚金，在供煤协议中要约定此部分印尼爪哇公司对煤炭供应商的追偿。

九是对合作伙伴的要求。根据PPA合同规定，部分需要协调当地政府、税务、工商注册部门的工作，可在股东协议谈判过程中，增加至当地合作伙伴的义务中，要求当地股东方利用自身的资源，协助印尼爪哇公司较好地完成相关工作（如印尼爪哇公司成立、员工签证办理、当地员工选聘等）。

三、印尼电力项目许可办理经验

PLN投资之外的印尼电力建设企业，主要以IPP形式合作并均需签订PPA合同。爪哇7号项目从海外项目国际化的特点出发，结合同类印尼项目实践经验，通过对煤电项目许可办理深入调研并综合IPP项目与PPA合同要求，归类得出各类许可共八大类94项，包括：公司注册许可12项、资源许可8项、电厂工程许可9项、海工工程许可5项、专用设施许可3项、生产许可15项、EPC单位许可29项、印尼爪哇运维公司许可13项。取得相关许可是项目合法合规建设与运营的前提与保障。以下着重说明部分工作。

（一）公司注册许可类

办理电力业务相关的公司注册许可需取得投资证明、章程认证、税号、注册证明等12项许可证照。

PPA合同草签后，要完成准备公司成立所需的资料，经过印尼政府部门的联合审核，取得"投资准字""临时电力准字""公司成立司法人权部批文""税务登记号""公司注册登记证"等9类项目公司注册成立的基本证照，公司即视为成立。印尼投资委员会推出的"3小时投资证照申请通道"政策，对公司注册具有积极意义。

公司能够快速顺利成功成立，得益于以下几个方面。

一是前期资料准备充分。在公司成立前建立健全《股东协议》《公司章程》、中国商务部《境外投资备案证书》、印尼爪哇公司领导身份收集、住所地证明等公司注册成立必需的法律文件。

二是法律支持。在办理公司注册过程中，与相关印尼法律事务部、律师保持联系，确保各项文件资料的合法性和全面性。

三是保持与中国驻印尼大使馆的沟通联系。中国驻印尼大使馆在公司注册过程中，能够协调印尼政府部门，为公司快速注册成立提供有力支持。

（二）工程许可类

在印尼从事电力项目建设，没有办理工程许可的建设均属违规，不准开工且不受法律保护。为确保工程项目合法合规开工建设，在取得全部行政许可证照的前提下，即进入正式施工前工程许可办理。

相关办理涉及电厂工程许可、海工工程许可二类14项，其中开工必备的许可主要有：土地使用许可、环境评估报告、规划许可、建筑施工许可、自建码头管理许可、抛泥疏浚许可、烟囱高度许可、滋扰许可。

如工程建设用地为租赁，则需要完成土地租赁转让并拿到正式签署的土地使用许可文件。爪哇7号项目在IPP招标阶段，PLN已取得土地使用许可证。

以下重点说明几项。

1. 环评许可

环评许可证是前置许可证，没有这个许可证后续的手续不能办理。根据印尼政府有关环境许可方面的法规及环境影响评估规定，爪哇7号项目建设与运营应完成关于生存环境影响评估报告、环境影响评估报告以及环境治理与监测计划。

环评范围包括陆域、海域、专用设施和连接点，本项目在实际办理过程中历经万丹省和西冷市两级政府的14个部门、渔民协会、2家相邻单位及9个行政村审核，最终得以送达印尼国家环保部门审批。在经过7个月的艰辛努力后，于2016年8月8日获得批复文件，为工程建设许可工作铺平了道路。

2. 规划许可

规划许可要在初步设计外审和收口之前办理，此阶段建筑物方案尚未最终确定下来，因此组织协调设计、施工单位准备申请所需文件材料非常重要。印尼政府部门在收到环评批复文件后，要对办理许可所需申报材料进行审核、对图纸进行审查、到现场进行核实等，完成相关手续后才能正式批复规划许可。

3. 工程建设许可

工程建设许可是开工建设的关键手续，工程建设许可办理需要各建筑物的施工图和结构计算，在初步设计尚未收口的情况下存在巨大困难，需要尽快收集办理支撑性文件和资料，在完成规划许可之后进行工程建设许可的上报手续。

4. 码头建设许可

根据印尼法律，码头报建主要分为自建码头（TUKS）及专用码头（TERSUS）两种，自建码头只需办理自建码头管理许可，专用码头则须办理位置许可、建设许可以及运营许可。

在办理码头管理许可和抛泥疏浚许可时，相关准备工作可同步进行，但抛泥疏浚许可必须在项目码头管理许可办理完成后方能获批。码头管理许可办理须获得省级海事局推荐函，印尼爪哇公司在获得函文后将申报材料上报交通部港口管理司，再由该部门判定申报项目归属于自建码头还是专用码头。如果实际位置与规划存在偏差，则需要省级海事局提供申报项目位置所属新规划区域确认函，交通部港口管理司收到确认函后再按归属码头类别程序办理。

5. 烟囱高度许可

电力项目烟囱建设要做到符合航空安全规定、保证通航安全，烟囱高度许可办理地为省（特区）航空管理局。航管局须对项目现场的烟囱坐标实地勘测，并出具烟囱建设高度对空域飞航无影响的文件。印尼爪哇公司再按政府收费标准缴纳费用后前往雅加达的印尼政府部门盖章获批。

6. 滋扰许可

须对可能产生噪声和污染等影响的设备的厂房建筑面积进行核对，按滋扰等级收费标准缴纳费用后方能获得项目滋扰许可。在许可办理期间，印尼爪哇公司安排专人多次与地方政府部门对建筑类别及建筑面积进行确认并沟通协商。

（三）资源类许可

资源许可方面有8项，其中进口货物减免税清单（Master List，下称免表清单）办理、钢铁进口许可办理对项目建设影响较大。

免表清单办理是依据印尼投资政策及相关法律法规，为公共利益方面电力工业建设以及发展范围内资本货物的进口税费提供免税待遇，相关设备在印尼进口过程中可享受印尼政府在进口关税、增值税、所得税等方面的减免。

为充分利用利好政策，项目公司前期做了大量调研和务实工作，减免税办理涉及较多印尼政府部门，主要包括印尼投资协调委员会、能矿部电力司、贸易部、海关等。此外还须委托印尼第三方机构作为申办代理，应选择成立时间较长、办理业绩较多，且多为大型项目的公司，明确项目最终免税比例。

免表清单须组织设计、施工、采购、商务、物流及第三方代理公司等各方人员参与编制，提交印尼能矿部电力司审核后获得其颁发的推荐函，再将推荐函提交至印尼投资协调委员会（BKPM）接受最终审核，最终取得项目免表清单批复。

2016年12月9日，印尼政府颁布新法案，并于2017年1月1日正式生效。此前已取得的钢铁进口许可将即时失效，只能按照新规重新办理。项目公司物资方面工作人员积极协调参建单位制定详细的工作流程，对整个项目的进口钢铁制品数量进行测算并最大可能调整采购方向。同时，安排专人常驻雅加达与印尼工业部和贸易部沟通、协调，发扬"千言万语、千辛万苦、千方百计"的"三千精神"，在跑办过程中对申报资料不断进行修订与提报。通过各方不懈努力，最终取得印尼政府部门进口许可批复，确保关键材料可从中国进口，同时也为后续钢铁制品进口申请积累了经验，从根本上保证了项目工程进度和质量。

根据PPA合同及印尼工业部文件要求，本项目所涉及的设备和服务要进行本地化采购认证，本项目结束时应达到印尼法规要求的印尼本地采购比例。相关认证分为自我评估和成分优化两个阶段,工作时长约为6个月。为此,印尼爪哇公司及时委托第三方机构进行评估,实地考察本地供应商,召开当地厂商、协会组织、政府部门组成的听证会,通过各协作方共同努力,在多次科学评估和准备研判的基础上,印尼工业部完成了本项目本地化采购比例的认证批复。

(四)许可办理第三方机构

根据印尼政府有关规定,在办理生产许可及环保许可时,不接受企业单独性办理各类生产许可,须有资质的第三方检测机构进行检测认证、出具检测认证证书,根据检测认证结果签发许可证书。在办理许可时要委托有资质的第三方检测机构对电厂生产及环境许可所涉及项目进行检测,出具检测报告并取得相关许可证书。

印尼主要采用招标的方式确定第三方检测机构,对有意参与投标公司的资质、技术资质、企业规模及办理速度进行评估。

(五)政府许可办理发展前景

印尼新一届政府执政以来,致力于"简政",相关政策推行卓有成效,政府推行"一窗口服务"方式,并在简化条例和手续之后,申请取得投资原则许可证的时间缩减为3个小时。印尼政府还致力于进一步简政增效,使投资方能一举取得8种许可证。

(六)许可办理经验

在印尼投资电力工程建设,许可办理涉及政府部门数量多,在办理过程中应注意增强沟通技巧,提前熟知许可办理程序,提升办理效率,本项目有关许可办理过程中采取了每天督促、协调、沟通等方式进行。印尼爪哇公司高度重视、充分发挥印尼员工的作用,组织召开专题会议研究推动,协调印尼政府相关部门,通过不懈努力,保障项目施工所需的许可文件如期取得,最终为项目合法开工建设及顺利推进提供了法律保障。

免表清单涉及印尼政府部门多,沟通难度大。本项目前期设备招标相对滞后，给免表清单编制工作带来的影响较大，印尼爪哇公司高度重视，多次组织研究推动，协调印尼政府相关部门，最终取得了较为满意的结果。

经过多年的艰难探索和实践，我国电力企业"走出去"已经取得了长足进步。目前，我国电力企业"走出去"主要业务集中在对象国的能源、电力、基础设施等与消除贫困、提高人民生活水平密切相关的领域，较好地契合了中国企业的比较优势和对象国的实际需求。我国电力企业的"走出去"也由试水、开拓阶段向扩展和深入的方向发展，由建设工程类"走出去"，向资金、设备、技术复合型"走出去"发展。这些变化既体现了中国整体国力的变化、中国企业的成长，也体现了中国企业对国际经济形势变化的适应性。

第三章

基建历程

爪哇7号项目作为中国"一带一路"倡议与印尼"全球海洋支点"构想对接的典范，以"建设具有中印尼文化特色、同行认可、长期盈利的国际一流示范电站"为目标，汇聚中国电力工程设计、装备制造、施工建设、运营管理等方面优势力量，成功建成印尼单机容量最大、参数最高、技术最先进的环保电站，获得了印尼政府、PLN的高度赞誉，带动中国电力工程成体系、高台阶、大规模"走出去"。

中企"梦之队"勠力同心，奋力拼搏。一首《诉衷情令·写给电力建设者》道出丝路心语，致敬爪哇7号项目的开拓者，一带一路的电力建设者！

开山填海拓荒丘，拔地起高楼。擎天线塔烟塔，将士共筹谋。兴电业，写春秋，唱风流。此生无憾，暖送千家，光照寰球。

第一节　起而行之，拓荒谱新篇

一、深入踏勘，精心勘测

在爪哇7号项目IPP招标阶段，PLN于2015年6月提供了现场勘察资料，包括初步勘察报告《SITE INVESTIGATION JAWA-7》和最终勘察报告《PROJECT INFORMATIONSIT INVESTIGATION-FINAL REPORT》。

PLN为合格申请人安排首次现场视察，以便合格申请人/投标人执行现场尽职调查。首次现场视察仅有一天时间，允许每位申请人最多派三名员工参与视察。此后，每个合格申请人/投标人可经合理的事先通知与PLN安排后续现场视察。

为查明场区的工程地质条件并做出评价，以便给工程投标设计及工程可行性研究提供工程地质资料与设计所需的岩土计算参数，山东院与四航院在获得PLN事先书面批准后进行了投标阶段勘察测量工作。2015年8月至9月陆续完成陆域、海域岩土工程勘测报告。

本项目场区的陆域地形总体呈西高东低走向，从西向东主要由长满杂草、灌木的陆地和池塘组成，从西向东陆地标高由3.0米（MSL）到0.0米（MSL）过渡。横向分布约5条水沟与海域连通，水沟的水流主要受潮汐影响，涨潮时水流由东向西，退潮反之。陆地与耕地的分界线是一条较大的水沟，呈南北走向，与场区南面特拉特河相连。

海域地形总体趋势同样呈西高东低走向，从西向东海底标高由0.0米（MSL）到-8.6米（MSL）过渡。海域中部有一浅水区呈圆形小岛状。海域与场区南面特拉特河相连处有一条西南至东北走向的泥坝。项目现场勘察过程中有挖掘机在开挖特拉特河航道。

2015年12月21日，时任神华集团副总经理王树民（左三）在爪哇7号项目现场视察

2016年8月6日，时任神华集团副总经理王树民（图中讲话者）
在爪哇7号项目现场视察

二、落实煤源，确定煤质

根据IPP招标书要求，爪哇7号项目设计煤种热值必须在4000~4600kcal/kg之间，总湿度不得高于38.00%，总硫量不得高于1.50%，总灰量不得高于6.00%。经调研，印尼加里曼丹岛煤炭海运条件较好，煤矿煤层厚、品质高，符合要求。

电厂每年需消耗783万吨煤炭，加里曼丹岛与爪哇岛隔海相望。从加里曼丹岛煤矿至本工程新建煤码头，海上直线运距约860海里，只能通过海运实现煤炭运输。

煤源落实后，印尼爪哇公司开展供煤协议签订工作，并根据协议提交完整的设计及校核资料，经国华电力确认后，作为下阶段设计及设备招标的依据。2016年4月7日，印尼爪哇公司发文给山东院，正式确定设计煤质以便开展后续设计工作。4月12日，印尼爪哇公司与PLN召开了煤炭供应计划首次正式会议，同时展开潜在合格煤炭供应商的调研。

三、土地租赁，海域协调

2017年2月12日，爪哇7号项目正在实施吹沙造陆工程

爪哇7号项目建设用地在IPP招标阶段，已由PLN完成征地工作。2015年7月，本项目取得印尼万丹省西冷市政府区域规划与住建局颁发的土地规划许可。2016年3月，本工程进入初期施工进场清表工作阶段，面对不满意赔偿的个别土地权利人，印尼爪哇公司数次出面与PLN进行沟通协调，及时消除

矛盾，解决赔偿问题，使本项目得以继续推进。同年4月28日，印尼爪哇公司与PLN签署土地租赁协议，厂区范围内未发生拆迁及移民安置问题。

本项目厂址北侧为已建船坞码头（SBS），南侧有规划建厂的石化企业（MNA公司），两企业码头及栈桥与本项目海域交叉重叠，需统一规划设计，解决海域使用权问题。为此，印尼爪哇公司采取两条主线同步推进的策略，在敦促PJB加强海域协调工作的同时，开展码头可研、初步设计和相应评审工作，以达到可研收口条件。

2016年年初，印尼爪哇公司开始着手组织海域使用范围磋商，在一年时间内，历经30多轮谈判协商确定了海工工程的海域使用坐标范围，并与相关利益方签署海域使用协议，确保了可研收口及初设顺利开展。11月16日，取得印尼交通部签发的抛泥疏浚许可。12月23日，取得万丹省海事局签发的自建码头管理许可。依据印尼政府批准的方案，爪哇7号项目完成了码头工可评审、初设审查，并于2016年9月22日取得集团公司开工批复文件。印尼爪哇公司依法办理了环评、疏浚抛泥以及各项管理许可。

印尼爪哇公司依托国内设计院及科研院所开展了数模物模研究。2019年6月5日，本项目排水口设计优化专题报告通过集团公司评审。同年7月，进行施工准备。9月3日，取得集团公司批复开始动工。2020年2月，完成全部施工，并于同年3月3日组织验收。海域协调与相关施工最终在本项目首台机组实现商业运行（COD）节点前得到圆满解决，降低了合同违约风险。

四、精心筹划，高标准开工

（一）场地清表，打通道路

万事开头难，只要肯登攀。2016年3月，爪哇7号项目首批开拓者进驻现场时，映入大家眼帘的是杂草丛生、蛇虫出没的热带雨林，散布着一块块布满淤泥、充满海水的池塘湿地，仅有一条窄小土路，曲曲折折、坑洼不平，只能供人沿着场界围墙步行。

栉风沐雨，砥砺前行。困难显然阻挡不住开拓者奋进的热情与匆忙的脚步。建设者顶着炎炎烈日、忍受着热带雨林蚊虫的叮咬，不辞辛劳地在泥泞的沼泽地跋涉、穿行，用工程机械清理灌木和杂草、疏通排水沟道，在海水落潮时迅速填筑围堰、封堵沟道。建设者以不到三个月的时间，实现了临时道路通车，为后续工程推进开辟了先驱之路。随后，地基预处理、道路施工等参建单位紧锣密鼓地展开协同作战，进厂路、货运路、施工路三条主要道路施工齐头并进，建设者插设排水板、抛填路基石，耗费两个月实现了进场的三条主通道全线贯通，满足了现场的运输条件，为本项目建设全面、快速推进创造了有利条件。

（二）吹沙填筑，真空预压

由于厂址区低洼，整个厂区先前均为鱼塘且有大范围积水，同时，厂址土壤表层为深厚淤泥层，其中含有大量火山灰，含水量高、孔隙比大、黏粒含量多且黏粒细，因此整个场地必须进行淤泥预处理。为满足防洪要求，整个厂区还要在预处理的基础上回填3米至4米砂层。由于工期紧张，留给预处理的时间仅有三至四个月，加上厂区回填土方量巨大，厂址附近运输条件差，还不允许利用厂区回填土方进行预压，因此设计考虑采用"真空+堆载"联合预压处理的方案，再根据不同的荷载要求采用不同型式的桩基进行处理。

考虑到厂区地质条件异常复杂，淤泥中含有大量火山灰，最大深度达17米，为摸清淤泥特性、在预压工期内完成处理并满足工后沉降控制标准要求，设计提前策划进行室内淤泥特性、真空预压排水固结特性等研究。在此基础上，又在现场实地进行"真空+堆载"预压试验。由此确定塑料排水板的型号、间距、深度、抽真空荷载及附加堆载。在现场试验的基础上，最终确定了工程区域"真空+堆载"的淤泥预处理方案。对处于关键路径上的主厂房区域，堆载土方运输时间较长，同时为减少主厂房区域处理后基坑开挖的工程量，最终确定采用"抽真空80kPa+2m覆水堆载"的淤泥预处理方案。

把一片杂草丛生的沼泽建设成一个机器轰鸣的现代化工地，需要技术，更需要智慧。参建者集思广益，在排水、晾晒过的淤泥上铺设荆笆、土工布，覆盖沙土，巧妙地解决了插板机行走作业难题。国内软基处理的龙头企业——上海港湾、河海科技，在爪哇海万丹湾布满淤泥的池塘里大胆创新、勇毅前行，展现了工程建设者"河海无所畏惧，港湾大有作为"的进取精神。

为确保地基预处理的安全可靠和达到设计预定目标，2016年12月5日，地基预处理成果专家评审会在爪哇7号项目现场召开，国华电力、项目公司及参建单位代表会同外部专家认真讨论并形成评审意见：真空堆载联合预压地基处理效果明显。根据初步检测资料判断，场地满足桩机施工机械作业要求。预处理场地的检测应在卸载后尽快进行，评价预处理场地的实际效果。

自2016年5月20日地基预处理开工以来，建设者以中国工艺创示范，优质高效完成面积22公顷的主厂房区地基预处理，为主厂房桩基工程开工打开了良好局面。2018年6月30日，本项目全部地基预处理历时25个月顺利完成，相关检测均为合格，各项指标满足设计要求，地基预处理处理效果良好。

根据评估及后期论证，相较于传统的真空预压、堆载预压、清淤换填或强夯等地基处理方式，创新、改进后的施工工艺有效减少了人力物力消耗，降低了机械和砂石等的使用，并有助于减少污染气体排放等。同时，"真空+堆载"联合预压处理时间较以往处理模式缩短四分之一工期，减少用电9万度，相较清淤换填法节省约5300万元费用。

地基预处理工作是本项目建设者充分发挥"中国智慧"，于沼泽和池塘遍布的沿海滩涂之上开辟出一片全新天地的壮举。回顾往昔的峥嵘岁月，展望爪哇7号项目的光明前景，一首《踏莎行·开拓爪哇》道出了建设者的心声。

百顷池塘，万船沙土，爪哇铺就兴邦路。漂洋过海赴他乡，共建合作同甘苦。

护岸神龙，堤防红树，落霞白鹭齐飞舞。"首台百万"占先机，声驰千里夺魁主。

（三）桩基开工与主厂房开挖

翻过2016年日历，经过地基预处理的主厂房区域，早已不见了昔日淤泥遍布的池塘或沼泽，取而代之的是坚实的地面。如今，宽阔的场地上堆满了准备用于回填的山砂、海沙，形成了蔚为壮观的起伏状"沙丘"。如果把先前池塘的淤泥比作"豆腐"，那么通过真空堆载联合预压处理，淤泥逐渐固化，就如同将"豆腐"压制成了"豆干"。随后，桩基部分施工继续启动，另一项旨在筑牢爪哇7号项目基础的工作拉开了帷幕。

本项目厂区建筑桩基设计采用旋挖钻钻孔灌注桩，桩径包括0.6米、0.8米和1米三种类型，桩基设计为端承摩擦桩。根据各部位上部荷载及相应地质条件选择中粗砂或黏土层作为持力层，桩长因各部分不同荷载及不同地质条件而不同，一般为9至38米。

为顺利推动实现桩基开工，项目管理团队克服设计输入条件差、地质复杂等困难，科学组织，精心管理，与参建单位共同精心策划、充分准备、协调配合，先后完成桩基施工图交付、设计交底、图纸会审以及现场开工条件核查和准备工作，从而确保项目桩基工程高标准开工。

与此同时，项目施工和生活用水、生产生活临建、施工电源、临时用地、排水系统、搅拌站和土建实验室、混凝土搅拌站及土建实验室等陆续全部投入使用。通公路、通水路、通电信、通水、通电、场地平整，满足了五通一平需求。桩基工程开工前，现场已经具备交通方便、各项功能到位、环境整洁的施工条件。

2017年1月16日，桩基工程开工仪式在主厂房区域举行。6台旋挖钻机同时开钻，现场喜庆热闹的鞭炮声和设备的轰鸣声交相呼应，标志着爪哇7号项目桩基工程正式开工。

作为国际一流工程，爪哇7号项目建设坚持执行高标准、树立新形象、成为新标杆，努力为中国能源建设者争光，为中国能源建筑业打造又一优良的出海成品。2017年4月28日，主厂房区桩基工程完成，本项目第二个里程碑节点准时完成，为后续主厂房开挖奠定了坚实基础。

2018年9月26日，经过20个月的不懈奋斗，项目桩基工程全面完成。据统计，全厂打设混凝土灌注桩10682根、混凝土灌注量12.79万立方米，打设混凝土预制方桩4130根、混凝土量3189立方米，共完成检测静载38根、高应变535根、低应变3745根，Ⅰ类桩98%、Ⅱ类桩2%，全面达到国优标准要求。

爪哇7号项目桩基数量之多、混凝土灌注量之大，在同类型百万千瓦级机组的电厂建设中实属少见。这些骄人成绩的背后，离不开建设者夜以继日的默默奉献。他们的汗水、泪水和着混凝土灰水一同灌注入地下，颗颗心与

助力共建命运共同体　国能托起爪哇明珠

根根桩凝聚成一股巨大的力量，支撑起庞大沉重的设备和高大宽阔的厂房。我们应当记住这3支为爪哇7号项目打下坚实基础的桩基工程队伍——金桥公司、河北建勘、中南岩土，下面这首诗能在一定程度上展现他们的风采。

爪哇7号项目桩基工程开工仪式

瞧金桥、看建勘，中南岩土共争先。

两脚泥、一身汗，风吹日晒何曾怨。

淤泥软、车行缓，昼夜倒班不停闲。

测孔深、反循环，泥浆三性严把关。

旋挖钻、导管连，钢筋笼内砼浇灌。

一桩桩、一片片，泥中石林逾万千。

机声隆、经声远，安全班会喊声喧。

汗马功劳堪赞许，攻坚克难美誉传。

（四）主厂房第一罐混凝土浇筑，项目正式开工

建设目标一经锁定，工程进度便刻不容缓。主厂房区地基预处理卸载、检测完成，紧随其后的工序就是主厂房区域土方开挖、凿桩头、基础钢筋绑扎、支模。为实现样板引路，建设者在不同的基础短柱上采用不同的清水砼模板做对比试验，同时由总承包单位组织，项目公司和监理人员对两个主标段清水砼样板进行观摩评价。虽然这些做法在一定程度上影响了基础开挖进度，加之开挖时间有所滞后，给工程建设造成一定的工期压力，但建设者以建设目标为指引，各标段承包商咬定工期不放松，保质保量全面加快施工进度。

印尼爪哇公司与EPC联合体及各参建单位戮力同心、并肩战斗、精心组织、科学管理，克服了地质条件极为复杂、天气情况变化莫测、异国他乡资源不足、外部环境阻力重重等困难和不利因素，相继完成了公司成立、融资关闭、地基处理、桩基施工、许可文件办理等重点工作，在国华电力公司高标准开工审查中得到91分，已完全具备高标准开工和高水平连续安全文明施工条件。

2017年6月30日是值得项目参建者铭记的一个重要日子，主厂房第一罐混凝土浇筑得以实现，标志着爪哇7号项目建设正式全面展开。

建设者用一副对联赞誉承担本项目土建工程施工任务的3支主力——富东建设、昌海建筑、中博国际。

上联：赞昌海，快马加鞭施工厂房短柱，细致筹划清水砼展风采

下联：夸富东，鼓足干劲浇筑锅炉基础，精心组织首方砼抢头功

横批：拼搏中博

五、锁定国优，高质量建设

（一）弘扬国优精神，设定金奖目标

为贯彻落实国家《质量发展纲要（2011—2020年）》和"百年大计，质量第一"的方针，弘扬"追求卓越、铸就经典"的国优精神，增强各参建单位质量意识，强化创新驱动发展能力，提高工程管理水平，实现获得"中国

电力行业优质工程奖""中国国家优质工程金质奖"的奋斗目标,印尼爪哇公司在工程建设之初就启动了爪哇7号项目创优规划编制工作,以指导工程创优工作。

2017年4月20日,国华电力公司工程建设部在北京组织召开爪哇7号项目工程创优规划审查会,认为《工程创优规划》符合范本要求,能够对工程建设起到指导、引领作用,可作为本工程创优的纲领性文件。同年5月4日《工程创优规划》正式颁布实施。

2018年3月15日,工程创优大会在爪哇7号项目部、集团公司、运维公司三地同时视频召开,来自15家参建单位的百余人参加了此次会议。会议进一步明确了目标、责任和路线图,对各项工作进行了全面细致的部署,作用显著、意义重大。

时任印尼爪哇公司董事长闫子政期望爪哇7号项目能够成为"卓越精品、美丽电站"。以此次大会为契机,本项目的达标创优工作进入快车道,达标创优将融入"全员、全过程",成为所有参建者的自觉行为。达标创优工作就是日常工作的形式和手段,创优要求要落实到作业指导书,落实到图纸设计中,这是创优的精髓。

闫子政董事长表示,要把爪哇7号项目建成国家能源集团、中能建、国家电投、中国港湾同类项目的示范工程,建成中国企业在"一带一路"的样板工程、中国电力建设管理水平的形象工程、中国企业在印尼IPP项目的优质工程,成为中企开展国际合作的典范。

本次工程创优大会是为实现获得"工程设计一等奖""EPC总承包金钥匙奖""中国国家优质工程金质奖""印尼电力工程建设最高奖"的工程创优目标,进一步规范工程达标创优工作进行"再动员、再部署",起到了进一步统一思想、明确目标、凝心聚力的作用,为整个工程朝着高质量建设、高水平投产、高等级完成质量评价、高排序获得电力行业奖项的创优目标奋进发出了"动员令"、吹响了"集结号"。

(二)构建质量管理体系

围绕"一个目标"、通过"两个抓手"、严控"三不发生"、落实"四个零"、开展"五防管理"、严把"监理六个关口"、坚守"设备七个关口"、全面落实"质量八不",通过"顶层设计、超前策划、强化执行、技术保障、样板引领、规范验收、责任落实、监督评价、有效激励"等手段,体系化开展工程质量管理。

一个目标——建设中印尼合作示范企业,为印尼带来安全、稳定、绿色优质电能,促进印尼经济社会发展。

两个抓手——达标创优和质量监检。

三不发生——全国同类型机组发生过的事故不发生;同一个设计院设计的同一类型系统的问题不发生;国华系统内各种类型机组发生过的问题不发生。

四个零——设备到货零缺陷、零缺件、零货损、零延误。

五防管理——防高温、防雷电、防紫外线、防雨、防盐雾。

监理六个关口——资源配置审查关、资源进场检验关、施工过程旁站关、施工转序验收关、设施使用证件关、设备试运签证关。

设备七个关口——材料的入场关、加工制造的检验关、负面清单的闭口关、整机试车的验收关、包装发运的查证关、文件资料的签证关、开箱验收的交接关。

质量八不——未经会审的图纸不施工、作业前交底不清不施工、专业能力(资质)不达标不施工、作业环境不达标不施工、原材料验收不合格不施工、无标准(样板)指导不全面不施工、无验收签证不转序、质量验收不合格不使用。

(三)首次召开工程质量管理委员会

2017年6月28日,首次召开质量管理委员会(下称质委会)。在本工程主厂房浇筑第一罐混凝土的关键时刻召开此次会议,旨在进一步统一参建各方思想,提升全员质量意识,让建设者把紧迫感转化为行动力、把凝聚力转化为执行力,为高质量建设、高水平投产的质量目标而奋斗。

会议明确质量方针、质量目标、质量管理思路,以《爪哇7号项目质量管理实施纪要》为指引,项目公司组织发布《质量保证方案》《质量管理策划》《工程创优规划》《施工组织总设计(质量部分)》等指导性文件。本次会议是一次动员会，也是压担子会议。四个专业委员会和质监站（4+1）是质委会有效组成部门和重要办事机构，承担着设计、设备、施工、调试质量管控体系建立并监督其有效运作的重任。质量监督体系、质量保证体系的建设是质量管理体系两个最重要的主线，也是质量体系有效运转最重要的两个轮子。因此，质量监督体系和质量保证体系的建立、建设是项目公司能否管控好，能否抓好整个工程建设质量的关键，也是工程项目质量最重要的抓手。《工程创优规划》是本项目质量管理的指导性文件，不仅确立了项目的质量目标，各单位、各责任人的质量责任，也明确了质量管理的标准和流程，是对管理全过程管理和评价的依据，以创优为重要手段，为工程质量提供有效保障。

（四）召开设备质量创优动员会

2017年8月29日至30日，爪哇7号项目设备质量创优动员会召开。此次动员会以"责任与诚信铸造精品设备，荣耀和使命共建示范电站——诚实守信、履约践诺、携手共赢"为主题，来自业主、总包、监理、设备厂家等的53家企业140余人参加了会议。

会议紧紧围绕爪哇7号项目建设目标，积极构建项目业主、设计院、供应商、监造商、物流商等多方齐抓共管的设备质量管控一体化大团队和体系，在满足PPA/EPC合同原则基础上，努力达到"高标准策划、严要求管控、高品质出厂"和"工厂性能达优、现场安装创优"的国际一流设备的质量目标，努力实现设备交付的"零缺陷、零缺件、零延误、零货损"的质量目标，同时对负面清单、"五防"、制造与试验、监造与监检、图纸文件、出厂放行、物流包装、仓储保管、安装见证9个方面提出了具体要求。

参建各方认真对待签署的承诺函，承诺将本项目作为各家的NO.1工程进行推动，将"四零""五防"要求贯彻到位，把会议精神、承诺函的要求传达给公司每名员工，纵向到底，横向到边，扎实落实到日常工作中。唯有统一思想、共同努力，才能实现共赢，才能最终递上"中国品质"这张闪亮的名片。

（五）决胜"攻坚战"

2018年1月15日，项目公司召开年度工作会，会议报告中做出定位："不忘初心，牢记使命，决胜全面建设国际一流燃煤发电示范电站攻坚战"。

集团公司在年度目标责任书中明确要求爪哇7号项目要高标准完成工程建设。什么是高标准？就是要全过程彰显示范引领效应，而"示范"应立足于具备国际一流水准的"示范"，"不忘初心"就是要始终牢记我们要干什么，"牢记使命"的最大特色就是努力实现项目的"国际化"和"印尼化"。

以2018年春节期间大板梁运输至项目现场为标志，爪哇7号项目建设进入一个新时期、新阶段，也表明本工程建设全面驶入"深水区"。之所以将2018年定位为"攻坚战"之年，主要因为当年工程建设的四个特点。

一是工作任务最繁重，全面考验建设者的能力和水平；二是风险最高，全面检验项目实施的体制和机制；三是难度最大，全面考量建设者的智慧和韧性；四是资源配置最复杂，全面检阅建设者组织和协调能力，以及凝聚力和向心力。

闫子政董事长在当年的年度工作报告中吐露心声："在我的眼里，土壤是有温度的，石头是有生命的，机械是有灵魂的，那些钢架就像树一样在不断生长，那些坚固的混凝土就是设备安睡的温床，是我们亲自唤醒了海底沉睡几百万年的石头，而我们的汗水和泪水就是它们成长的'营养液'。"

所有参建员工身处异国他乡，在资源条件不足、文化差异显著、信息交流不畅的情况下，披荆斩棘、攻坚克难、砥砺奋进，将对祖国家乡的思念转化为推动项目建设更快、更强、更优的驱动力，将对亲人的挂念转化为解决困难、化解危机的创造力，将不忘初心、不辱使命的信念转化为建设具有中印尼文化特色，同行认可、长期盈利的国际一流燃煤发电示范电站的执行力，实现了全年"走得稳"的良好局面。

2018年9月6日，质量活动月启动会暨安装及装饰装修质量"阵地战"动员会召开，会上参建各方统一思想，提出在困难面前要想多取得一分的优势，就要比别人多付出十分的努力，明确了工程质量是检验全体人员工作品质的唯一标准。全体参建员工都是为爪哇7号项目编织"健康基因"的重要一员，对分管工作应做到无所不知，始终能够调动全部工作积极性，对现场工程质量要进行全要素管控。

助力共建命运共同体　国能托起爪哇明珠

　　全体参建员工围绕统一的目标和使命勠力同心、孜孜不倦，他们默默忍受着父母生病不能陪伴左右、子女成长不能随时呵护等对亲人的愧疚，为项目建设倾注了巨大心血，创造了一个又一个工程奇迹。

　　每当夜幕降临的时候，成群的建设者在办公区的板房外、生活区的马路边，人手捧着一部手机，趁着短暂的休闲时间，与家人连视频、拉家常。月圆的时候是想家的时候，伴着沼泽地里传来的虫鸣声，建设者度过了无数个不眠之夜。一首《江城子·乡思》，诉说着爪哇现场那些默默奉献的建设者的乡愁。

　　别离故里负行囊，跨山冈，越重洋。岁月无痕，笑脸伴柔肠。望尽山川千万里，思父母，念儿郎。

　　舟车劳顿旅匆忙，梦还乡，守空房。过节逢年，电话诉衷肠。道尽酸甜千万语，声哽咽，泪成行。

2017年7月31日，爪哇7号项目重件码头完工仪式

（六）坚定目标不放松，如期完成COD

"没有检查点，工作难进展；不设里程碑，项目往后推"，工程建设里程碑是项目管理不可忽视的一部分，里程碑管理就像一双无形的手推动着建设者不断实现各项建设进度目标。

本项目PPA合同自2016年4月7日生效，以此作为项目里程碑"基准日"。首台机组商业运行日为基准日后的48个月，项目商业运行日为基准日后的54个月，这是爪哇7号项目建设完成目标的两个最为重大的里程碑。

根据EPC合同约定，从地基预处理完成的第一个里程碑节点，到整个项目通过商业运行的最后一个里程碑节点，本项目建设共设置44个里程碑节点。项目建设者严防死守各项工程节点，始终做到里程碑节点常抓不懈，并以里程碑节点为中心，全面辐射各项工程进度，全面系统梳理进度计划，与EPC 联合体和监理单位随时保持密切沟通，定期盘点进度计划，倒排工期。锅炉钢架开始吊装、受热面开始吊装、主厂房结顶、烟囱筒身结构到顶、汽轮机低压下缸就位、厂用受电完成、海水淡化出水、锅炉水压试验完成、煤码头具备卸煤条件、汽机扣盖完成、锅炉点火吹管、整套启动……一个个里程碑节点如期逐一实现。

2019年12月13日，爪哇7号项目1号机组投入商业运行

1. 1号锅炉钢结构开吊

2017年9月27日，随着"起吊"令下达，在起重人员的指挥下，400吨履带吊将1号锅炉第一根钢结构立柱成功起吊，紧接着找正、锁螺母、摘钩等工序逐个完成，K1B3立柱于9时28分顺利就位。1号锅炉钢结构首根立柱的吊装完成，标志着本项目1号锅炉本体正式进入安装施工阶段。

2017年9月27日，1号锅炉钢结构正式吊装

2. 烟囱结顶

2018年9月22日，爪哇7号项目210米钢筋砼烟囱外筒顺利实现结顶。站在高耸的烟囱顶端，见证最后一方混凝土浇筑时刻，能切身体会"不畏浮云遮望眼，只缘身在最高层"的意境；耳畔传来的是掌声和笑语，又能激发"会当凌绝顶，一览众山小"的豪情。这是爪哇7号项目一个地标性建筑，是中印尼双方精诚合作，是奋战近三百个昼夜的硕果，必将载入本项目建设的史册。

在中国管理人员的精心组织和指导下，近70名印尼工人参与了建设施工。中印尼双方人员通力合作、24小时两班倒连续作业，迎风雨、战高温、抗暴晒，历时274天，绑扎钢筋815吨、浇筑砼7119立方米，圆满完成140板施工。外观清水砼颜色均匀、模板接缝顺直、表面光洁。截至2022年6月底，烟囱累计总沉降量17.78毫米，允许沉降值为200毫米，倾斜偏移量23毫米，允许偏差95毫米。烟囱沉降稳定、结构安全。

2018年9月22日，爪哇7号项目高达210米的钢筋砼烟囱外筒顺利实现结顶

3.1号锅炉水压试验一次成功

2019年2月2日，本项目1号机组锅炉水压试验一次成功，标志着1号机组锅炉受热面设备安装工作全面结束，成功完成了又一里程碑节点。此次锅炉水压试验分一次汽系统水压试验和二次汽系统水压试验，一次汽系统设计工作压力为29.8兆帕，试验压力为44.7兆帕。2月2日15时8分，升压泵升压到44.7兆帕的超压状态，稳压20分钟后，压力表显示稳定。经检查，58134道焊口无一处泄漏，各受压部件无变形、无破裂、无漏水，工艺质量等各项技术指标均达到设计要求。2018年3月29日，1号机组锅炉受热面开始吊装，历时10个月圆满完成相关工作。1号机组锅炉水压试验一次成功为后续的锅炉吹

管、试运等工作提供了有力保障。

4. 1号机组厂用受电完成

2019年3月8日，1号机组厂用电受电一次成功。为确保顺利完成此次受电工作，项目公司严把安全、质量关口，优化施工工序，提前谋划，精心组织，设备受电前组织成立了由各相关参建单位组成的专项工作组，提前一个月开始对受电范围内的所有设备进行问题排查和整改闭环。受电当天，项目领导亲临现场对受电工作进行部署和督导，进行隐患再排查和条件再确认，切实保证了受电过程的安全受控。

5. 1号汽机安全扣盖

2019年3月25日，从8时30分交底开始到19时45分结束，经过11个多小时，顺利完成了两个低压缸下隔板安装、转子就位、通流间隙复测、外引值复测、上隔板安装和螺栓紧固、内缸上缸扣缸等多道烦琐工序，顺利完成1号汽轮机1号、2号低压缸内上缸的扣缸工作，提前完成低压内缸扣缸工作，标志着汽轮机本体安装首阶段顺利完工，为下一步汽轮发电机组整个轴系找中迈出了坚实的一步。

6. 1号锅炉点火吹管

2019年8月2日6时18分，随着试运指挥一声令下，当值运行操作人员执行油枪点火操作，集控室监视屏上显示熊熊燃烧的火焰，1号锅炉首次点火一次成功。这标志着整台机组全面进入调试阶段，对2019年年底实现机组投产发电具有里程碑式的意义。锅炉点火过程中，参建单位团结协作，各司其职，严格落实技术保障措施和安全管理保障措施。本次锅炉点火风机启动、机组上水、风烟系统的建立点火均一次成功，机组不仅在锅炉酸洗指标、炉水冲洗指标方面优于标准值，更在节能环保技术应用方面进行了大量实践，点火采用微油技术，有效降低了锅炉启动燃油能耗，对提高锅炉运行经济性、改善生态环境发挥了重要作用，实现了机组经济、环保和高效运行。

7. 1号机组整套启动验收委员会召开

2019年8月28日，爪哇7号项目1号机组整套启动验收委员会召开，来自

13家参建单位的近百名委员和代表参加了此次会议。

2019年8月28日，爪哇7号项目1号机组整套启动验收委员会召开

作为启动验收委员会主任的时任国华电力公司总工程师陈寅彪在总结发言时提出：爪哇7号项目建设取得了包括佐科总统在内的印尼各界人士的广泛认可。作为国家能源集团响应"一带一路"倡议及印尼"全球海洋支点"构想的重要项目，本项目是中国在海外投资建设的首台百万机组，也是印尼当前最大容量的首台百万机组，技术水平领先，质量效率及环保水平一流，代表了当前中国电力建设的最高水平，意义非凡，全体建设人员使命光荣、责任重大，各参建单位要不忘初心，牢记使命，瞄准"世界领先、印尼第一"的工程建设目标不放松，高标准完成后续工程建设任务。

8. 项目投入商业运行，实现PPA合同约定的里程碑目标

2017年6月30日开工建设，本项目1号机组于2019年12月12日完成168试运，2019年12月13日投入商业运行（COD）；2号机组于2020年9月23日完成

168试运，2021年7月8日投入商业运行（COD），至此全部按PPA合同要求完成项目商业运行目标。

2019年年初，时任国华电力公司董事长宋畅在爪哇7号项目调研时讲到，项目各参建单位不怕困难、勇往直前的工作态度令人为之动容。公司倡导"八心"管理：不忘初心、坚定信心；尽责尽心、团结一心；管理细心、调运精心；关爱关心，事事暖心。印尼爪哇公司在实践中丰富了"八心"管理要求的精神内涵。宋畅董事长以"精神状态好、团结协作好、工程管控好、社会责任好、文化传承好、应急处置好"称赞了工程建设取得的成绩。希望建设者在"六好"基础上实现"建设质量好、设备性能好、机组可靠性好、投资回报好"的工程建设结果，全面打造"十好"工程。

八音齐奏，八心心相印；十方来贺，十好好运来。为参与爪哇7号项目的建设者、劳动者、工作者唱一支赞歌。

每当我穿过壮丽的山川原野，总忍不住朝着电厂的方向注目：那耸入云端的烟囱、厂房，那接入天际的铁塔、线路，伸出了多少建设者的双手，把它们架设、浇筑。就是你们——不辞辛苦、敢于创新的电业人！身着红黄蓝白灰色工服，无数个日日夜夜，奔波、忙碌……细心地把电厂安装、建筑，把电网编织成一道亮丽景色。

每当我走过庄严的电厂大门，总忍不住朝着厂区的方向注目：那林荫掩映的繁花、绿草，那清新整洁的厂房、道路，流淌了多少劳动者的汗水，把它们保养、灌注。就是你们——勤劳朴实、甘于奉献的电业人！身着红黄蓝白灰色工服，无数个日日夜夜，早起、晚宿……小心地把环境清理、呵护，把厂区绘制成一帧秀美画作。

每当我经过轰鸣的车间厂房，总忍不住朝着设备的方向注目：那高速旋转的风机、水泵，那胸膛火热的汽机、锅炉，耗费了多少工作者的心血，把它们看管、关注。就是你们——爱岗敬业、坚定执着的电业人！身着红黄蓝白灰色工服，无数个日日夜夜，巡检、记录……精心地把机组运行、维护，把电业发展书写成一部光明史书。

第二节　首创海外基建管控体系

一、管理与优化

为适应新发展要求，在吸收借鉴国内外先进工程建设管理经验的基础上，为充分利用专业化的社会资源，合理配置内部资源，根据"专业化、创新和创造价值"的基本原则，国华电力公司组织编制了《国华电力公司发电工程实施GHepc总承包建设模式的原则意见》（下称《GHepc原则》），并于2015年5月发布试行。

爪哇7号项目在建设中按照《GHepc原则》，充分吸收国际EPC建设经验，最大限度控制不足，克服了海外项目法律环境差异大、建设条件复杂、资源短缺等一系列困难，在EPC项目管理上积累了宝贵经验。

自2016年2月25日进驻现场，以中印尼两国共同打造组建的爪哇7号项目安全监督管理团队团结一心、忘我工作，克服了很多难以想象的困难，实现开工以来建设安全生产1600天（截至2020年7月13日），创造了海外火电建设项目超500万工日"人员零伤害、火灾零发生、设备零事故、环保零事件"的骄人成绩。

2017年6月30日浇筑第一罐混凝土，2019年12月13日1号机组提前PPA合同近四个月移交商业运行，本项目实现了"高标准开工、高质量建设、高水平投产、高品质发电"，机组安全稳定运行并于2020年10月8日转入C修，创造了国华公司百万机组投产后300天无非停最好成绩。

印尼爪哇公司发布了《爪哇7项目基建技术质量问题负面清单》和《电力建设质量问题导致生产事故案例清单》，编制了《施工工艺细部图集》《基建技术质量负面图集》《三个参考电站图集》，规范了项目施工，提高了工程过程管控和验收标准，现场开展了包括质量监督、质量评价、三个图集、设备前检、金牌机组、精品园建设等专项质量活动，保证现场质量管理的可控、受控。

爪哇7号项目积极践行高质量发展理念，不断探索国际化项目管理思路，创新体制机制，构建了"境外EPC项目建设管控体系""海外EPC电站项目全流程设备质量管控模式""安全管控1、6、8、5、20""质量管理12345678"等管控体系及举措，是"一带一路"可借鉴、可复制、可推广的成功案例。

二、设计先行

设计管理总体思路是遵循国内电力建设的传统方法，贯彻执行国华公司基建管控体系，结合海外EPC项目的实际特点，以统一设计管理体系等方面为发力点，以设计作为"龙头"，对工程安全、质量、进度、投资正向拉动。

（一）共建设计管理体系，制度统一、运作有序

由于参建单位的管理体系各有特色，因此项目伊始必须要统一管理体系、优化固化管理流程。爪哇7号项目按照"制度管人、流程管事"的原则，组织总包、监理等单位共同构建设计管理体系，编制了14项涵盖设计业务全流程的制度及程序。全体参建单位严格遵循，为项目的有序运作打下了良好基础。

（二）设计专委会为核心，"体系化""持续性"管控设计质量

以"设计质量管理专业委员会"为核心，建立了"项目、EPC联合体、设计院"三级设计质量管控体系，定期（每月一次）组织召开设计管理专委会，不定期召开重大设计专题会、设计变更评估讨论会、设计质量事件调查分析会等一系列会议，重点对设计变更的原因和影响进行讨论。此外，设计专委会针对各阶段工程管控重点，多次组织运维公司、设计院、主辅机厂、大宗材料厂召开设计、设备回头看等活动，分阶段再次检查设计、设备方面的问题，落实情况，以查促管，持续提升设计质量。

（三）设计监理全流程，多举措开展技术审查

在本工程建设的全过程中，设计工作均由设计监理审核设计原则、输入条件、设计成品文件等。

从设计监理招标阶段，就对设计监理的全过程配置进行了系统规划，通过监理合同约定各项要求，主要有以下举措。

（1）设计监理工程师均由设计院在职主设人、具有百万业绩及具备高级及以上职称的技术骨干担任，保证了设计监理团队的高素质。

（2）赋予设计监理"业主代表"的权利，在初步设计、司令图阶段，组织设计监理工程师常驻设计院与设计人员合署办公，全面深入审核设计文件，保证了初步设计的高质量。

（3）设计监理除了对常规的设计成品审查外，还要对设计条件输入、阶段性成果（专题方案、技术规范书）等过程环节进行审核把关，并在所有审查图纸中均加盖设计监理章。

（4）在地基预处理、机组出力、机组厂用电率等重大技术问题上，组织设计院、设计监理背靠背独立编制专题报告，确保工程重大设计问题的严谨性。

（四）设计标准严格执行PPA合同要求，制定专项闭环控制措施

在设计工作启动之后，项目公司就组织设计单位对PPA合同中的设计标准进行了梳理，重点研究PPA合同中与国内常规设计有差异的内容，并全部落实在初步设计及施工图中。制定了PPA合同专项闭环签证表，主设、设总、设计监理、项目公司各专业工程师签证后，方可完成闭环。通过责任的细化，将所有环节的设计管理人员均纳入管控流程，确保了PPA合同各项条款全部落实。

（五）细化EPC合同附件的顶层设计及具体内容，严格落实执行

EPC合同是总承包项目的最核心协议，是项目执行的最有利依据。爪哇7号项目在完全平移PPA合同相关要求的基础上，根据电力行业强条规范以及上级单位的相关企业标准，优化EPC合同附件的顶层设计，细化具体技术要求，以EPC合同的形式明确约定工程整体设计标准及各个专业的具体设计要求。

此外，为解决EPC合同中有可能存在技术细节疏漏或界定不清的问题，爪哇7号项目创造性地提出了参考电站的概念，项目公司、山东院、浙江火电三个单位每家提供一个新近投产的百万机组作为参考电站，分别是国华寿光电厂（爪哇）、华电莱州电厂（山东院）、浙江浙能六横电厂（浙江火电），以之共同作为印尼爪哇工程的建设参考标准。通过参考电站对标工作，将形成的质量管控亮点和质量负面问题清单，应用于本工程的质量管理。合同执行期间如出现分歧，可以参考电站为基准解决。实际后期合同执行过程中该条款起到了很好的裁判作用，有效地推进了工程进度。

（六）系统性、全流程开展负面清单、事故案例管控

负面清单管控是一项可以贯穿项目全过程的质量管理行为，在设计、采购、施工、调试各环节中，持续开展负面清单的执行落实、检查核查、闭环监督等工作，可避免发生其他同类型机组的事故、问题重复发生，可有效提高系统设备的可靠性。

本项目全面借鉴其他工程在设计、施工、调试等阶段出现的具有参考价值的技术质量问题，组织各相关单位进行收集整理，并制定相应预控措施，累计共发布了5版1300条的负面清单。此外，为深度借鉴国内各工程的质量事故教训，本项目组织汇编了《电力建设质量问题导致生产事故案例汇编》一书，收录了各发电单位机组非停事件与基建工程质量直接相关的137个事故报告。本项目通过对1300条的负面清单及137项事故案例的相关管控，避免了基建期设计、采购、安装、调试等各环节存在的典型问题及重复性隐患。

（七）严格进行变更管理，图纸升版等同变更

变更管理是EPC合同执行的一大难点，变更的制度及流程、变更的范围及标准需要以国华公司的管控体系为基础，针对海外EPC项目实际特点进行优化。

建设期的爪哇7号项目

爪哇7号项目统一编制了《设计变更与变更设计管理程序》，发布了设计变更与变更设计标准模板，参建各单位统一执行。主要特点：变更的分类、等级与国华公司一致；所有变更均须经设计监理、施工监理、项目公司审批；凡涉及EPC合同费用变化的，须经项目公司计划物资部审批；设计单位提出的设计更改，执行《设计更改通知单》；业主、监理、施工单位提出的变更设计，须发起《变更设计申请单》，完成审批后，由设计院执行《变更设计通知单》。此外，图纸升版按照变更进行管控，有效确保了设计变更的严肃性。

（八）发挥海工工程独立总承包模式的设计技术优势

专业的团队做专业的事情，海工码头的设计及建设不是传统电力企业的优势业务，需要由更专业的队伍进行管控。爪哇7号项目的海工工程由中交四航院独立分包。海工的设计管理充分发挥了码头工程总承包模式下设计、采购、施工深度融合的优势，以里程碑节点、工程进度计划为主线，以海工设计标准为导则，由四航院独立统筹安排，率先启动了对海下基础影响较大的卸船机、管带机等设备的采购，加大人力资源安排分批出图，设计、采购、施工互动沟通，在满足采购、设计、现场施工等管理程序条件的前提下，海工部分做到进度、质量、安全齐头并进。

三、全流程设备质量管控

编制详细的辅机采购计划，做好资源统筹，参与设备招标、过程监督，依托设备采购体系、设备监造和质量验收体系，保证供货质量、保障供货及时，为项目工程建设的质量和工期提供资源保障。

（一）采购过程监督

按"设计工作标准化、加工配置工厂化、施工作业专业化"原则检视设备供应商的资质和业绩。EPC合同谈判期间，在国华电力设备短名单、设备材料进口范围和供应商评价文件的基础上，择优对各设备及其主要分包件短名单进行明确。

在确保能够选取优质、可靠产品并经过充分市场竞争的原则下，供应商应具有销售、设计、制造应用于1000MW超超临界等级发电机组配套相应设备4台机组以上合同业绩，并至少有应用于2台机组2年以上的良好运行业绩（在得到业主确认的条件下，属于新技术、新产品应用或特殊产品的除外）。依托国华公司供应商评价体系，梳理负面清单和事故案例，合理设置采购的入围条件，提高采购品质。

充分考虑海外项目对运行维护便利性要求高的特点，系统设计和选型采用技术成熟的方案，尽可能提高成套和一体化率。为了便于生产管理，降低成本，减少生产所需备件的种类和数量，要求承包商在开展设备采购时，做到全厂各专业同类设备，原则上采购同一品牌产品，并力争做到同型可互换。进口设备采购范围严格遵循国华公司进口设备管理规定。

（二）物流运输保障

本项目运输路线以海运为主，国内发运港上海港，卸货港为莫拉克港，海运航程约2600海里，直航约15天，普货经陆路运至现场，大件货物通过莫拉克港转驳船至现场大件码头卸货。陆运、装箱、报关、发运、清关、境外陆运等，一般物资从国内出厂到项目现场约70天。针对海外项目运输批次多、发货量大、船次多、周期长、环节多等特点，EPC单位考虑施工进度计划及清关时间要求等综合因素，提前半年与主要设备厂商制定陆运计划、装箱计划、船运计划，大件设备发运计划，并严格按照计划落实催交及相关任务。

为保证大件设备安全、规范、高效运输至项目现场，每一件大件设备均编制大件运输方案，并审查大件作业指导书及大件运输方案，落实现场安全接卸。

爪哇7号项目重件码头工程大件靠泊装卸

（三）绿色清关

针对本项目跨国采购的显著特点，项目公司提前研究进出口环节税收优惠策略，充分利用印尼政府针对外商投资的优惠政策，深入了解印尼海关清关程序，严格按照清关流程准备报关放行文件，争取免税清单，有效控制清关风险，并合理利用中国出口退税政策，以合法合规获得税收优惠，降低本项目采购成本。

本项目EPC承包商对国际货运代理进行服务采购，在EPC方总体管控下，由代理商具体负责报关、缴税、减免税办理及全程运输和清关服务工作，项目分包商负责货到现场的接卸和存储，从而提高了采购物流管理水平和效率。项目公司为跨境物资采购与国际运输统一购买了保险服务，有效防范了采购物流风险。

爪哇7号项目设备大部分采用现场清关模式，在未清关设备卸货完成后，项目公司及时用警戒带进行隔离标示，遵循"凡未清关设备不得动用"原则，确保货物清关符合各项规定。

四、安全护航

海外建设项目受各类资源条件限制，存在许多在国内难以想象的问题，给安全管理带来了巨大挑战。中印尼安全监督管理团队克服了重重困难，集思广益、因地制宜，结合属地和项目实际情况，采取了"1、6、8、5、20"安全理念、"461"安全支持体系等一系列行之有效的安全创新管理手段，实现了风险预控措施的高效落地。

爪哇7号项目创造了海外火电项目建设期1700天、超500万工日"人员零伤害、火灾零发生、设备零事故、环保零事件"的安全管控成果。

（一）目标引领，"1、6、8、5、20"工程建设安全管理理念

项目以工程建设"一个目标"、施工监理"六个关口"、施工机械管理"八专"、施工现场安全"五个必须"、项目基建安全"二十条禁令"（"1、6、8、5、20"安全理念）为安全管理抓手，与项目的安健环组织制度体系、基建阶段安健环管理及安全文明施工总体策划方案有机结合，强化了项目安全管理的基础，效果显著。

爪哇7号项目2号机组发电机转子穿装就位

（二）协调资源，创建基建现场"461"安全支持体系

相较国内建设工程，本项目的治安保卫、医疗急救、消防应急、器具检测等社会化服务资源严重不足，从各方面对工程建设的安全稳定推进构成了严重制约，为解决这些问题，项目结合当地资源构成及现场实际情况，因地制宜，创建了现场"461"安全支持体系。

四个系统：门禁出入系统、视频监控系统、交通测速系统、电子巡更系统。

六个中心：对照标准和标杆建设安全教育中心、应急指挥中心、安保监控中心、基建消防中心、卫生健康中心和工器具检测中心。

一个基地：安全技能培训实操基地。

新进场人员全部经过安全技能实操基地培训，门禁出入系统与安全教育中心的培训考试系统关联，安保监控中心67个监控实现了全区域视频监控覆盖、24小时值守巡检的电子警察模式，工器具检测中心负责检测现场安全带、防坠器以及所有工器具和起重索具。"461"安全支持体系的创建解决了工程施工的"后顾之忧"，为保障项目安全奠定了坚实基础。

（三）化繁为简，通过特色方法有效落实安全措施

语言沟通是本项目安健环管理的最大障碍之一。项目在每个班组配备翻译员，每天利用站班会进行交底培训，提高安全技能意识，同时针对重要作业环节，将安全措施要点提炼精简为浅显易懂的口诀并全部翻译，如车辆和施工机械"挂牌营业"、起重机械"一停二看三行车"、高空作业"三绳一人"、设施防风"三不"。为消除语言障碍，将《安全常用印尼语》《起重机械操作要求》等常用指令全部制作为双语口袋卡片并下发使用；将《摩托车安全驾驶告知》《现场手机使用管理要求》《防雷避雷常识》等全部翻译为印尼文并印刷下发。通过这些简单有效的方式，项目实现了安全措施有效落实。

（四）打造智慧化工地，对全现场违章行为形成警示

利用电厂三维可视化模型，采用"互联网+大数据"技术，实现门禁系统智能化、视频监控区域化、信息记录全时化的工程建设管理，现场部署69台摄像头，形成巡警23个、片警18个、岗警28个，通过有线和无线方式远程遥控，对现场全域实施分级（类）监控，高风险作业24小时监控，将视频发现、纠正违章和监督闭环作为重要手段，对全现场违章行为形成警示。

五、质量引航

（一）体系运行

建立健全质量管理组织机构，成立质量管理委员会，下设一个办公室，设计、设备、施工、调试等四个专业委员会和一个项目质量监督检查工作组。成立项目建设协调指挥部，同时成立机、炉、电、控等九个专业小组，加强质量的专业管理，全面协调工程建设中的质量问题。规范项目施工，提高工程过程管控和验收标准。

（二）推行精细化管理

充分利用国家能源集团精细化管理的要求，在工程建设的各个阶段，对影响机组安全经济运行重要目标的关键环节，重要系统、设备、工艺进一步细化管理，提高工程建设管理水平。

（三）设备质量管理

根据EPC单位设备采购体系、设备监造和质量验收体系，参与设备招标、设备监造、过程监督，跟进设备监造并落实定期检查，将设备试验检验工厂内进行比例提高到最大。保证供货质量、保障供货及时，为项目工程建设的质量和工期提供资源保障。

（1）选择国际一流监造商为项目保驾护航，为保证后期执行效果，可根据服务水平调整监造范围，进而形成监造服务良性竞争。

（2）项目公司专业人员全过程参与设备的招投标、技术协议的签订，对设备及其分包件的相关技术重点和特殊要求较为熟悉，各专业针对主要设备编制完成了设备监造关注重点事项宣贯材料。EPC单位采购和监造人员逐项分解问题，并将设备相关的负面清单等补充进设备监造管理任务清单，确定责任人，关注后期设备制造过程中重点闭环。

（3）召开设备质量宣贯启动会，就本项目的重要性、设备制造质量负面清单，合同分解后的重点注意事项、设备监造见证点、监造公司要求、包装运输等和设备厂家进行宣贯和交流。

（4）设置ITP见证点，依据设备质量负面清单高标准设置监造见证点（ITP），针对易出问题处增加H和W点见证，加大抽检比例，做到工厂组装和试验比例最大化。

（5）关于设备出厂前第三方检验，按照国华公司基建期金属技术监督管理规定的相关要求，并结合项目自身特点增补设备金属检验点。将原本国内项目现场的设备前检关口前移至设备制造厂，提前发现并处理问题；对全厂耐海水设备和材料增加出厂前的金属检验，确保性能满足要求。

（四）施工质量管理

依托国华公司各项施工管理体系，根据项目实际情况，编制管理制度，完善各项施工流程，形成高标准开工的各项文件，推行"策划先行，样板引路，首批首验"等举措，精心建设"精品园"，积极推进"四个工艺标准图集""工程资料及档案管理""工程创优"等各类培训，不断提升作业人员素质。

（五）注重负面清单事项

在国华公司《基建技术质量问题负面清单》的基础上，编制并持续升级《爪哇7号项目基建技术质量问题负面清单》，制定管控措施，专人管控、定期盘点。

（六）技术监督及质量咨询

委托第三方开展技术监督服务，有效提高工程质量管理水平。建议对海外项目开展质量技术咨询服务，做好质量咨询技术服务工作，进一步提高工程质量。

爪哇7号项目GIS局部

六、进度助航

以"里程碑进度计划"为工程进度主要抓手，在工程建设协调指挥部（指挥部办公室）下设立进度管理委员会负责工程项目进度管理工作，利用P6进度管理软件将进度目标分解至可控的四级进度计划，形成合理的工程分解结构。定期梳理盘点关键点工期计划，及时总结分析、辨识制约工期进度的风险，并及时采取措施，确保工期计划的执行刚性。

（一）进度基本情况

EPC合同中约定了里程碑节点计划的目标工期和考核工期，分别为开工（2017年6月30日）后27个月和开工（2017年8月31日）后29个月1号机组通过168试运。印尼600MW等级超临界机组最短工期为32个月，国内96台1000MW等级超超临界机组全口径平均工期为28个月。

实际工期与目标工期相比：主厂房区域地基预处理完成、主厂房区域桩基工程完成、锅炉钢架开始吊装、煤码头交安等均实现了目标工期。

实际工期与考核工期相比：除2号机组主厂房基础出零米、2号机组受热面开始吊装、烟囱筒身结构到顶、集控楼具备安装条件、海水淡化出水、化学制取合格除盐水有所滞后，其余均有大幅提前。

（二）海外项目设备供应对进度风险控制

尽量使设备在国内制造厂内进行组装、测试和试转，减少现场安装返工。加大随机备件和三年期备件的数量，应在整套启动前备件到达现场，配置到位。

（三）海外项目施工人员配置情况

安装单位中方人员成本与国内相比较高，印尼员工比例较大，以现场某工队为例，高峰时中方人员200余人，印尼人员600余人，印尼人员技能和经验水平相对不高。部分安装单位由于在境外还有其他项目，中方人员不足，施工员工相对减少，导致外围、消防、保温等进度受到影响。

施工单位与当地劳务公司签订劳务合同，施工单位对劳务公司负责人提出管理要求和人员数量要求。印尼人员主要来自附近村镇，由劳务公司进行管理，施工单位和劳务公司共同考勤，或工作量包干，由劳务公司向印尼人员发放工资。定期组织EPC单位检查参建各方工资发放情况，节假日提前发工资。

（四）雨季施工的风险

本项目所在地为热带雨林气候，长年高温，年平均高温31.8℃，低温27.1℃。雨季为每年10月至次年4月，年平均降雨量1607.6毫米，日最大降雨量为161毫米，平均湿度81%。这种气候特点主要会给土建、焊接施工带来困难。

为此，本项目成立专门组织机构，应对雨季施工、防汛应急、安全质量、临时用电和设备用电等问题。要求合理安排施工进度，不宜雨季施工的要提前或暂缓；不能间断施工的，如土方、基础、地下构筑物，要集中人力快速施工；提前做好人员、设备、机械等资源的储备工作，最大程度避免雨季影响施工进度。

雨季施工，尤其是高空作业、大体积混凝土施工、室外焊接等，要及时掌握气象情况，采取措施保证安全和施工质量。恶劣天气要及时通知现场人员采取应急措施。保证现场道路平整、坚实，做好防雨措施，保障泵坑抽水、沟道排水畅通。

（五）施工机械对进度管理的影响

现场的施工机械的准备，以当地外租为主，国内运输为辅。外租以从当地机械公司月租的方式为主，辅以零星外租。以机务安装施工为例，51台平臂吊、履带吊、行车、汽车吊、平板车、龙门吊、叉车、塔吊、施工电梯，当地租用32台，约占63%，成本与国内相当。

由于部分施工机械需要从国内运输，然而国内运输到现场周期较长，受进出口规定影响，必须综合考虑工期进度要求，提前做好相关规划。

骄阳——爪哇7号项目建设现场

七、效益领先

（一）统筹资金计划

提前组织总承包单位编制年度投资计划，项目公司依据年度投资计划编制融资预算，提前与上级公司确认年度资本金注资金额及注资时间，同时与国家开发银行、神华海外资本沟通确认年度提款计划，统筹安排融资提款。在年度融资预算基础上，编制月度及周度资金预算，严格管控资金使用。

（二）执行节点付款

进度款支付采用与形象进度相结合的节点付款方式，EPC合同付款节点主要按单位工程设置节点，根据单位工程投资额大小设置不同节点，这种付款形式大大简化了合同付款流程，提高了工程进度款的审批速度，减少了承包商资金压力，有利于工程进展。节点付款与月度付款相结合，保持月月有节点，节点设置既要考虑确认节点的方便，又要考虑能提高施工单位完成进度的积极性。充分实现节点设置与合同价款、合同工期匹配一致。

（三）细化资金使用

日常费用报销每周集中换汇支付，月底集中办理提款并支付大额合同款，节约财务费用；账户资金余额控制在100万美元左右，满足日常费用报销的同时，最大化节约资金成本；小额外币费用报销采用印尼盾支付，减少转账手续费；日常换汇采用多方询价方式，获取最优汇率，提高资金使用效率；资金支付集约化管理，节约财务费用。

（四）规避金融风险

积极应对金融市场变化，多方位管控资金安全，积极落实集团境外风险管理、隐患排查工作要求，开展资金内查、账户清理工作，完善资金安全体系。及时关注利率及汇率市场动向，与各大银行保持良好沟通；定期编写利率风险报告、利率掉期分析报告；及时向上级公司汇报利率风险管控方案。

（五）遵守当地法规

严格遵守印尼税务法规，依法合规纳税，控制涉税风险，税费申报缴纳及时、准确，保持良好税企关系。聘请税务中介机构审核公司涉税事项，确保税费计提、支付符合要求，控制涉税风险。

（六）争取税务政策

积极应用税务优惠政策，获取税费减免。依据免表清单，依法合规办理进口物资等税费减免手续。进口物资所得税免税比例100%，增值税免税比例90%以上。

深入研究中印尼双边贸易协定，针对境外服务合同，通过要求合同方开具非居民纳税人资质证明（COD）文件，免除20%企业所得税。

积极办理所得税"15+2"减免。根据印尼财政部于2018年3月29日下发的第35-PMK.010-2018号文件和2018年5月9日下发的第S-137号文件，印尼爪哇公司取得15个纳税年度的企业所得税全额减免。

八、外部协调

针对不同的外部协调问题，须严格按照所在国家法律规定开展工作，提前预警，及时发现不稳定因素，积极开拓沟通渠道，消除隐患。

（一）重视人员签证，确保合法用工

定期开展务工人员签证合法化自查工作，确保EPC项目工作人员抵达项目现场后第一时间办理工作签证、暂住证等符合所在国法律要求的合法手续。在签订代理办理签证、暂住证事宜时，明确要求由代理公司与印尼劳工部主动沟通，有效利用代理公司力量，节省时间。

（二）推动用工当地化

针对阶段性现场用工的需求，加大当地用工力度，吸纳当地村镇优良劳动力资源。选取具有良好口碑的劳务代理公司作为中间方，规避用工风险。在此基础上，通过安全竞赛、技能竞赛、技能培训表彰奖励等方式，在本地人群体中增加正向影响力。对部分优质青年技术人员进行定向培养，树立正面典型，扩大当地人员先进典型的带动作用，强化项目的凝聚力。

（三）求同存异文化共生

尊重所在国家、地区的宗教信仰、风土民俗。在公司内推行具有共性的正向导向普世价值引导，例如"为了美好的生活努力奋斗""关爱、创新、责任、安全、忠诚"，营造员工共同认同的企业文化氛围，消除隔阂。

（四）重视预警，强化群体性事件风险预控

通过官方媒体、自媒体等途径，提前了解当地民众舆论动向，深入了解当地外部组织意图，提前做好防范工作。编制《群体性事件应急预案》并强化应急演练工作，确保公司具备足够的应对能力，能够分级合理开展工作。

第三节　海外EPC项目管理举措建议

只有看清楚过去为什么能够成功，才能弄明白未来怎样继续成功。回顾历史和总结经验，能为我们揭示爪哇7号项目建设、运营和管理的可取之处，帮助我们获得更多继续前进的智慧和力量。这些经验饱含着奋斗和成功，凝结着辛勤和汗水，充满着智慧和勇毅，既是弥足珍贵的精神财富，也是接续奋斗的力量源泉。

一、项目实施成功经验

爪哇7号项目的顺利实施，在海外工程建设方面积累了宝贵经验。

（1）高烈度地震区突破采用大跨度桩基结构，采用多种国内外先进抗震设计方法进行计算，验证结构受力变形程度。

（2）大跨度桩基结构创新性增加抗震墩和桥梁行业常用的滑移支座，较好控制结构位移，有效释放地震能量，减少结构受力，达到"小震不倒，中震可修"的预期目标。

（3）引堤采用半开挖+推填块石挤淤+强夯地基处理技术组合，施工完成后块石落底情况良好、工后沉降较小，已经达到基本稳定状态，方案可行并且比较经济。

（4）基于DCS的长距离多台高压变频电机的管带机全程序控制提供满足功能要求、可靠安全经济的自动联锁启停控制系统。

（5）采用拉曼散射的分布式光纤传感测温检测系统对长距离管状输煤机

温度进行准确可靠及时监测。

（6）项目实施前对印尼当地建筑材料质量、施工设备、劳工人员及建设程序进行充分调研，为项目顺利实施打下坚实基础。

（7）对项目材料、供应商及分包商实行最大程度本土化策略，钢筋等原材料采用本地供应、钢管桩在本地生产、疏浚选用本地分包商，项目地方采购率远超印尼政府规定，高达50%。

（8）项目部根据印尼当地实际条件，因地制宜制定施工方案，提出海上卧式吊罐浇筑和双履带吊非旋转同步抬吊水上T梁安装工艺，保证工程质量，降低施工成本。

二、完善管理实践的建议

爪哇7号项目管理取得了积极的成功经验，但也存在有待完善之处，现结合本项目管理实践，提出如下建议。

（一）项目组织管理体系

建议采用主体责任（项目公司）-监管层（监理）-建设实施层（EPC总承包商）组织管理体系。一般情况下，签订一个EPC总承包商合同，专项EPC承包商与总承包商签订分包合同。

（二）EPC总承包商组织模式

总承包商原则上由电力设计院承担，或由电力设计单位、电力施工单位等组成的联合体承担。

根据项目特点，如果是竞标项目，建议在投标阶段确定总承包商，依托EPC总承包商开展项目技术方案拟定、设备选型、提前锁定EPC费用，既保证项目中标后整体技术方案的落实和基建工程的顺利实施，又可最大化避免项目中标后造价超支情况发生，有效规避投资风险。

采用设计院作为总承包商的方式，一般由设计院负责整个项目的勘察设计、设备（含设备类材料）采购、项目管理，施工分包商仅负责施工建设和管理；采用设计院-施工单位联合体作为总承包商的方式，一般由设计院负责整个项目的勘察设计、设备采购，施工单位负责装置性材料采购、项目管理。

（三）项目采购方面

（1）结合项目属地物资采购实际情况，建议集团公司制定海外工程本地化采购管理规定，合规采购，降低采购成本。

（2）针对海外项目工程造价远高于国内同类工程造价的情况，建议集团公司对海外项目基建管理中需报批的采购、设计变更等报审额度适当提高。

（四）项目管理方面

1. 制定刚弹并举的施工进度

要充分考虑海外项目货物到货周期长和人员流动受限的特点，避免工期过紧或过松，避免工期随意变动，提前谋划，制定合理的订货、运输计划。保证投资计划及时到位，实现货款资金的及时支付。根据进度情况，考虑国内国外陆路、集中发运、海运、海关等因素，留下一定的浮时裕度。业主方与项目当地政府、海关保持良好关系，创造货物通关便利，人员往来便利。充分考虑雨季高温高湿的气候特点，灵活安排施工。

2. 加强国内成套组装测试

在具备条件的情况下，要求设备制造商、成套供应商在国内进行组装、测试和试转，制定详细的测试方案，监造人员、业主共同见证关键点，做到出厂即合格，尽可能进行整装运输，减少返厂维修概率。

3. 多项并举管理建议

海外工程从国内采购物资运输周期很长，应适当加大消耗性材料、随机备件和三年期备件的数量，避免物资备件不足影响项目建设进度。提前对当地的物资供应和建材情况进行调研，考虑海外供应能力和品质，不能满足要求时，提前在国内采购，注意供货周期。调试方案的编制和审查尽量在国内进行，充分利用国内专家资源。热控逻辑和保护定值应尽早确定，在DCS出厂前进行初步验收，在吹管阶段和整套试运前组织在国内进行外部审查。加强海外项目当地员工的技能培训，避免影响施工质量。

（五）联合体管理方面

联合体形式的EPC总承包与单一主体的EPC总承包相比，联合体成员之间需要建立有效运作的协调机制，因为联合体各方地位平等，均可以直接与业主进行沟通，易导致项目执行过程中产生责任界面不清问题。

（1）在EPC合同中，明确总包项目部管理职责及机制，建立健全管理机构独立于设计院、施工单位机制，单独成立EPC联合体项目部，各管理部门岗位职责和分工要清晰、明确、不重叠。联合体成员各自成立设计、施工分包项目部（不同于EPC联合体项目部），并对其职能进行具化、细化。

（2）要加强团队建设，EPC联合体项目部要采取多元化措施加强项目部管理人员之间的磨合，凝聚联合体成员间以及成员单位工程管理人员间的认同感、协作力和配合度。建立一个团结协作的项目管理团队才能发挥联合体的管理优势，从而有效推进工程建设。

（3）要重视联合体协议和分包合同管理，EPC合同、EPC联合体协议应尽可能详细，特别是联合体成员的责、权、利和不能按照联合体协议履行承诺的成员单位采取的处罚措施要写清楚、写具体。合同条文中明确规定设计院与施工单位都分别有较重的违约责任、质量责任、进度责任，合同中应明确设计院与施工单位对设计图纸的交流常态化、制度化，强迫设计院与施工单位及时交流。

（4）建立有效的EPC工程管理体系，充分体现EPC的优势。中国海外电力EPC建设模式还处于初级阶段，爪哇7号项目在EPC建设模式实施过程中做了很多有益的尝试和探索，项目建设高效、有序推进，取得了瞩目的成绩。海外项目建设与国内项目建设存在质的区别，随着集团公司和国华电力公司"走出去"步伐的不断加快，需要不断吸取教训、总结经验，丰富完善海外EPC建设模式的内涵和外延，不断增强软实力，有效规避海外建设投资风险，为"走出去"做出积极贡献。

爪哇7号项目建设现场全貌

第四章

参建同心

习近平主席曾强调，"我们要永远保持清醒头脑，继续发扬筚路蓝缕、以启山林那么一种精神，继续保持空谈误国、实干兴邦那么一种警醒，敢于战胜前进道路上的一切困难和挑战……"

爪哇7号项目正是这样一项前无古人的开创性工程，前进道路不可能一帆风顺，我们必须从"国内价值共创"走向"国际价值共创"，从坚实的后盾开始，打造一支团结协作的中企"梦之队"：国家开发银行为项目提供融资保障；浙江火电和山东院成立的联合体作为EPC总承包商，为项目设计、采购、施工、调试；中南监理为施工监理，广东院为设计监理；上海电气集团和北京巴威公司提供自主知识产权的三大主机；四航院以专项EPC模式承建海工工程……

第一节　同奏华章，筑"梦之队"

在爪哇7号项目投标阶段，经中国神华能源公司批准，由浙江火电与山东院组成EPC联合体，作为爪哇7投标项目的EPC总承包商。经中国神华批准，绑定上海电气集团和北京巴威作为三大主机的设备供应商联合投标，中标后与以上两个单位分别签订了汽轮机、发电机和锅炉合同。EPC联合体、三大主机设备供应商、海水淡化设备供应商全部绑定参与IPP项目投标并与EPC合同同步完成合同谈判和启动，为项目执行奠定了基础。这些单位组成了一支敢打敢拼的电力建设团队，更是爪哇岛上的中企"梦之队"。

建设单位：神华国华（印尼）爪哇发电有限公司

总承包单位：中国能源建设集团浙江火电建设有限公司、山东电力工程咨询院有限公司（联合体）

运营单位：神华国华（印尼）爪哇运维有限公司

主要参建单位及承包范围。

设计单位：山东电力工程咨询院有限公司承担设计、设备采购
监理单位：湖北中南电力工程建设监理有限责任公司承担施工监理
　　　　　广东省电力设计研究院有限公司承担设计监理
施工单位：印尼浙江能源建设有限公司承担1、2号机组建筑、安装施工
　　　　　中交第四航务工程勘察设计院有限公司承担配套海工码头及
　　　　　取排水工程施工
调试单位：杭州意能电力技术有限公司负责主体调试

本工程分电力工程（含输电线路）及海工工程两部分。

山东院负责电力工程设计，即工程界区区域内的所有勘察设计，包括发电工程整体功能相关的所有内容的勘察设计；电厂全部系统和附属系统、专用设施（升压站及输电线路）、辅助生产设施和附属设施的全部生产工艺系统与建筑工程等的勘察设计，以及除此之外构成本工程完整功能的全部永久工程的勘察设计等。四航院负责海工工程及配套码头及海域取排水工程设计。海水淡化由国华电力研究院负责设计及采购，海水脱硫由东方电器集团东方锅炉股份有限公司设计及采购，环境影响评价由印尼ERM公司完成。山东院负责整个工程的设计纳总，即山东院负责电力工程与海工工程总体布置协调及技术接口，并负责与海水淡化、海水脱硫相关的布置协调及技术接口。

精准锁定目标、筑牢安全防线、严格质量管控、稳步推进建设。项目建设与行军打仗一样，充分印证了"强者留下，弱者走开"的法则。爪哇7号项目全体参建将士满怀信心、坚定决心成为"强者"。团结协作让各参建单位凝聚在一起，勠力同心推进项目建设。为携手建好爪哇7号项目，各单位汇聚成素质最为过硬，能力最为突出，经验最为丰富的优秀建设队伍。

建设者以一首《清平乐·逐梦爪哇》赞誉爪哇岛上这支强劲的中企"梦之队"。

浙江火电，联袂山东院。会聚八方齐奋战，荣获同行称赞。国能电力先行，印中合作共赢。伟大复兴之路，"中国制造"扬名。

第二节　设计龙头，采购尖兵

一、攻克难点，凸显特点，突破创新点

作为海外大型能源项目，设计先行的理念在爪哇7号项目中得到了良好的诠释。EPC项目中设计工作贯穿始终，在设计阶段充分考虑采购、生产和施工要求，达到降成本、缩工期、保质量的目标。

（一）工程设计难点

1. 自然条件艰苦，增加了设计难度，提高了设计要求

爪哇7号项目厂址区低洼，整个厂区均为鱼塘，存在大面积积水；同时表层有深厚淤泥层，淤泥中含有大量火山灰，且国内淤泥预处理的经验不能完全参考。同时，为满足防洪要求，整个厂区还要在预处理的基础上回填3至4米砂层，桩基设计需要考虑软土引起的负摩阻力影响。如何在工期紧张的情况下有效加固、有效控制工后沉降，具有极大的挑战性，须进行大量的试验及专题研究。

印尼为多震国家，且地震烈度高，建设期间印尼发生过多起5度以上的地震。在如此复杂地基、如此高的地震加速度场地上设计建造百万千瓦级机组，结构设计难度极大、对设备的抗震性能要求也极高。地震影响还使锅炉及主厂房等钢结构断面增大且支撑增加较多，地震对工艺管道的布置及支吊架的设置等影响也较大。

此外，受自然环境和气候条件等影响，本项目"五防"要求高，需要专题研究针对性措施。

2. PPA/EPC考核水平严格，指标要求先进

PPA合同规定，本项目净供电容量不小于2×991MW。在指定褐煤煤质

的前提下，合同对性能指标提出了高标准要求：全厂机组净热耗保证值应小于2197kcal/kW·h，每增高1kcal/kW·h，违约金为74万美元；电厂净供电容量（MCR工况下）低于1982000kW时，每1kW违约金为1650美元。此外，由于缺乏海水温度历年基础数据，设计及校核煤质都是假定，这些对机组最终净出力都将产生影响。严格的指标要求、不确定的外部条件及高额的违约金都给设计工作带来极大挑战。

3. 设计使用年限长，系统和设备可靠性要求高

PPA合同要求爪哇7号项目设计使用年限为40年，机组年利用小时数不低于7533小时。所有主辅机设备、材料等招标均要求使用寿命为40年。由于机组年利用小时数要求较高，主要设备选型均为成熟可靠设备，同类设备运行业绩均为2年以上。主要辅机选用双辅机，保证了系统可靠性的要求。部分重要设备的关键部件采用进口产品。低温省煤器等存在腐蚀风险的位置管道壁厚裕量适当加大。对烟道内部流场进行模拟，尽量避免低温省煤器和烟道内部内撑杆等的局部位置磨损严重的情况。

项目机组是印尼最大的机组，印尼电网薄弱、电网频率波动大且波动频繁，对系统及设备可靠性要求很高。

4. 基于燃烧印尼褐煤要求及印尼电网特殊要求，多个设备需采用百万千瓦级机组世界最大型号

PPA合同要求燃烧印尼高水分褐煤（发热量4000~4600 kcal/kg、含水量为28%~38%，一次风率为32%~39%，中等-严重结渣煤种）给锅炉炉膛的燃烧组织及制粉系统磨煤机的选择带来很大困难，同时还要重点考虑防止炉膛结焦等问题。印尼电网要求功率因数为0.85（滞后）。本工程采用的褐煤锅炉（出力3100t/h，重37000t）、发电机（最大连续容量1262.7MVA）、三相一体变压器（1330MVA）及磨煤机均为百万千瓦级机组世界最大。

5. 外部因素复杂，增加了海工设计难度

印尼海洋水文基础观测资料严重匮乏，加之受当地公司建设影响，爪哇7号项目取排水设计方案不得不随着具体情况变化而调整。本项目须新建专用煤码头，采用直流循环方案，如何在三侧受限的狭窄海岸线范围内布置海工

工程是一大设计难点。

6. 厂内升压站及输电线路须满足印尼电网要求

本项目500kV双套线路主保护分别采用64K网络传输和载波通道至万丹电厂及对侧变电站。线路保护、GIS开关量直跳传输、电量计费信息、调度信息传输通道等均为印尼电网特殊要求，接口复杂多样。

涉网的厂内升压站及输电线路（专有设施）须在运行前1年移交PLN管理，满足印尼电网要求。

7. 中国投资海外最大机组上同时实施FCB和APS的电站

PPA合同要求：发电机组具备FCB功能，当电网有相应需求时可随时启用；设置带若干断点的一键启动按钮（APS），具备100%额定负荷甩负荷至厂用电运行、安全阀不起跳、电子泄放阀可起跳的功能。这是在中国对外投资的海外最大机组上同时实现APS和FCB两个功能，对主辅机设备选型和热力系统配置提出了很高的要求，加之印尼电网无安稳装置，增加了实施难度和控制难度。

8. 码头距离岸边远，输煤廊道长

本项目厂址附近海滩平缓，码头须布置于距离岸边约4千米的海域，应用了印尼煤炭输送距离最长、输送量最大的输煤廊道，存在如何选择经济、环保输送方案的问题；输煤引桥/引堤沿线海床表层为火山灰淤泥层，存在要求严格的地基处理问题。

9. 当地采购配额要求加大设计难度

由于当地有采购配额的限制要求，需要设计提前完成施工图配合采购。印尼建材与国内规格不一致，给设计选材带来很大难度，进而压缩了设计工期。

10. 海外安保系统设计无成熟经验借鉴

作为海外项目，项目本身和人员的安全防护是重中之重，保护人身和生产安全成为本项目必须面对的难题，需要创新设计满足安防要求。

11. 采用海淡制水带来研究课题

虽然印尼降雨量较大，无须建设大中型水库等蓄水设施，但印尼全年降雨不均，河道流量保证率较低，加之厂址附近河道污染严重，若利用河道淡

水作为电厂淡水水源须建设调蓄水库并进行水质处理，造价很高。爪哇7号项目采用海淡制水，因而必须充分利用宝贵的淡水资源，最大限度减少电厂用水消耗，节水研究成为设计面临的一个重要课题。

12. 中国标准的推广采用须开展大量工作

在PPA合同谈判期间，中方团队争取到电厂绝大部分采用中国标准设计的有利条件，但需移交PLN管理的"专用设施"（升压站及输电线路）要经过PLN审查，并采用印尼标准进行设计。为此须开展大量工作，尽可能采用中国标准，并通过PLN审查，推动中国标准在海外的落地。

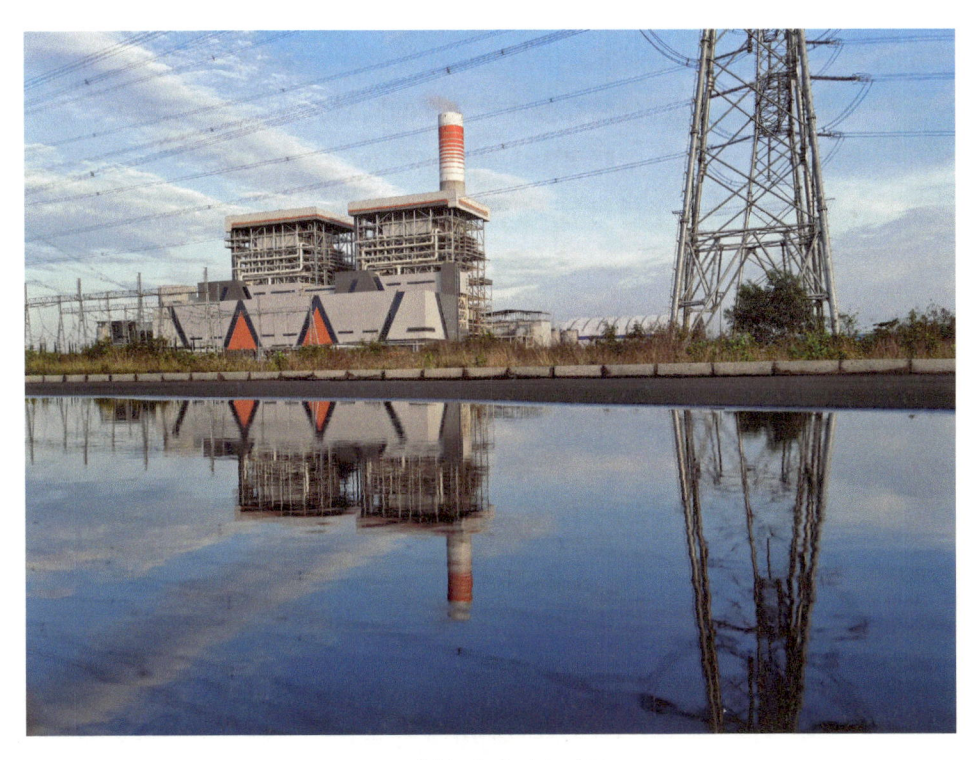

雨后的爪哇7号项目

（二）技术先进性与创新点

1. 以中国设计带动中国标准与电力设备"走出去"

在PPA合同谈判期间，项目公司争取到电厂建设绝大部分采用中国标准设计（少数采用国际标准），同时采用国内设备、国内设计院、国内施工单位、国内设计及施工监理，带动中国电力工程设计、设备制造和建设运营成体系、高台阶、大协作地"走出去"，展示中国电站装备和建设水平，致力于成为中印尼合作示范企业。

2. 多种地基处理形式及创新的应用

（1）采用"真空堆载预压+不同型式的桩基"组合地基处理方案，并首次在海外采用灌注桩后压浆技术。本项目地基处理采取"抽真空80kPa+2m覆水堆载"淤泥预处理方案。根据建（构）筑物的荷载要求采用不同的桩基方案，主要有1米、0.8米及0.6米的灌注桩，预制方桩。在工程桩实施过程中结合锅炉及A列灌注工程桩，进行了后注浆试验，减小钻孔灌注柱沉渣厚度，保证桩端质量，在降低钻孔灌注桩长度的同时有效提高桩承载力，对后续荷载大的机座、烟囱、主厂房BCD列、集控办公楼、干煤棚基础等采用灌注桩后注浆方案。为减少后期沉降影响，部分设备基础和个别单层建筑筏板基础采用了预制方桩方案。

（2）对循环水压力钢管道，根据管道与其他构筑物的连接要求及管底淤泥层厚度的不同，在淤泥地基上采用"真空堆载预压+换填砂石垫层+局部预制桩复合地基和混凝土镇墩加固"的综合处理方案，并首次采用"管道分期施工+预留沉降量+接口后安装"的组合施工方案。

（3）通过采用不同的计算手段，对结构进行全面优化设计，并与工艺密切配合，合理采取支撑措施，最大限度节省工程量，降低对工艺管道布置的影响。对锅炉钢架、高温汽水等主要管道进行详细的抗震计算，优化管系及支吊架布置。

（4）码头引堤结构采用半开挖半回填，陆上回填与强夯技术创新组合。对码头输煤引桥高烈度地震区突破采用大跨度桩基结构。采用大跨度应力T梁，预应力张拉引入国内公路桥预应力施工方法，采用智能张拉与注浆系统。引桥和引堤连接段范围内全部清除表层淤泥，采用级配良好块石回填；管带机基础采用圈梁结构，增加整体刚度减少不均匀沉降影响；管带机的支腿采用可调节支腿，在位移达到一定程度时，可调整管带机的支腿高度，保证管带机钢结构安全稳定。

3. 多个设备选型参数为百万千瓦级火电机组世界最大

印尼电网对发电机功率因数0.85（滞后）的特殊要求，造成发电机设备选型与常规百万千瓦级机组有较大不同。在保证投标净出力要求情况下，TMCR工况额定出力为1073.3MW，额定功率因数为0.85（滞后），常规百万千瓦级机组已不能满足选型要求，最终配置上海电气1260MW机组，满足工程要求。

结合当地运输条件，本项目配置1330MVA三相一体主变压器，满足发电机最大连续出力要求。该变压器是出口项目最大容量的三相一体变压器，运输重量达575吨；百万千瓦级发电机出线套管长度有限，而TPY CT体积较大，结合工程具体情况，通过详细计算和优化，有效减小了TPY CT体积，并形成QC课题成果。

PPA合同要求燃烧发热量低、含水量高的印尼褐煤，两台机组年耗煤量约79000吨，须配置世界最大的褐煤锅炉（出力3100吨/时，重37000吨）及最大中速磨煤机。本项目配置巴威锅炉厂生产的全球最大褐煤锅炉，7台北京电力设备厂最大型号（ZGM133G-III型）中速磨煤机，分离器直径超过6m，磨煤机布置和检修需要更大空间，也给设备及管道的布置带来挑战。

4. 应用"海绵城市"理论，打造"海绵电厂"

根据当地旱季和雨季区分明显的气候特点，采用海绵设计理论，将原本外排的厂区雨水根据水质和水量情况分别进行吸水、蓄水、渗水、净水，需要时将储存的雨水释放利用。同时采用了蓄水池、湿塘、透水铺装、植草沟等措施。

5. 首次在百万千瓦级机组上选用"60%旁路+PCV阀"的方案实现机组FCB功能

更适应PPA合同规定的再热器安全阀不起跳要求，并可节省设备投资和运行维护费用。同时，具备FCB功能的机组可提高机组运行安全水平，有利于降低运行成本，延长机组寿命。

6. 首次在海外百万千瓦级机组采用锅炉不带启动循环泵的启动系统

爪哇7号项目取消锅炉启动循环泵，减少了设备初投资和日常检修维护费用，设置启动疏水泵后至除氧器的支路来回收启动过程中的热量，满足机组启动要求。

7. 在狭窄的海域内创新海工布置

爪哇7号项目北侧为SBS造船厂及码头，南侧为特拉特河及MNA公司，两家公司回填区之间留给本项目的最窄海面宽度仅约350米。

由于海滩平缓，煤码头需布置在离岸边约4千米的8米水深海域，需建设4千米长的引堤+引桥。引堤具有多重功能：保证煤炭码头煤炭运输、车辆通行；兼做取水隔热堤；结合现场实际地形，引堤与北侧船厂回填陆域将电厂取水区域掩护成为封闭港池，并通过疏浚形成取水明渠，使水流流速、泥沙含量等满足取水要求；引堤与南侧MNA公司填海形成宽约200米的排水明渠。通过温排水及泥沙物理模型试验、施工等，综合分析确定引堤布置及引堤长度。

将码头布置于8米水深附近，港池及航道无须疏浚，无须考虑泥沙回淤问题。将大件码头布置于引堤与北侧船厂陆域间封闭港池的岸边，封闭港池掩护和泊稳条件好，重件码头引堤与取水口拦砂堤结合，利用取水明渠作为大件码头的航道，布局合理紧凑，降低工程造价，方便适用。

8. 打造印尼输送距离最长、煤炭输送量最大、输送速度最快的管状带式输送机，创新采用变频调速软驱动方案

煤炭在管状带式输送机成管段封闭运送，环保且无须设置洒水和消防灭火装置，节约用水和海水淡化运营成本。管状带式输送机占用空间小，减小了引堤宽度，同时管状带式输送机能够转弯，转弯处无须设置转运站，节约工程投资、降低了能耗。由于管带机运输距离长、运量大，皮带机启动力矩大，启动电流大，对电网冲击大、启动困难，设计采用4台变频电机调速软启动驱动（头部3驱动和尾部1驱动），降低了皮带机张力，保证了皮带机在大启动力矩下正常启动，降低了启动电流，减少了对电网的冲击。

9. 首次在海外百万千瓦级机组上同时实施APS和FCB

印尼爪哇公司、山东院就机组实现FCB功能多次组织专题会议，撰写了《FCB设计研究专题报告》，并邀请珠海电厂专家、广东院监理、中南监理、调试单位等对机组实现FCB功能进行专题评审，完成了《实现FCB功能回顾专题报告》《爪哇7工程实现FCB功能系统设计》等研究。

10. 将核电站安保系统设计理念应用于火电站项目

项目和人员的安全防护是重中之重，爪哇7号项目将核电站实物保护系统设计理念应用于火电站项目，制定了符合印尼电厂实际需求的一套高标准的全厂综合安全防范系统，对我国火电站安防设计是重大创新，填补了我国在安全形势严峻的国际火电项目安防设计方面的空白，为我国海外火电项目提供了安全保障示范。

全厂综合安防系统按照核电站实物保护系统的标准进行设计，建设了一套集人防、物防、技防于一体的安全防范方案。4千米大周界围墙范围内为控制区，2千米厂区周界围墙内为保护区，办公区及生活区作为要害区，共三层防护。系统包括门禁及出入口控制系统、安防视频监控系统、入侵探测系统、电子巡更系统、广播呼叫系统、集成安保控制系统、保安通信系统、围栏系统等，并建立了相关系统之间及与消防等系统的联动。

11. 首次在海外百万千瓦级机组工程中采用多水合一技术，节省了用地和投资，减少了运维人员

多水合一是建成包括化学专业的海水淡化处理系统、锅炉补给水处理系统、工业废水处理系统、电解海水制氯系统，以及水工专业的综合水泵房等的水处理中心。

实现共用废水池、脱水机楼、配电室及生活水处理设施等构筑物；优化整合系统内设备；合并多套加药设备。优化工艺系统，节约水资源；减少水务中心各系统间的管线、控制运行设备等。最终节约占地面积约2.5公顷，节省构筑物体积约8960立方米，节省设备及人工费用660万元，合计节约投资1850.7万元。

12. 打造海外绿色环保友好型电厂

电厂设计与当地环境、习俗高度结合，环保措施选择合理得当，打造了海外绿色环保友好型电厂，提升了中资企业品牌影响力。在电厂布置设计过程中，山东院对海边红树林进行合理保护，进行专题设计，形成红树林景观带。

锅炉采用新一代低氮燃烧器、高效三室四电场低低温静电除尘器和海水脱硫工艺等行业前沿技术与设备，还通过降噪、减震等各种处理措施，严格履行环保减排的社会责任。本项目污染物排放指标大幅度优于印尼政府指标要求，成为印尼环保指标最优的绿色环保燃煤电站。

13. 设计超前考虑，打造长期可持续发展的电站

一是根据给定的场地面积进行整体规划，项目招标书要求在给定的173公顷场地内建设2台百万千瓦级机组，给定的场地面积远远超出了2台百万千瓦级机组的实际需要，为充分利用土地，在投标、中标后的设计过程中，对场地进行了整体规划，按4×1000MW级机组统一规划，留有再扩建条件，本期建设2×1050MW超超临界燃煤发电机组。二是预设污染物降排措施，尽管爪哇7号项目配套的环保工程措施使各污染物排放指标均大幅低于印尼国家污染物排放标准要求，未来存在环保标准提高而需要对工程进行改造的可能性，为使电厂环保设施具备较好的升级改造条件，山东院在优化设计的基础上考虑了相关措施。三是预留干灰海运条件。确保道路转弯半径、沿途管架高度满足大件运输要求。

14. 创新设计管控模式，细化各项管控流程

印尼爪哇公司、印尼爪哇运维公司同时对施工图进行审核，PLN对涉网的升压站及输电线路进行审核，导致设计及审核接口多。为确保各方高效运行，山东院结合各单位的体系情况，分别与四航院、与国华电力研究院等签署设计接口配合流程，并制定了图纸会签/确认流程，编制PLN图纸审核修改流程。

本项目作为海外工程，设备与设计的接口正确性尤为重要，为避免现场到货与设计不一致情况的发生，特编制《印尼爪哇7号项目设备技术资料接

口管理规定》。为保证全厂设计统一，编制了"五防"专题报告及统一要求、全厂建筑统一做法（门、窗、栏杆、平台等）、全厂设备及管道色彩统一要求、KKS编码统一要求。

先后编制了爪哇7号项目负面清单、负面案例，按专业制定《负面清单、负面案例管控表》，将负面清单、负面案例分解到爪哇7号项目的对应施工图卷册，形成管控表，在施工图设计过程中各级签字确认。

15. 打破常规，对中低压管道进行配管设计和工厂化预制

为减少现场开孔及焊口数量，提高管道清洁度和安装质量，山东院与浙江火电深度配合，按常规四大管道配管配合流程，对中低压管道进行管道预制转化设计，实现对疏水、放气、取样加药、热控测点等开孔的工厂化预制，对主管DN80-DN800、支管DN50及以下的连接采用接管座设计。实现国内工厂化配管，国外直接组装，极大减少了施工现场的管道焊接工作量，加快了现场管道施工进度，提高了管道安装质量。

优选主机机型、参数，准确进行工况定义。主机是整座电厂的核心，主机选择将直接影响整个电厂的经济指标、可靠性、运行方式、运行维护费用等，是工程设计最关键的一步。本项目设计最终确定采用上海电气集团从德国西门子公司引进的单轴、"HMN"积木块系列四缸四排汽机和汽轮机，采用全周进汽，配置补汽阀型机组；以机组长期运行经济性为前提条件，兼顾一次调频与滑压运行经济性，选用了开启点参数优化后的补汽阀调频-滑压运行机型，提高机组的运行性能。

16. 采取差异化设计服务，缩短建设工期，打破常规设计出图流程，实现项目高标准开工，满足现场文明施工需求

为实现高标准开工和分层施工需求，打破出图顺序，提前进行全厂地下管网、全厂地下设施设计和汽机房及锅炉房地下设施和厂区道路设计，增加主厂房区域地下预埋管道设计卷册，工艺埋地管道优先进行设计出图（DN50及以上的管道出埋地布置图，DN50以下的管道埋在二次抹面中），确保汽机房及锅炉房、厂区道路等一次建成，无须二次开挖回填，节省了施工成本和建设工期，实现了现场文明施工。

17. 百万千瓦级机组全厂电缆设计中采用分层敷设

将全厂电气、热控电缆敷设统一到一个平台，解决了上下层电缆数量不均衡、多通道分布不均衡、上下楼层所属桥架电缆分布不均衡、厂区通道存在死角等长期影响电缆敷设效果的突出问题。

采用炉、机、电、辅助车间集中控制方式，两台机组合设一个集中控制室；锅炉和汽机电子设备间分散布置；厂级监控信息系统（SIS）和全厂管理信息系统（MIS）合网设置，提高了全厂生产管理水平。

18. 因地制宜，结合当地高温气候条件，部分建构筑物采用敞开或半敞开式布置

对热带地区建（构）筑物布置进行研究，从工艺系统、设备维护检修、通风系统、建筑节能、噪声影响、造价多方面出发分析，打造经济节能的生态电站。创新采用循环水泵房和输煤栈桥露天布置，运煤皮带仅设置防雨罩，启动锅炉房半敞开布置，大大降低了设备通风降温费用以及建筑安装费用。

19. 建筑设计融合中印尼文化特色

遵循"尊重自然，依山顺水，生态文明"的理念，充分利用地形，做到有当地特色，传承文化，建设"中印尼建筑文化融合"为主题的"现代工业艺术品"。建筑形象主要以"企业文化、科技文化、地域文化"的融合为理念，统一规划建筑色彩与风格。一是以国家能源集团企业文化理念为引领——以色彩、标识突出企业文化特征。二是强调与地域环境的融合性——以造型、色彩突出地域文化特征。三是以科技文化为特征——以质感、色彩突出科技文化特征。

强调厂区景观与自然景观的融合，按照"建筑形象一体化、建筑景观一体化、设备及管道色彩一体化"三个一体化设计原则，实现电站设计标准化及模块化。全厂集控调度中心、安全监控中心、物资仓储中心、水务中心、文化生活中心统筹规划。

20. 全厂采用三维设计，对热力管道采用实体放坡技术

爪哇7号项目主厂房区域及水务中心全部设施、全厂所有地下设施、综合管架均按实体建立在三维模型中。通过采用三维软件进行管道放坡设计，避免了管道与土建结构、管道与管道、管道与设备、管道与桥架、管道与支吊架等相互碰撞，为施工创造了很好的条件。

21. 统筹策划全厂总平面布局，减少占地和投资

处理好厂区、码头、灰场、出线及周边环境的关系，并为下期建设预留便利条件。本工程初步设计和施工图阶段进行了多次设计优化，优化成果包括：厂区竖向采用防洪堤+垫高地坪方案，减少厂区回填土方量；厂区采用综合管架，减少直埋管道数量；将灰场布置在煤场西侧，减少对厂区干扰，灰场又可以作为二期煤场场地使用；施工设施永临结合，并在厂区道路设计时提前考虑直埋管道通道，预埋套管和排管，减少二次开挖，做到文明施工；厂区主出入口和货运出入口及道路分开布置，做到分区合理、安全有序。

22. 增加邻炉加热系统，节省启动成本，解决启动难题

设置二抽相互供汽的邻炉加热系统，节省启动成本，同时解决了1000MW机组无启动循环泵热态、极热态锅炉启动的难题。

增加邻炉加热系统不仅解决了热态、极热态机炉启动匹配问题，还能节省机组启动前热态清洗阶段燃料成本消耗。

23. 取消凝结水储水箱后，除盐水补水系统常规为母管制设计

除盐水母管、除盐水泵出口管路阀门、水箱出口管路出现故障或缺陷将导致两台机组均无法补水，无法检修隔离，机组运行存在安全隐患。故除盐水补水系统首次采用了扩大单元制，正常运行时两台机组除盐水补水单元制运行；在机组启动等锅炉冷、热态清洗工况，开启两台机组间联络门，实现机组大流量冲洗。

24. 采用低低温静电除尘器，处于国内领先水平

烟温降低可以使得飞灰比电阻值下降，提高除尘效率；使烟气体积减小，减小除尘器面积，减小引风机功耗；烟温降低，烟气中的气态SO_3将完全冷凝形成液态，从而被除尘器前大量的粉尘颗粒所吸附，再通过电除尘器对粉尘的收集被除去，大大减轻了下游设备SO_3引起的酸腐蚀问题。

25. 采用"低阶固有频率"分析法控制疏水和中低压给水管道振动技术

对于水管道，流速一般在4m/s以下，激振频率小于3Hz，尤其是饱和疏水管道现场容易引起振动。设计中对加热器疏水、中低压给水等管系的低阶固有频率进行计算，尽量提高管系的低阶固有频率，有效避免管道振动。

26. 采用圆形烟风道设计，节省材料、降低阻力、大幅降低风机功耗

通过流场模拟优化烟道及导流板设置。结合爪哇7号项目进行了《基于速度和粉尘浓度偏差分析的烟道零部件设计研究》。

对空预器出口至引风机入口的整个烟道进行流场模拟，通过合理设置导流装置对流场进行优化，经过多次调整，优化了电除尘器各室间流量，使偏差小于±5%，第一电场入口断面气流分布相对均方根差值小于0.2，更加有利于除尘器运行。低温省煤器前后部分烟道，在经过模拟后，通过设置导流板，满足流场均匀性要求，添加的导流板也起到了减小磨损的作用。

27. 在印尼SCADA系统首次采用环网设计方案

在网控楼和集控楼均设置上位机，电量计费系统纳入SCADA系统，既满足印尼PLN规范要求，又方便电厂集控室运行人员操作。

28. 首次在百万千瓦级机组刮板捞渣机中使用机械密封

取消刮板捞渣机的水处理系统，简化系统配置，减少了初投资、提高了系统可靠性、缩小了占地面积、节约了厂用电耗量、降低了运行维护的成本。

29. 选用特别材质室外保温板

针对本工程地处赤道位置的海边，紫外线强烈，盐雾腐蚀严重，对室外烟风道及管道的保温外护板提出了很高的要求。室外保温外护板选择铝镁锰板，正面采用高级耐腐蚀氟碳洁面烤漆PVDF，在8-12μm抗腐蚀聚酯底漆上覆盖高级耐腐蚀氟碳洁面烤漆，总厚度不低于35um，kynar500树脂含量不低于70%；背面隐藏的铝镁锰板，抗腐蚀聚酯底漆5μm，聚酯涂层面漆7μm。自攻螺钉采用不锈钢材质。

（三）质量、效益和控制投资情况

1. 设计超前策划，进行有效的管理和控制

本工程设计工作开展前，设计工程组按照山东院程序文件的要求，结合国华电力公司及印尼爪哇公司要求，进行了项目设计计划、项目质量计划、工代服务计划、创优计划、强条执行检查、负面清单及负面案例、PPA合同设计标准、25项反事故措施等策划工作，使整个设计工作处于可控、在控状态。设计进度计划根据现场项目部每个月度的三级计划要求进行实时调整，确保不会因为图纸问题影响现场施工进度。在工程执行过程中，设计团队与设计监理、项目公司、浙江火电、PLN等进行了设计文件传递，审核确认及分发流程、变更流程，并形成项目执行的各项书面工作流程。

2. 创新优化效益显著

通过全过程设计优化，使本工程在节能、节约资源、节省投资方面卓有成效，各项指标处于国内乃至世界领先水平。先进的技术性能指标如下表所示。

爪哇7号项目先进技术性指标

序号	项目	单位	设计值	性能验收值
1	发电年均标准煤耗	g/kW·h	273.1	270.7（1号机组） 270.5（2号机组）
2	厂用电率	%	5.07（含脱硫、码头、主变）	4.21（1号机组） 4.26（2号机组）
3	供电年均标准煤耗	g/kW·h	287.7	282.6（1号机组） 282.5（2号机组）
4	全厂热效率（LHV）	%	45	45.44（1号机组） 45.47（2号机组）

具有显著的社会效益。在节能方面，本项目1号机组性能试验供电煤耗为282.6g/kW·h，2号机组性能试验供电煤耗为282.5g/kW·h，达到国内同类机组领先水平；在节水方面，本工程采用海水直流循环供排水系统，生产用水来自海水淡化制水。淡水补给水量为158m³/h（包含电厂及码头生活用水量26m³/h），耗水指标为0.022m³/s·GW，居国内先进水平；在资源综合利用方面，灰、渣综合利用率达到100%。

具有突出的环保效益。烟气治理措施合理、可靠、可行，采用高效静电除尘器，除尘效率99.5%，同时考虑海水脱硫30%的除尘效果，综合除尘效率99.65%。采用海水脱硫工艺，脱硫效率75%。锅炉采用低氮燃烧方式，同时预留脱硝装置空间。

3. 控制造价措施

在设计阶段发挥设计单位各层级的作用，并与EPC联合体的施工单位浙江火电充分沟通。本工程设计人员通过与技经人员紧密协作，制定具体、切实可行的控制工程造价措施，实现了技术与经济结合，使工程造价在设计阶段得到有效控制。在本项目建设准备阶段，设计配合各方做好工程招投标工作，旨在通过招投标进一步控制工程造价。施工阶段尽量减少设计变更、严格现场签证管理，以便有效控制工程投资。初步设计阶段深入优化，进一步降低工程造价，确保初设批准概算不超核准的可研估算；施工图设计阶段推行限额设计，确保工程投资低于批准的初设概算；施工阶段严格控制设计变更，确保工程投资不突破初设批准概算。

各设计专业切实有效控制造价措施。优化设计是控制工程造价的基础，各设计专业在本工程各设计阶段遵循"经济适用、系统简单、备用减少、安全可靠、高效环保、以人为本"的设计原则，按照示范电厂的设计思路进行模块化设计和优化设计，做到设计思路创新、方案组合优化、总平面布置紧凑、主厂房布置优化、工艺布置合理等。通过各设计专业精心优化设计，各设计阶段工程造价得到有效控制。

4. 借鉴山东院经验，科学管理，有效控制工程造价

精心设计、优化设计，缩短设计工期。改变传统总平面布置方式，在建筑结构形式、管道布置以及设备材料选型、电厂控制方式等方面对电厂的总体设计进行全面优化，努力降低建筑、安装工程量及工、料、机消耗。各设计专业在项目公司、设备厂家、外委项目设计单位等协作配合下，拓展思路，优化创新，在总结以往同类工程，特别是山东院总承包工程设计方案经验的基础上，形成各个系统的模块化设计，并根据本工程的特点加以组合，推出了大量优化方案并从中精选最佳组合，形成经济合理、切实可行的推荐方案。

技术与经济相结合，编制好工程估算、概算。设计人员与技经人员密切

协作，查阅统计以往1000MW级工程的施工图设计资料，对工程量大、占投资比例高的工程分项，结合本工程实际情况，对工程量超标、超常现象进行分析，杜绝在工程量上的高估冒算。

深入开展和推行限额设计。运用已取得的限额设计经验，严格执行限额设计管理办法实施细则，在设计这个控制造价的"龙头"环节上下功夫，使控制工程造价工作落到实处，配合项目公司真正做好对项目投资的"静态控制、动态管理"工作。由总工牵头技经专业依据上阶段审定的投资总额，按系统分专业进行投资分解，以限额设计任务书的形式下发至各设计专业，各设计专业在认真贯彻已确定的各项设计原则基础上进一步优化设计，有效控制工程造价。

5. 协助项目公司做好控制工程造价工作

对项目公司而言，工程造价就是一项工程预期开支或实际开支的全部固定资产投资费用，即工程投资费用，要分阶级做好投资费用控制工作。

投标、可研设计阶段：落实各项外部条件，切实做好投标方案及可行性研究，使投资估算尽可能全面和准确，真正起到控制项目投资的作用，并在经济效益分析等各方面深入调研和正确评价，为项目公司投标报价提供决策支持。

设计阶段：根据经验分析，设计阶段对工程造价的影响占75%以上，设计的优劣直接影响建设费用的多少和建设工期的长短，直接决定投入的人力、物力和财力规模。统计显示，经济合理的设计，可以降低工程造价5%～10%，甚至可达10%～20%。要做到设计经济合理，设计单位要从内部着手提高设计人员的整体业务素质、增强技术与经济结合的观念。

施工招投标阶段：严格审查施工单位资质，防止施工质量低劣、财务状况差、信誉差的施工单位混入投标单位之列。项目公司/EPC方对项目"合理低价"应做到心中有数，避免投标单位低于成本价恶意竞标。当前推行的建筑、安装工程"无标底招投标"，对项目公司/EPC方来说，不能将其理解为真正的"没有标底"，项目公司对要上马的项目，应随时掌握好工程造价成本价。设备及材料采购招标中，必须兼顾厂家信誉、各项技术规范达标及价格合理。

工程施工阶段：据统计，这一阶段对工程造价的影响只有5%～10%，在这一阶段节约投资的可能性已经很小，但工程投资主要发生在这一阶段，浪费投资的可能性很大。因此，除加强合同管理、工程结算管理外，还应加强项目公司/EPC方现场施工管理人员、工程技术人员的"经济"观念，培养他们实事求是的办事作风，充分重视节约投资。

总之，工程造价的控制与管理是一个动态过程。项目公司/EPC方对工程造价的管理应贯穿项目建设的全过程，时时要有控制投资的经济头脑，充分利用和认真分析建设周期中的重要信息，把握住市场经济的脉搏，减少或避免建设资金的流失，最大限度提高建设资金的投资效益，实现投资方效益最大化。

二、高标准策划，严要求管控，高品质出厂

项目采购实施过程，山东院采购团队内部创新管理体系，选用国际一流设备制造商、监造商、物流商，秉承"追求卓越、铸就精品"的理念，实行"高标准策划、严要求管控、高品质出厂"，既注重设备内在性能质量，又提升设备外观质量，努力打造中国装备的优良品质和形象。

山东院作为本项目EP总承包，在采购板块负责全厂设备的采买、质量管理、进度管理、物流管理直至现场车板交接完毕的全过程采购管理。在现场物资管理环节，山东院负责设备开箱的组织、设备资料交接、备件工具台账的建立及缺陷缺件处理。设备到达项目现场，山东院负责现场的车板交货；浙江火电负责设备的现场卸车，交接后现场设备材料的保卫、仓储管理、照管和保养等工作。

爪哇7号项目采购团队于2016年组建，自EPC合同谈判启动以来，坚持超前策划、精细管理、狠抓落实、创新引领，圆满完成了设备招标采购、执行交付、验收放行、物流运输和现场物资管理等采购管理工作。

（一）工作亮点与创新

第一，创新海外项目市场开发、采购与分包模式，优选合作伙伴，降低成本造价。EP+C总承包商、三大主机设备供应商、海水淡化设备供应商与EPC单位一起，绑定参与IPP项目投标并与EPC合同同步完成合同谈判和启动，为项目执行奠定基础。辅机设备采买以满足设计提资和合理生产制造周期为目标，快速启动、快速完成招评定标，与供应商积极沟通并取得优秀供应商对山东院的支持，优选一流供应商。海水脱硫采用公开招标方式采购，为项目节约资金约1亿元。联合浙江火电、四航院一起进行物流招标、监造招标，共同选择中国外运作为物流承运人，必维、摩迪作为项目监造分包商，减少工作接口，方便本项目统一物流和质量管理。采用中国标准，加大中国设备和材料的选用，降低工程造价，提高进口免税比例，保证设备质量和进度可控。三年生产期备件与辅机设备一起招标采购，备件价格计入评标价大大降低备件采买价格和进口税费的同时，保证机组建设期，特别是调试期的备件需求，一举多得。

第二，EPC合同为采购执行奠定坚实基础，设备付款与项目融资为采购执行提供可靠保障。根据本项目特点，以业绩可靠、成熟应用为原则，EPC合同谈判阶段确定主要辅机设备和主要材料短名单。项目执行过程中，山东院为保证项目执行将前两批之外超100万元辅机设备付款比例自行调整为1（预付）：2（投料）：5（启运港发运）：1（现场交货）：1（性能验收），提前支付厂家20%投料款。增加主要辅机的投料款并及时支付，为设备按时交付提供了有力保障。应用成熟可靠的设备，良好的设备付款方式与项目融资及时关闭，为项目设备进度和质量管控奠定了良好基础。

第三，设备执行交付经受考验。本项目以现场需求为导向，以船运计划为核心，组织设备生产及发运。2018年，为克服本项目执行期间原材料价格上涨、环保限产影响、设备高质量严要求与设备进度矛盾等问题，项目采购团队坚持"5+2""白加黑"工作模式，加班加点，坚守工厂、港口码头生产第一线，累计完成19艘件杂货、26批次集装箱、3批次空运共计23万计费吨货物的出厂验收、集港组织、内陆运输和物流清关，平均每个月交付运输货量约2万计费吨，最高峰一个月3船齐发，运输货量近5万计费吨，设备供货满足了现场连续施工3个月的需要，确保了工程的顺利推进，现场未发生过因设备交付影响安装的问题。

第四，项目设备质量管理引领行业，管控效果创优。质量管理过程以EPC总承包单位为核心，集合印尼爪哇公司、总包、监造、制造、技术监督、运维等各方的质量技术优势，从设计阶段审查、制造阶段监造、出厂放行阶段验收、物流运输阶段督察等环节打赢设备质量保卫战。横向实施的管理手段："一个抓手"，即以负面清单为抓手；"两个授权"，即对监造服务商工厂检验和供应商现场监装充分授权；"三不发生"，即供应商自身发生过的质量问题不发生，同行业发生过的质量问题不发生，负面清单内的质量问题不发生；"四个零"，即力争"零缺陷、零缺件、零延误、零货损"；"五防"，即防高温、防高湿、防紫外线、防盐雾、防雷暴；"六个关口"，即把好原材料入厂关、加工制造检验关、负面清单闭口关、整机试车验收关、包装发运查证关、开箱验收交接关。全流程的质量管理理念和"一二三四五六"的质量管理手段，一纵一横达到质量管理网格化，质量管理过程全覆盖。

第五，爪哇7号项目的物流工作总体满足项目顺利执行的要求，到货及时，未出现重大货损，运输时效和运输质量可控在控，满足了现场工程进度，实现了项目启运仪式时提出的"合心聚力，一路共赢"口号。项目在执行过程中打赢了5场硬战："钢铁证攻坚战"，单月完成3批次共5万立方米货物的全部运输、免税、清关工作，时间之紧迫、配合之密切前所未有；"大件交接战"，逐一克服了06BBC2启运港交接问题，14BBC3大件驳船选型、现场堆存、交接等问题，17BBC1现场交接、免表清单和所得税到期等问题，实现了山东院项目大件物流运输新突破；"高频发运战"，首次单个电站项目年内发货量超过20万立方米，首次百万电站机组大件一年内完成发运；"通关保卫战"，查验率启运港件杂货1.6%、集装箱2.7%，目的港件杂货5.8%、集装箱4.9%，均顺利通关；"货损把控战"，零灭失重大货损，实际货损控制在1‰。

第六，单证管理严谨、细致、无误。自2016年12月7日发运第一个集装箱开始，4年多时间，累计发运集装箱61批次，件杂货27批次；编制出口箱单发票共210套，进口清关发票共计165套，包括箱单、发票、提单、产地证、产品说明等；物流信息系统录入26000多条，涉及相关出口报关及进口清关品名1750多项。通过精细管理出口报关，做到每批货物的进出口资料单单一致、单货一致，实现了出口报关和进口清关"零延误"、单证"零差错"，得到了海关部门和商务部门的高度认可。高质量完成免表清单办理和本地化成分认证。免税清单减免货值比例达到94%，节省总关税约1.6亿元人民币。

第七，本项目现场采购管理团队开展精细化、数据化物资管理。累计到货21806个箱件，及时完成箱件交接和开箱验收；组织工代505人次，合计20706人工日到场；完成设备缺件消缺293条，完成设备缺陷消缺432条；完成项目第一批3年备件3331项、第二批3年备件1694项、随机备件2078项（含主机）和专用工具520项的验收；完成万余套设备随机文件资料的整理与移交。现场物资管理程序化、规范化、标准化、表单化有序进行。

第八，建章立制、注重总结提高，保障项目采购工作规范、有序进行，提高采购规范化、标准化建设。采购团队提前策划，及时编制、发布《辅机设备发标管理规定》《辅机设备评标工作策划》《设备质量负面清单管理规定》等工作手册和工作指导书，以指导团队青年员工成长，有效保障项目采购工作的顺利、有序、高效开展，提升采购管理的专业化水平。

第九，持续开展创新课题研究，固化采购管理成果，团队工作成果赢得赞誉和表彰。在完成紧张繁重生产任务的同时，项目团队梳理工作创新点，开展任务清单式创新课题研究。通过开展创新课题研究，培养团队持续创新、持续改进的意识，形成员工共同参与、协商解决问题的氛围，增进了团队成员团队意识、合作意识，增强了工作积极性和团队凝聚力，并将工作成果固化，更好地服务采购专业化、国际化能力建设。爪哇7号项目获评中国对外承包协会国际工程绿色供应链管理优秀项目。

（二）管理经验与建议

第一，提前策划，根据设备现场需求及发运时间规定设备出厂放行验收时间，以预留验收过程中问题项整改时间。对进度计划执行形成动态滚动管理跟踪表，使设备从采购到交付形成可控的动态过程。

第二，组织厂家对设备的设计接口、分包外购、负面案例提前自查和梳理，尽可能减少出厂放行验收问题。设备出厂放行模板化，使设备出厂放行单据化、格式化、规范化，易于出厂放行人员操作执行。

第三，根据供应商组织机构模式和设备生产制造水平，对供应商进行分级管理。设备供货厂家合同执行组织机构不尽相同，有的厂家完全以设备合同为中心，各部门围绕合同设备交货和服务开展工作，合同执行响应快、效率高；有的厂家各部门各自为战，遇到问题项目经理要到内部各部门协调落实，效率低下。建议根据供应商组织机构模式和设备生产制造水平，对供应商进行分级管理，重点管控重点厂家。

第四，对汽轮机等大厂，掌握总体排产计划，关注重点生产节点完成时间与排产时间是否存在差异，如大型铸件回厂上机床时间，转子动平衡试验时间及总装时间。了解汽轮机主体设备同期交货的其他项目是否与本项目争抢资源影响排产交付时间，如实际排产与计划有较大偏差，及时汇报领导层面进行协调。

第五，振动探头、高强螺栓、防腐材料、耐火水泥国内抽检、复检，后续项目投标或施工招标应明确这属于施工单位责任范围，避免执行困难。建议从合同签订时即明确质量接口人，厂家提供ITP时，要求必须确认由质量人员审核发出，由质量人员负责设备监造报检，保证检验计划的准确性。

第六，要求监造实施细则不能流于形式，要充分分析项目、设备、供应商特点，有针对性地制定计划和对策。同时，监造必须把设备分到人，明确每个检验员的"责任田"。责任到人利于质量要求的传递、宣贯、问题关闭、资料收集和监造报告撰写提交等。

第七，包装标志精细化管理在保证运输质量上能发挥较好效果。精密件设备箱件上依据标准，标示仓储要求。对大型罐体设备如除氧器、高加等，交接时应检查所有压力表读数,有压力表读数异常的情况要尽快解决。操作时注意保护充氮接口等部位,如有氮气泄露应第一时间联系供应商到现场处理并充氮。

第八,本项目磨煤机分离器直径约6米,无法直接通过收费站等道路,给陆上运输带来较大困难,运输时务必跟踪落实清楚其是否已顺利运出,且运输时间建议预留充足的余量或由供应商承诺一定的运输时间。此外,大件运输组织须提前策划,一方面提前估算好船舶的装运时间,另一方面尽量避开节假日集港运输,避免节假日限行导致压船问题。

第九,危险品发运对应不同的危险等级用不同的危险品专用集装箱,危险品柜的订舱比普通货物订舱需要的资料多,如货物的MSDS、危包证、危险品技术说明书等相关资料,出口报关品名也应与MSDS、危包证的品名一一对应,有关建议危险品发运先与厂家确认其是否可以提供相关证明文件,再与其签订合同。

第三节　能建者上,铸就精品

印尼当地时间2020年9月23日00时00分是爪哇7号项目参建全体员工同庆的时刻,同心战疫、攻坚克难,如期优质地实现了2号机组168试运暨一期工程竣工。

2017年6月30日主厂房浇灌第一罐混凝土以来的39个月里,建设者们忘不了晨曦中的出发,忘不了星空下的轰鸣,忘不了脊背上闪亮的汗珠,忘不了阳光下黝黑的面庞……他们一起用智慧和汗水战胜了一个个困难,取得了一次次胜利,赢得了一片片赞誉,建成了各项试验结果优良、168试运期间主要技术指标实际值均优于设计值或标准值的燃煤发电机组。

早在1994年,浙江火电就进入印尼市场,先后承接了印尼北苏风港、吉利普多及其扩建、芝拉扎二期、芝拉扎三期、爪哇7号项目、印尼SGI输电线路、莫罗瓦利工业园区拉波塔等安装和运维工程。在"一带一路"倡议下，为增强企业竞争力和生命力，成立了印尼浙江能源建设有限公司，实现属地化管理，将市场重心前移，全面融入印尼社会经济发展，并注重企业形象和品牌建设，积极履行企业社会责任，展现企业情怀。

爪哇7号项目2号机组完成168小时试运暨一期工程竣工典礼现场

一、怀匠心，担使命

爪哇7号项目是中国出口海外的首台超超临界百万千瓦级机组，代表中国电力当前最先进水平，也使项目承建公司成为首个在海外EPC总承包百万千瓦级机组的中国工程企业。项目承载着带动中国电力工程设计、设备制造和建设运营成体系、高台阶、大协作"走出去"的重任，设计、制造和建设全面采用中国（GB）标准，是印尼目前技术最先进、环保指标最优的绿色环保型电站。

浙江火电项目部成立伊始即开展对项目周边建材和当地合作单位、民风民俗、生活生产水平进行走访及评估，为满足PPA合同中当地化采购比例认证提前做了大量基础工作。

工期是时间表，任务是动员令。万事开头难，但基于良好的开局，后续施工便能有条不紊地展开。为顺利推进项目，浙江火电分别就地基预处理、桩基施工、主体结构、机务、电仪、线路施工、调试等作业内容与23家成熟大型分包商进行大切块分包。采用该模式进行分包，一方面可减少施工队伍现场协调难度，使分包单位的劳动力资源调配更加灵活，避免窝工等情况引发的经济风险；另一方面，成熟的分包队伍在内部管理上更为专业，可有效满足项目管理的各项要求，更好地执行施工计划。

既是EPC联合体管理牵头方又是施工企业，浙江火电对工程实施和机组试运等拥有丰富的经验，管理技术人员对工程整体性概念较强，专业能力跨度也比较大，这些大大提高了工程装备选型、技术方案优化、工程各系统衔接和减少设计缺陷等方面的作业效率，为工程整体设计和优化带来很大助益，有效避免了"三边"工程的出现，在降低工程造价的同时实现了提质增效。

由于项目位于海外，受设备物资采购距离远和海上运输不确定性大等因素影响，物资采购、物流和仓储成为项目管理的重要环节。EPC联合体管理模式，更容易在项目的设计、采购及施工三者之间进行有效协调，使三者间流程衔接更为合理。

与此同时，由35人组成的现场管理团队充分利用现代化科技手段，提高现场仓储管理精细化水平，实现了仓储设备、物资定点存储和精准领用。通过前期优化场地规划、机械配置、库房建设，积极同物流公司确定发货规则，再根据设备属性、系统分别装车发往现场，全力保障了货物发运与施工进度相吻合。

二、锤毅力，练品质

项目建设期间，在34.48公顷的建设现场，工具碰撞声和机械作业声此起彼伏，形成了别有一番滋味的"交响曲"。为保障建设进度，施工高峰期有多达4116名员工长期奋战在这片热土上，其中2636名是印尼员工。连续高温炙烤下的大地，扑面而来的阵阵热浪给人以终生难忘的别样体验，汗流浃背、汗如雨下成为此刻最真实的写照。整洁的工装迅速被汗水浸透，完全贴在身上，随即又被高温"烘干"，如此往复循环……面对严酷的气候条件，大家充分发扬"特别能吃苦、特别能战斗、特别能奉献"的精神，组成了充满热血的团队攻坚克难。桩基工程完成、锅炉钢结构开吊、大板梁就位、厂用受电完成、锅炉水压试验合格、汽机安全扣盖、点火吹管、整套启动……一个个重要节点纷纷被这群追赶时间的人逐一实现。

爪哇流霞——爪哇7号项目建设现场

为确保项目结构和基础的安全性、设备和装置的可靠性、系统和技术的先进性、环保和环境的合法性;为实现"高标准开工""高质量建设""高水平投产",获得中国国家优质工程金奖,项目部提出以一个创建、两个策划为前提,重点质量监控为过程,创建"精品"区域项目为结果,实现工程创优的目标。

项目策划并完成了"八项一次成功目标":升压站及厂用系统受电一次成功;锅炉点火一次成功;汽轮机首次冲转一次成功;机组首次并网一次成功;机组APS功能试运一次成功;甩负荷等重大试验一次成功;机组FCB功能一次成功;机组168试运一次成功。

翻越荆棘密布的崇山峻岭,才能抵达成功的终点,艰难方显勇毅,磨砺始得玉成。超前的策划,夯实的管理、热血的团队,造就了一系列可喜的成绩。

一是机组单位、分部、分项工程验收合格率全部为100%。二是受监焊口总数为165785个,无损检测一次合格率为99.55%。三是锅炉酸洗质量总体评价为优良,符合相关规定要求。四是锅炉冲管结果两块靶板上均无大于0.8毫米的冲击斑痕,靶板斑痕少于3点,总体评价靶板合格。五是工程纸质档案9010卷,电子挂接率达到100%。六是获得科技进步奖(省部级)9项,QC(省部级)5项和实用新型专利9项。七是主要技术经济指标均优于设计和合同保证值,主要排放指标达到印尼最优。

三、攻难题,造精品

(一)干煤棚结构选型

爪哇7号项目初步设计文件中,对初步提出的干煤棚采用网架结构,电力规划设计总院认为本工程干煤棚跨度为134米,采用穹顶网架结构用钢量较大、投资高,建议采用大跨度预应力和管桁架组合结构。本着安全第一、保证质量的原则,由EPC牵头单位邀请业主、原国华研究院、山东院、广东院、浙江大学、中国航空规划院以及本公司专家、学者召开干煤棚结构选型专业研究讨论会,形成了预应力桁架结构、管桁架结构、网架结构的具体方案的选型专题对比报告。综合干煤棚技术、施工、造价、海外因素等各方面，比较各方案的优缺点分析判断如下。

本项目处于沿海地区，盐雾腐蚀严重，依据《工业建筑防腐蚀设计规范》（GB50046—2008）的要求，腐蚀性等级强度为强、中时，网架结构不能采用螺栓球节点，因焊接连接的空心球节点焊接工作量大、焊接变形不易控制等因素。排除网架结构方案。

预应力桁架与管桁架结构相比节省钢材不足10%，但增加了施工的复杂性和难度。同时由于斗轮机上部净空限制，钢索只能布置在高位，不仅未达到节省钢材的目的，反而会导致用钢量上升。根据研究成果，跨度在150米以上时才能显示出预应力桁架的优势。排除预应力桁架方案。

结合本工程的具体情况和特点，综合考虑招标可行性、结构安全保障、运行期间防腐、防尘、监测等维护工作以及造价等方面因素，本工程确定采用管桁架结构方案。

（二）厂外500kV线路

本工程新建两条500kV双回架空线路，起于爪哇7号电厂升压站出线构架，分别止于500kV Balaraja—Suralaya线路"π"接点T01和T02塔，分别长1.543km和1.586km。

因新建线路建成后，将并入爪哇岛电网，移交PLN运营管理，又涉及与PLN运营既有线路的对接，因此与PLN的联络、沟通和交流是一项关键性工作。此项工作对接的PLN相关单位部门较多，包括PLN总部、PLN UIP JBB（设计部门）、PLN TJBB（线路运营部门）、PLN P2B（调度部门）和SLO认证单位等，每家单位和部门分工不同，分管范围不同，需要项目公司提升沟通技巧，加强耐心和细心，逐一与不同分管单位和部门排除各项问题。

T01-R4和T02-L4间的500kV线路移位π接，需分回路停运原500kV输电线路（Suralaya—Balaraja），即双回线路先停运一回进行移位π接，完成一回线路移位π接后，重新投运，再停运另一回线路，完成后恢复双回线路运行。Suralaya—Balaraja 双回500kV输电线路为爪哇岛主干输电线路，从线路运行角度来讲，停运时间越短越安全，PLN初定的停运工期是一回线路24小时，根据施工具体情况，项目公司初步方案给定的是一回线路须停运24天左右。为此，项目部特邀请国内线路方面的专家对线路移位π接方案进行了反复评审和修订，并频繁地来往于PLN各主管单位和部门，仅2018年12月就召开了20余次专题协调会，详细介绍施工程序和方法及所需要的工期，最终说服了PLN同意一回线路6天（施工）+6天（调试）的工期。后续线路移位π接的事实证明，12天的工期是完全符合实际的，既确保了安全也确保了进度，得到了PLN相关人员的一致肯定。

俯瞰爪哇7号项目建设现场

四、保安全，控风险

在国内公司总部、印尼爪哇公司等各级单位的监督和指导下，浙江火电项目部从2016年8月2日成立到2020年9月23日2号机组投产，实现了连续安全生产1512天。项目部一直以坚守安全红线和底线，坚持"主要在领导、核心在基层、重点在岗位、关键在员工"的工作思维，贯彻落实印尼爪哇公司在2017年一季度安委会提出的"1、6、8、5、20"管理思路和方法。

115

（一）建体系，保安全

保安全，以实现工程建设全面安全、本质安全、持久安全为宗旨，以防控工程建设安全生产事故为重点，坚持"管理、设备、培训、投入"并重，以人为本抓安全、源头治理抓安全、系统管理抓安全，通过广泛开展身边"无安全事故"活动，形成工程项目施工全员、全方位、全过程覆盖的"大安全"格局。

1. 完善安全管理体系，充足配备安全设施，着手"六个中心"建设

在项目建设正式开工前，本工程按照高标准开工要求，从安健环的培训教育、监督控制、应急响应、应急救援等方面着手，为进一步完善安健环管理体系和安健环设施配备，提出了安健环管理的"六个中心"，即卫生健康中心、安全培训中心、基建消防中心、安保监控中心、应急指挥中心、机工具检测中心的建设工作。

2. 加强印尼员工安全培训，编制印尼员工安全手册和纠违卡

本项目编制了中印尼双语《印尼员工安全手册（土建）》和《印尼员工安全手册（安装）》，有助于提高印尼员工的安全技能水平和安全意识。针对现场安全管理可能遇到的语言交流困难，本项目及时组织编译制作了配有中文注音的《安全常用印尼语》口袋卡，发放给现场所有安全和工程管理人员随身携带，方便管理人员及时发出纠正违章的指令。

3. 落实安全质量区域网格化安全管理模式，提高安全管理绩效

QHSE管理人员和工程技术人员实行责任区域管理，对作业单位实施责任单位管理，使管理人员可以有针对性地进一步加强区域日常安全监督检查，旨在提高发现问题、落实整改的效率，并能充分利用专业人员的知识，及时解决相关安全性问题，消除安全隐患。

4. 大型机械实行"八专"管理，进行重点管控

本项目对大型机械进行体系化管理，并在项目实施过程中做到"八专"：即专门的团队进行管理；专业的队伍进行安拆；专题的技术论证保障；专业的机构进行检测；专职的监理进行旁站；专家定期进行检测；专责的司机进行机械操作；专人进行机械保养。

5. 整合项目安全监管力量，实行安健环合署办公及早会制

为充分整合项目安全监管力量，本项目成立了安健环合署办公室，各参建单位安全负责人都在一个办公室进行办公。每天早上8点组织各参建单位安全负责人召开安健环合署办公室早会，总结前一天发现的安全和文明施工问题，并提出相应的管理措施，同时针对当天的安全工作重点和可能存在重大危险的作业点布置当天的安全防范工作。

（二）控风险，遏事故

浙江火电项目部始终以安全风险管理为核心开展管理工作，秉持"少信多疑，化险为夷"的理念，努力培养员工养成风险辨识习惯。以安全风险辨识为基础，在对全厂作业面风险因素进行全面辨识的基础上，按照风险控制所需的资源配置、管控能力、风险程度的不同，形成合理的风险分级控制计划表，再通过高危作业项目管理、隐患排查治理等方法实现项目安全风险管控、遏制事故发生。

1. 细化安全风险管控，实行安全风险分级管理

浙江火电项目部把安全风险划分为施工风险识别、调试风险识别和其他风险识别三大类。其中，施工风险识别根据工程项目的整体进度计划，编制工程建设项目施工安全风险分级划分表。调试风险识别根据调试进度计划，分单体调试、分系统调试、整套启动调试三个阶段编制工程建设项目调试安全风险分级划分表。其他部分风险识别则根据勘测、设计、采购等安全风险确定风控项目，编制风险分级划分表。这种划分方法较为贴近现场实际，便于在实际工作中对照检查，可有效跟踪分部分项工程施工过程中风险控制措施的落实情况。

2. 严管高危作业项目，检查内容表单化

为有效控制高危作业项目，浙江火电项目部和项目公司、监理多次研究讨论，确定《印尼爪哇7号项目超过一定规模危险性性大分部分项工作清单》，同时编制《高危作业项目开工申请单》，落实安全生产责任，对施工合同、作业人员、管理人员、人员教育、安全管理人员、工伤保险、施工方案、风险抵押金、交叉作业协议、安全技术交底、应急预案、劳动保护用

品、机工具、安全视频监控等14项指标进行量化考量。

3. 模拟事故分析，促使各级人员知责、履责和尽责

为防止安全事故发生，提高员工安全意识和安全素质，浙江火电项目部一直以来通过采取开展安全知识培训和案例学习等手段，增强员工的安全知识和安全意识。大力开展模拟安全事故分析活动，包括两种方式，一种是班组针对内部的典型违章行为开展模拟事故分析；另一种是项目部针对现场发生的且性质极为恶劣的违章行为开展模拟事故分析。全面提升员工忧患意识教育和管理人员的尽职履职教育，以达到防患于未然的目的。

4. 制定各类应急预案并进行应急演练

本项目组织编制了《防火应急预案》《防触电应急预案》《防食物中毒应急预案》《防人身伤害应急预案》等14项应急预案，并制定了相应的应急演练方案、开展应急演练。项目先后组织了消防应急演练、防触电应急演练、人身伤害应急演练、大型机械防风应急演练、食物中毒应急演练等。

企业道路千万条，安全生产第一条。项目部秉持"安全工作只有起点，没有终点"的理念，不断完善安全生产体系，全力确保项目安全稳定推进。项目部对安全工作始终保持如履薄冰、如临深渊的危机意识，严格按照公司的安全工作要求，采取切实有效的管理措施，开拓了安全生产稳定发展的良好局面。

五、促经济，助发展

爪哇7号项目的建设有力拉动了中国设备和技术的出口，有力拉动了印尼电力行业的发展和当地经济社会发展，项目建设期间还为当地创造了大量就业机会，充分彰显了和平合作、开放包容、互学互鉴、互利共赢的精神。

一是拉动出口，项目实施带动中国设备和技术出口额达55.433亿元人民币，有力支持了中国燃煤电厂设备和技术的生产与出口，对于促进国内电力装备制造业平稳发展产生了积极意义。

二是助力印尼发展，本项目是印尼在能源建设方面的重大战略性工程，项目合作互补性强、经济效益良好，辐射带动作用明显，有效促进当地产业发展，显

著增加当地税收。2016年5月项目开工以来，积极落实印尼促进当地产业发展的本地化政策，项目所有建筑材料、部分安装设备和材料采用了印尼本土产品。

三是创造就业机会，本项目坚持落实印尼本土化用工的法律规定，在确保项目质量和进度等前提下，采用"中国技术人员+印尼技术工人"的模式实施项目建设，为当地创造了大量就业机会，改善了域内居民生活水平。

四是积极履行企业社会责任，"国之交在于民相亲，民相亲在于心相通"，本项目所在地特拉特村有一所小学，面临师资力量匮乏等困难，项目部组织员工每月向学校教师捐助一定额度的奖励基金，并向学校捐赠大量文体用品。在宰牲节等印尼传统节日来临之际，项目部还向当地老年团体捐赠生活物资。此外，为方便当地渔船进出，项目部安排施工队疏浚特拉特河河道，进行清淤、拓宽作业，赢得了当地民众的好评。一系列持之以恒的暖心之举，拉近了中方建设者与当地民众的心理距离，为项目顺利推进营造了良好的外部环境。

平地起高楼，困境造英雄。回眸爪哇7号项目奋战的日日夜夜，项目团队始终保持着奋发有为的昂扬状态，终将在一片荒芜的滩涂上建成一座世界一流水准的现代化电站。我们期待以更加昂扬的姿态在新征程上劈波斩浪，再写属于中国能源建设者的华彩新篇章。

第四节　弄潮涛头，擘画彩虹

广州，一直都与"海上丝绸之路"有着割舍不断的关联。

印尼，这个位于赤道附近的万岛之国，一直是"海上丝绸之路"上的重要一站。

2015年，中交四航院团队从广州出发，跨越碧波万顷的南海，来到印尼，为的是在爪哇海之畔建设一座具有中印尼特色、同行认可、世界领先的优质电厂，打造可以点亮印尼万家灯火的能源之光。

爪哇7号项目煤码头全景

一、匠心设计，精彩蓝图

爪哇7号项目是中国"一带一路"倡议与印尼"全球海洋支点"构想的对接项目，也是中国首台百万千瓦级机组出海项目，战略意义非凡。

由四航院负责EPC总承包实施的配套码头及取排水设施是本项目重要配套工程。作为一家具有丰富EPC项目实施经验及较早出海的中国工程企业，四航院深知，设计是龙头，是项目的灵魂，是项目成败的关键。项目伊始，四航院组建了以有丰富大型工程实施经验的员工为骨干的项目设计团队派驻现场工作，同时展开调研，广泛征求项目各方意见，充分识别项目公司要求，因地制宜，大胆创新，提出了很多优质且富有成效的创新方案。

1. 创新性引堤，一专多能

在综合考虑多种功能需求后，四航院将引堤功能布置如下：保证煤炭码头煤炭运输、车辆通行；保证电厂取水温升要求，创新性将引堤兼做取水隔热堤使用，为电厂取水安全提供了保障；通过温排水数值、物模试验多方案综合比较确定最优的引堤长度；结合现场实际地形，引堤与北侧船厂陆域将电厂取水区域掩护成为封闭港池，使得水流流速、泥沙含量等满足取水要求。

2. 重件码头与取水口布局紧凑，经济合理

在引堤与北侧船厂陆域间的封闭港池，引堤与重件码头布置在引堤北侧、紧靠取水口南侧的岸边，封闭港池掩护和泊稳条件好；码头港池航道与取水明渠结合，重件码头引堤与取水口拦砂堤结合，降低了工程造价，布局合理紧凑，方便适用。

3. 大跨度引桥结构

引桥结构采用大跨度桩基结构方案。大跨度桩基结构是一个以墩台为中心，向左右各延伸3跨排架组成的一个结构段。一个结构段总长180米，每跨跨距30米，中心墩台桩基为4根Φ1200毫米钢管桩，两侧排架桩基为2根Φ1200毫米钢管桩；上部结构为30米跨预应力T梁。预应力T梁与中心墩台，两侧排架横梁采用固接，在结构段两端采用滑移支座。本项目大跨度引桥结构已获得实用新型专利。

4. 多种技术组合打造引堤

项目引堤基槽开挖后，留下不超过4米的淤泥层，采取堆填块石挤淤结合强夯地基方式处理。施工完成后通过钻孔检测及工后沉降位移观测数据分析，块石落底情况良好，工后沉降较小并达到基本稳定状态，实践证实方案可行且较为经济。

开挖堆填块石挤淤后，通过强夯既可以使块石落底，减少堤底存留淤泥，又可以密实回填块石，减少工后沉降。同时管带机基础采用圈梁结构，增加整体刚度减少不均匀沉降影响，保证管带机的正常稳定运行。

5. 引桥预应力T梁张拉首次采用智能张拉与注浆系统

以往水工工程预应力T梁采用传统的人工手动驱动油泵张拉预应力筋，并利用压浆泵，人工手持搅拌器进行压浆，施工误差大，工作效率低，且存在人身安全隐患。

本项目首次引入公路市政行业已广泛应用的成熟技术——智能张拉与注浆系统。通过电脑张拉程序智能操控梁端千斤顶同时张拉，自动全程记录张拉应力及位移伸长量。将管内浆液从出浆口导流至储浆桶，再从进浆口泵入管道，形成大循环回路，浆液在管道内持续循环，通过调整压力和流量，将管道内空气通过出浆口和钢绞线丝间空隙完全排出，还可带出孔道内残留杂质。全自动化技术工艺，提高了施工质量和精确度，从原来的6人同时作业减少到2人远程作业，实现了降本增效。

6. 创新性管带机全程序控制

基于DCS的长距离多台高压变频电机的管带机全程序控制是本工程的技术创新点。

本工程内含有两条D600型（管径600mm）超长距（4000m）、高快速（5.6m/s）、大运量、多驱动和大功率（4×10kV高压电机）的管带机，头部3台变频高压电机，尾部1台变频高压电机，且每台高压电机均配置同轴风扇、机侧风扇、加热器以及油泵式减速机，每台油泵式减速机均配置相应的散热风扇。

本工程的难点在于无法直接采用常规的硬线联锁方式对长距离的多台高压变频电机同步启停控制，须从优化皮带机控制回路、安全可靠的DCS控制系统、独立于皮带机控制的多台变频器同步控制系统以及严谨的管带机控制逻辑等4个重点方面各个突破，从而实现长距离多台高压变频器管带机的可靠、安全、经济、自动联锁启停控制。

既要满足规范要求，又要满足业主就地控制的需求，同时还要实现管带机可靠同步控制皮带，对机控制回路原理进行改进势在必行。本工程就地及远控方式均依托于DCS控制系统，因此配置一套完善的控制系统至关重要。为确保整套DCS系统的安全可靠性，须分别从控制器、控制网络、控制电源等全方面进行设计。多台变频器的同步控制优化也值得一提，管带机头尾4台高压变频器电机各配置独立的PLC控制器，采用一主三从方式，通过总线形式进行通信，利用PID闭环控制实现4台高压变频器内的PLC控制联锁启停控制。同时，4台高压变频器内的PLC控制系统增设了独立于输煤DCS控制系统的急停同步停机功能。DCS程序控制逻辑也相应进行调整，实现了可根据管带机的工艺流程要求及企业操作规程对管带机的启动、停止以及急停进行相应的控制逻辑的组态。

7. 长距离管状输煤机的温度监测

本工程要求遵循美国NFPA标准，但NFPA的规范里无测温光纤这一项技术，仅有缆式测温电缆的要求。管带机长近4千米，采用美标推荐的感温电缆监测管带机皮带机沿线辊轴处的温度以及沿线中低压桥架内的温度很难实现。设计在查阅大量资料及产品手册后锁定了应用于隧道行业、油气化工行业的测温系统，与多个厂家及设计审查方多次沟通，最终确定采用拉曼散射的分布式光纤传感技术。配置这套测温检测系统，要在本工程内设置3套光纤测温主机，分别检测皮带机及其沿线高低压桥架的环境温度，检测管带机及管带机沿线高低压桥架的环境问题，实时检测被测物的温度并设置报警点。

二、精心采购，构建优质供应链

项目采购分为项目属地化地材采购和机电物资中国采购出口两大板块，分别由项目采购部和公司采购中心负责具体实施，项目部为采购工作的主导和主责方。采购工作原则上以EPC合同中的采购管理约束条款、供应商品牌短名单，以及公司的《采购管理手册》为主要实施依据。

项目部在采购过程中狠抓采购进度和质量管理，每月对比计划检查采购实施进度，对滞后的采购工作采取红灯提醒措施，通过绿色通道加快采购工作推进，同时保障采购资金及时收支，并通过多种催交方式，保障供应计划。项目部根据产品重要等级程度进行质量分级管理，对关键重要设备，采取第三方监造的方式，对产品制定质量监检点清单，通过停检点（H点）、现场见证（W点）、文件见证（R点）三种方式进行过程质量监督和进度跟踪。

项目部在重要性设备制造前进行入场质量宣贯活动，要求深入贯彻落实业主方要求，提高设备可靠耐用性及"免维护"制造水平，做到"出厂前最大化整定、最大化试验、最大化完整、量化最优指标验收"。通过相关举措做到设备不带病出厂，货物包装严格遵守出口海关检验检疫规定，随机备件工具文件完整检查后放行。现场设备管理按照产品"零缺陷、零缺件、零延误、零货损"实施，现场产品仓储管理按照"5防+3防"产品防护管理严格执行，即"防紫外线、防高温、防高湿、防盐雾、防雷暴"+"防火、防倒、防盗"，从而确保创造一流精品电厂工程。

为符合印尼政府的项目本地化采购比例要求，项目部经过认真研究策划，结合充分的市场调研，根据采购原则合理化实行项目本地化采购。经过统计测算，本地化采购份额占境内合同额的36.2%，符合规定指标。

项目进入机电安装阶段后，采购工作与安装工作进行深度结合，工作重心由后方向生产前线转移。积极组织调动厂家深入现场进行安装指导和质量检查，深度参与设备调试，组织做好设备使用的培训工作，直到设备完好投用且备品备件和工具顺利移交。

通过精心的采购策划和组织实施，项目未发生设备质量不合格项，设备材料交付合格率达100%，最大化降低了采购成本，达到了预期采购利润指标，总体效益显著。

俯瞰爪哇7号项目煤码头

三、用心建设，打造精品工程

项目建设过程中，四航院团队始终以爪哇7号项目基建目标为引领，导入国际化思维，高标准开工，高质量建设，高水平管理，秉承公司管理理念，用心建造，打造精品工程，最终克服了"大型机械设备较为欠缺、材料设备组织困难、作业环境复杂"等诸多困难，圆满完成了项目建设任务。

1. 发挥专业优势，助力完善海工工程审批报建立项手续

印尼海工建设的审批报建立项手续具有涉及部门多、审批流程多、协调难度大等特点，比如一个海域使用的协调会，需要组织多达29个大小部门参与。在本项目实施过程中，四航院充分发挥专业优势，快速厘清项目审批报建的程序文件，充分借助项目本地合作伙伴的帮助，积极补位，在4个月内完成了项目环评、自建码头管理许可、疏浚抛泥许可以及导助航设施安装许可等审批立项手续，确保了项目合法合规推进，为项目建设争取了约2个月工期。

2. 大力推行本地化

印尼对项目建设采用的劳工、机械及材料均有相应要求，推行本地化能够给当地创造更多参与项目的机会。在项目实施过程中，四航院团队积极推行本地化管理，在本地劳工使用、机械设备及物资供应、分包商及供应商的管理等方面均进行了有益探索。

通过开办工地大学，采取"1对1帮传带"学徒制等方式，向当地员工传授劳动技能，提升其工作能力，为当地培养了近2000名具有一定专业技能的劳工，也为项目顺利实施创造了有利条件。

本项目管理团队通过采用国内先进的技术、管理经验对口帮扶，以及牵线国内有经验的公司进行合作等方式，丰富了当地分包商大型项目实施经验，提升了其管理技术能力。本项目结合当地分包商良好的本地经验及优秀的本地资源统筹组织能力，实现了"1+1>2"的共赢效果。

3. 创造性思维解决问题

出于经济性考虑，本项目引桥T梁采用预应力T梁结构，单跨近30米，单

榀重量近100吨，共192榀T梁。海上安装常规采用200吨起重船实施，但印尼市场200吨起重船市场存有量极度缺乏，从国内调遣则存在周期长、费用高、不确定性大等不利因素。

项目团队整合设计与施工团队技术力量，结合当地实际情况，创造性地提出两台250吨履带吊双抬吊的方法，圆满完成了T梁安装，既保证了工期，又取得了较好的经济效益，同时还申请了新工法，为今后类似问题的解决提供了新思路。

4. 智慧化工地建设

海外项目具有管理环境复杂、语言不通、沟通困难等特点，通过智慧化工地建设，打造智慧化管理辅助系统，对项目进场人员进行有效管理，是本项目的显著特点。

本项目建立了覆盖生活区、办公区、各作业片区的门禁系统以及360°无死角视频监控系统，在项目实施期间，对项目施工区域内的人员管理、安防管理、物资管理以及作业管理产生了较好的监督作用。

5. 6S标准化管理

引入6S管理标准，项目全面推进标准化建设，加强项目运行过程中的监控力度。项目成立了安全文明施工队，重点对项目生活区、办公区、作业区进行全面清扫、整理。项目实施期间，现场安全文明施工状况良好，展现了中资企业良好的精神风貌。

6. BIM研究及VR演示室建立

项目建立了BIM小组及VR演示室。大力推行BIM技术应用，对BIM技术在工程管理中的应用进行了有益探索，应用BIM技术对本项目施工进行模拟，深化设计和优化施工组织。将BIM技术应用于高桩码头碰撞验算、管线综合碰撞检测，并利用BIM技术进行可视化技术交底，对施工进度进行可视化模拟。同时引入VR演示系统，设立VR体验室，更直观地展现项目建设效果。这些探索在预制场区建设、碰桩计算及虚拟现实安全文明技术交底等方面获得了较好的效果。

本项目实施过程中，四航院项目部充分发挥海外项目经验及资源积累优势，博观约取、大胆创新、开拓进取，取得了一些成绩，但在项目实施的过程中，也发现了一些有待改进的问题，四航院团队将以终为始，不断进取。

一是进一步本地化。本项目在本地化管理方面积累了一定经验，未来随着中国劳动力成本的提高及中资企业海外发展的被关注度提高，从项目成本、所在地法律、公众诉求等方面考虑，本地化发展将是未来海外工程的必经之路。从本项目实施经验来看，还要注意发展培养本地管理人员，提升中方管理人员的国际化管理水平，培育发展重合同、守信用、履约能力强的本地分包商、供应商等。

二是加强合规化管理。随着中国国际地位的提升，中资企业在海外发展的被关注度逐年提高，合法合规经营不仅影响企业自身发展，更关系到国家形象。尽管本项目在项目审批、施工准证、劳工管理、税务等多方面树立了合规性管理的典范，但仍有很多细节需要进一步提升。

第五节　夯实合作，行稳致远

一、严格执行"启规"，把控调试深度

杭州意能电力技术有限公司（下称杭州意能）是浙江省级高新技术企业，主要从事大型火电机组基建调试、电厂酸洗脱硫等环保工程、发电机组性能考核试验、节能技术改造等火电厂技术服务及产业投资管理业务。目前，杭州意能业务发展已延伸至白俄罗斯、巴基斯坦、越南、印尼等国。

杭州意能负责调试的爪哇7号项目荣获"亚洲电力大奖"组委会颁发的"2021年度煤电项目金奖"和"2021年度快发能源项目金奖"两项大奖。一直以来，杭州意能秉承"干一个项目树一座丰碑，干一个工程造一个精品"的宗旨，并让这个理念深植员工的血脉之中，无论身处何地，这个理念都是

激励意能员工干好调试工作的精神动力。

2020年8月20日，爪哇7号项目2号机组首次成功并网

随着"一带一路"沿线国际电力工程项目开花结果，杭州意能作为调试单位与国内多个以国际工程总承包为主要业务的公司开展合作。其间，杭州意能展现出电力建设工程经验丰富的优势，充分发挥技术专长，协助合作单位出色地完成国际项目投标阶段的工程前期技术咨询、技术文件排雷等工作，在提高合作单位竞标能力、提高工程质量、规避国际工程技术风险等方面发挥了重要作用，实现了优势互补、合作共赢。

（一）运筹帷幄，决胜千里

1. 项目前期策划

针对爪哇7号项目位于海外的实际情况，杭州意能提前进行系统、周密、科学的前期策划，依照合同规定的调试节点计划、机组容量、调试项目、调试地区等因素配置专业人员，对本项目人员配置比国内类似项目多约25%，并相应制定人员分批进退厂计划。

爪哇7号项目调试项目部设项目经理一名、执行经理一名、项目副经理两名、安全员一名、资料兼翻译一名，下设七个专业组：锅炉组、汽机组、热工组、环保组、化学组、电气组和外围组。相关岗位互为AB角，70%以上成员具备与当地人员独立沟通的能力，全力保障项目调试持续稳定开展。

为有效把控本项目各试验风险点，涉及多专业合作开展的试验，均组织联合全过程推演，特别是重大或危险性试验，如锅炉吹管、RB试验等。通过多次推演，达到如下效果：一是促进多专业、多参与方技术交流，从各个角度发现问题，提出解决方案，减少疏失；二是对试验的特点、难点、重点进行全面剖析，充分论证试验的合理性、可行性，并制定相应对策；三是明确试验边界条件，对边界参数、风险因素、防范措施做定性定量说明并形成文字，为后续安全技术交底提供依据。

2. 无炉水循环泵启动

杭州意能高度重视调试潜在风险点，为确保调试工作顺利开展，针对"锅炉采用无启动循环泵设计"开展了对同类型机组的专题调研。为研究本项目无启动循环泵启动的安全性、可靠性、经济性问题，于2018年11月在北京组织召开第一次专题研讨会；2018年12月，通报第一次"锅炉无炉水循环泵启动专题会议纪要"布置任务的落实情况，并制定本项目锅炉无炉水循环泵启动方案。

公司拟定了锅炉无炉水循环泵启动调试方案、风险分析及控制措施。按照吹管启动及机组冷态、温态、热态启动方式，研究调试方案，并统筹考虑启动锅炉辅汽用量、给水加热方式、工质回收方式、启动油耗及水耗、制水储水能力与用水平衡等问题。从完成调试的效果看，对无炉水循环泵启动系统启动方式制定的种种措施完美解决了该系统可能存在的问题，从多次冷、热态启动看，启动效果良好。

3. 定值编制，精雕细琢

杭州意能自2018年2月开始整理热工定值，在参照设备制造（供货）商的图纸及说明书、国电智深逻辑设计说明、同类型电厂热工定值的基础上，结合以往的调试经验，于2018年3月14日提出第一版热工定值，包括汽机、锅炉和辅网系统三部分。后根据会议和资料变更，分别形成第二、三、四版热工定值，并于2018年11月在各设备厂家回复的基础上，对第四版定值进行补充和修改，形成第五版热工定值，提交给印尼爪哇运维公司审核。2019年1月21日至24日，在运维公司回复的定值基础上，组织项目公司、运维公司和山东院，对最新版定值逐条审核，对不确定的定值由山东院联系厂家确认，最终形成热工定值的试运版。2019年1月31日，对审核完成的热工定值进行整理，正式发布热工定值试运版，并向业主进行汇报。随后，根据调试过程中的实际情况，以逻辑定值修改审批单的形式，对热工定值进行更新维护。

4. 逻辑组态，反复推敲

为确保逻辑的准确性，在逻辑三联会期间，杭州意能多批次前往神华广东国华粤电台山发电有限公司（下称台山电厂）参与逻辑讨论，反复推敲，畅所欲言，形成一份份经典逻辑。并根据四联会会议纪要及合同要求，组织DCS组态收口会议。在每个分系统调试前组织项目公司、运维公司和国电智深对相关系统进行逻辑和定值的讨论，形成会议纪要，共出具会议纪要23份，最终以逻辑定值审批单的形式对组态进行修改。

（二）三军用命，沙场点兵

1. 调试管理理念及特色举措

爪哇7号项目调试工作的核心价值观是"以客户为中心、专业专注、持续改善"，工作围绕"一个目标"——如期建成具有中印尼文化特色，同行认可、长期盈利的国际一流燃煤发电示范电站；遵照"一个规定"——国华深度调试管理规定；利用"两个手段"——优化调试顺序，深挖调试内容；确保"三不发生"；贯彻"一交底，三检查，二调整"——技术交底，冷态、热态、满负荷检查，静态、动态调整。

针对爪哇7号项目，采取特色管理举措如下。

（1）严把"纳总"关——遵照试运指挥部总体部署，统一由调试单位发号指令。分系统调试阶段开始组织调试会议，将调试关口前移，合理分配海外现场的有限资源。

（2）严格执行管理制度——提前编制并发布调试管理制度，确保凡事有章可依。

（3）细化调试深度——在国华调试深度项目基础上，增加了6大系统、76个子项目，全方位开展深度调试。

（4）调试管控关口前移——安装阶段即依据相关要求进行质量管控。比如针对以为海淡真空差的问题，安装调试阶段采用压缩空气+肥皂泡沫法多次进行联合检查，严抓整改，2018年5月25日，海淡首次启动就能带满负荷运行，且水质符合要求。

（5）负面清单管理——将负面清单控制措施落实至每份方案中，过程进行闭环管理。在2号机组调试前，编制了1号机组调试期间出现的问题清单75项，根据问题清单实施五定管理，极大地推动了2号机调试工作的顺利开展。

（6）精心推演，把控风险——重大试验前，组织各方进行试验全过程推演，对试验过程中遇到的难点、重点、危险点进行全面剖析，并制定相应对策。

2. 增加调试深度要求

按照神华国华《火力发电机组调试深度管理规定》，结合爪哇7号项目特点，编制了《印尼爪哇7号项目调试深度项目及要求表》，对全部调试要求实施闭环管理，在原规定基础上，增加了6大系统、76个子项目，6大系统为：FCB试验、风道燃烧器、海水淡化、海水供应、海水恢复和设备电源。

3. 稳压吹管

爪哇7号项目超超临界锅炉在吹管初期就确定了稳压吹管的既定目标。杭州意能面对汽温主动控制技术缺乏，难以及时投用减温水系统对过热器、再热器进行有效控温；水冷壁区域产汽量不足，加剧了汽温超温风险；常规稳压吹管效果不佳，无法对管道集箱和拐弯死角等部位进行有效吹扫等问题，开展技术攻关，对新型直流锅炉稳压吹管技术进行了系统的技术开发及工程应用研究，建立了一整套基于新型汽温控制的稳压吹管关键技术体系，并取得了诸多行之有效的技术创新。

（1）采用对过热器、再热器减温水系统进行全管段酸洗的新方法，可及时投运减温水系统，降低汽温超温风险，提高机组启动速度25%。

（2）采用在吹管阶段提前用正式系统投运2号高加技术，开发集粒器在线检查装置,该技术可有效判断来汽是否达到2号高加最低清洁度要求,并以此优化调整冷再管路试吹参数,在稳压吹管时即可投运2号高加,提高给水温度20℃以上。

(3)采用定量降压扰动技术,采用稳压吹管过程中进行定量降压扰动的方法,促进了锈皮、焊渣等的充分剥离并吹出系统,有效提高了管道集箱和拐弯死角等以往难以吹扫部位的清洗效果。

通过以上系列技术创新,爪哇7号项目两台锅炉稳压吹管效果良好,在汽温得到有效控制的基础上,大幅降低了燃料及除盐水使用量,且运行一年后调节级叶片未见斑痕。

由于稳压吹管的成功,杭州意能完成的科技项目被评为2021年度电力建设科学技术进步奖二等奖,有利于推动火力发电行业进步,具有显著的经济和社会效益。

4. 锅炉空气动力场

爪哇7号项目设计为全褐煤燃烧,极易发生炉内结焦,因此须充分了解炉内流场和燃烧器性能。历时8天8夜,最终完成锅炉动力场试验。在国华调试深度的基础上,复盘以往机组调试经验,主动增加试验项目,共完成17个大项,超常规项目7项。

动力场试验的主要目的是:检查风烟系统、制粉系统、燃烧系统设计、安装的可靠性和正确性;标定一、二次风测量元件;对主要调节装置和燃烧器特性调整试验;了解炉内流场情况。本试验对锅炉安全、稳定运行具有重要意义,为燃烧调整提供重要依据,同时也是机组调试过程中的重要节点。

试验前夕,杭州意能进行了充分准备工作。

(1)提前一个月对风烟、制粉系统的144块挡板进行逐个检查、验收、处理,发现了大量挡板存在开不足、关不严、不同步、卡涩、动作不灵活、执行机构挡住、指令与反馈不一致等问题并完成了对所有问题的处理。

(2)提前对风机进出口烟风道、二次风箱、炉膛内部、水平烟道、尾部烟、空预器内部、低温省煤器内部、电除尘内部、脱硫等重点部位的清洁度进行验收、处理。

（3）试验前对与通风试验相关的约700个相关测点进行提前检查、处理。

（4）检查燃烧器初始位置情况，发现G3燃烧器旋转方向反向并进行了重新调整处理。

试验效果在后期锅炉试验中得到进一步验证，试验过程成为国华集团动力场试验新范本。

5. 停机不停炉

机组的停机不停炉功能，在汽轮机跳闸或发电机解列时能有效减少锅炉主燃料跳闸（MFT）情况，达到快速重新并网或安全停炉的目的。这个功能也是机组快速甩负荷（FCB）的主要基础之一。作为FCB试验的预备试验，爪哇7号项目在50%、75%、100%甩负荷试验时同期验证了停机不停炉功能。

结合项目1号机组甩负荷停机不停炉试验结果明晰的问题与难点，在2号机组的逻辑改进实施与具体试验前，专业组与机务专业进行了充分探讨，对关键设备动作进行了详细梳理，并着重介绍了2号机组在PCV阀动作条件、给水控制等方面的改进措施，以及由此带来的变化。同时机务专业对除氧器液位、热井液位、主汽压力等过程重要参数从过程工质、设备参数方面进行了重新核算，作为过程中重点监视对象。得益于试验前的深入交流，具体试验过程中，各专业分工明确，专业组对给水控制、主汽温等进行了着重监控，机务专业对机组其他参数进行了全面监视，保证了试验的点面全程可控，最终在2号机调试时成功完成停机不停炉试验。

6. APS调试

爪哇7号项目APS启动阶段共设置6大断点，经过前期逻辑讨论、组态仿真和现场调试等多个阶段，共投入功能组51项，功能子组27项，至2号机168试运前，2台机组的APS全部顺利投入，圆满完成了APS调试任务。

7. 涉网试验

热工的涉网试验主要包括负荷摆动、一次调频、AGC和RB。在调试期间，所有试验一次成功，试验参数满足规程要求。其中辅机故障减负荷（RB）功能是火力发电机组协调控制的重要组成部分，是重要设备跳闸后避免事故扩大、适应设备出力、维持机组再次稳定的唯一手段，RB试验具有设备损耗大、跳机风险高的特点,是热力系统重大破坏性试验之一。本项目开展了燃料RB试验(单台/两台)、送/引风RB试验、给泵RB试验、一次风机RB试验,在2号机组的调试过程中,还增加了高加撤出RB试验和空预器RB试验,其中,空预器RB试验因对设备损耗更大、风险系数更高,在国内的基建调试及技术服务中鲜有开展。

爪哇7号项目首次调试大会合影

(三)意能配方,效如桴鼓

1. 全褐煤燃烧控制

褐煤具有高水分、高挥发分、低灰熔点的特性,易造成锅炉受热面结焦、制粉系统爆燃、煤粉管堵粉等问题,安全运行风险较大。为避免爪哇7号项目发生相关问题,杭州意能内部召开多轮专题会,并采取如下控制措施。

(1)通过调整燃烧器叶片角度、控制一次风率,提高"风包粉"的效果等手段控制锅炉燃烧器喷口结焦。

（2）改变磨煤机蒸汽灭火系统运行方式，在磨煤机通风、抬磨辊、启动、给煤机投用、降磨辊、跳闸过程中，均投用灭火蒸汽2分钟防磨煤机爆燃。

（3）对煤粉管保温，监视DCS煤粉管风速、温度，防止煤粉管堵粉。

（4）安排低灰熔点的褐煤种在上层燃烧器进行燃烧，实现低温燃烧的目的，防止对流受热面结焦。

（5）调整煤粉细度，防止随着煤粉颗粒的加大，煤粉动量也随之加大，容易刺破二次风的包裹层，将粉煤摔上，造成水冷壁受热面结焦情况的发生。

（6）通过循环波动引起渣层热应力变化。锅炉大范围变负荷运行，烟气温度变化幅度较大，产生的渣层热应力可达E/1000量级（E为渣的弹性模量），能够超过渣的强度极限，引起渣结构的破坏，使部分灰渣自发从水冷壁上脱落。

在本工程执行上述控制措施后，结焦可控，未发生制粉系统爆燃、堵煤等事故。

2. 专业处理大机振动

项目1号机组汽轮机首次冲转时，发生机组发电机振动反复的重大技术难题，其间机组振动甚至已经超过了警报值，极有可能发生重大设备损坏等故障。杭州意能振动分析团队临危受命，主导本次大机振动异常分析处理工作。为确定是否存在结构共振现象，采用锤击法，对5瓦、发电机定子壳体进行了固频测试，结果表明可能存在结构共振。

查阅机组机座相关资料，近5瓦、6瓦机座横向固有频率19.2Hz（1152r/min）、50Hz左右，轴向固有频率46.5Hz，未完全避开50±5Hz的共振范围。由此判定当机组转速在1160r/min、3000r/min时，5瓦径向、轴向均存在结构共振现象，应采取基础加固或改善、降低轴振等措施。电气试验完毕后停机消缺，随后启动并网发电，成为印尼首台并网发电的百万机组。大机振动处理完毕后，PLN方称赞，"振动处理过程体现了神奇的力量"。

3. 高旁阀后温度高引起锅炉MFT分析处理

项目2号机组高旁阀曾出现阀芯脱落故障，为避免引起高旁阀后水冲击，经讨论对高旁阀的逻辑进行完善，增加高旁减温水隔离阀的过热度低保护条件。汽机打闸后，高旁处于自动控压状态，随着锅炉负荷下降，高旁通流量逐渐变小，高旁阀后三个温度点偏差逐渐变大。22时46分，高旁阀后温度中值约为222℃，此时三个测点温度分别为222℃、217℃、300℃。由于测点安装位置不同，蒸汽的冲刷、减温水的喷射会导致测量数据有一定的差异，无法体现真实的温度。

当阀后温度达到222℃时，触发过热度低保护关闭减温水隔离阀联锁。在此过程中，减温水调阀一直处于自动调节状态，在减温水隔离阀触发保护关动作后，因没有减温水造成高旁阀后温度上升，导致减温水调阀开度继续增加。当过热度恢复后，由于减温水调阀在30%位置，因此无法触发隔离阀联锁开逻辑，造成高旁阀后温度持续上升至450℃，高旁发生快关保护，从而引起再热器保护触发锅炉MFT。

针对旁路阀后温度测点安装的位置不同，杭州意能专家组讨论分析后，决定对高旁减温水隔离阀联锁中关逻辑进行优化。当旁路流通量大时，管道蒸汽分布均匀，三个温度测点一致，联锁测点选取为三取平均；当旁路流通量小时，管道蒸汽分布不均匀，三个测点会出现明显偏差，联锁测点自动剔除偏差大的测点（即离减温水管道口较近的测点），剩余两个测点再取平均。通过逻辑优化，在后续的机组启停、低负荷过程中，高旁阀后温度控制在合理范围内，未出现大幅度变化。

（四）铁肩担重任，逆行显风骨

2020年，突如其来的新冠肺炎疫情让人措手不及。2020年6月29日，杭州意能调试项目部执行经理章鹏带领项目部17名成员逆"疫"而行，奔赴现场开展工作，公司领导带队的另外3名成员随后抵达。22人开启了88天的共克时艰之旅。出发时，调试团队成员穿好防护服，戴上N95口罩和护目镜，甚至还准备了成人纸尿裤，辗转30多个小时才抵达现场。隔离刚一结束，便立即投入调试工作当中。

"前往现场的22人就是一支战队，要斗志昂扬而去，胜利而归，一个都不能少。"时任公司执行董事樊印龙在送行时慷慨激昂地说。现场遇到难以解决的问题时，公司会与项目部远程连线，召集相关专家进行"会诊"，在线商议解决办法。

现场工作人员为了心中的那份责任全力以赴。项目2号机组调试期间，面对人员少、物资紧缺等困难，环化专业积极响应"跨专业学习融通，现学现用"号召，在完成本职工作之余，挤出时间跨专业学习锅炉知识，配合锅炉专业进行煤粉和燃烧调整工作，工作结束后经常满身满脸都是煤灰，却从未有过任何怨言。前方团队坚持两班倒的工作模式，持续奋战50多天。"168试运圆满完成，我感到非常激动。我们夜班的小伙伴已经有50多天没见过爪哇岛的太阳了……"

2020年9月23日凌晨，由杭州意能负责调试的爪哇7号项目2号机组顺利完成168试运，标志着机组具备商业运行的能力，同时也意味着中企在海外投资建设单机容量最大的火电工程正式投送。在印尼爪哇岛这片热土之上，深深留下了杭州意能的足迹。意之所趋，无远弗届；上下同欲，力能断金！

二、严把"六个关口"，发挥咨询优势

（一）监理组织机构

中南监理本着"国内做优、国外做强"的经营方向，积极拓展国内市场、快速发展海外市场，始终坚持"以质量取胜、树精品工程"为发展战略，从管理中寻效益，在实际工作中遵守"诚信守法，科学公平；精益求精，凝造品牌；安全为先，保护环境；关注顾客，持续改进"的管理方针，以发展为第一要务，以人才为第一资源，以创新为第一动力，以顾客满意为第一目标，竭诚为工程建设提供全方位的优质服务，树立"高端咨询"品牌。

为确保"将爪哇7号项目建设成中国国企在印尼样板工程、中国电力建设和管理水平形象工程"目标的实现，加强项目建设全过程管理监督和管控，中南院领导及中南管理咨询公司领导多次到现场检查、指导工作，中南监理国内本部和现场监理部团结协作，攻坚克难，用信心和责任、激情和汗水，赢得了来自中印尼各界的肯定和赞誉。

首批施工监理人员于2016年5月10日进场，专业人员配置合理，安全、质量管理体系健全。监理部为每一位监理人员划分分管区域，分工明确、责任

到人。专业监理负责见证取样、旁站监理(包括记录和管理台账)、区域内的安全文明施工管理。根据工程进展情况,对监理机构及人员适时调整,人员分工变动以书面形式告知建设单位及参建方,保证监理服务工作的质量。

依据监理规范、投标文件、监理大纲、管理咨询公司管理体系文件、工程创优规划和项目建设单位工程建设管理文件等要求和工程实际情况,项目监理部编制并发布了监理规划、监理实施细则、监理管理制度等文件共83份。

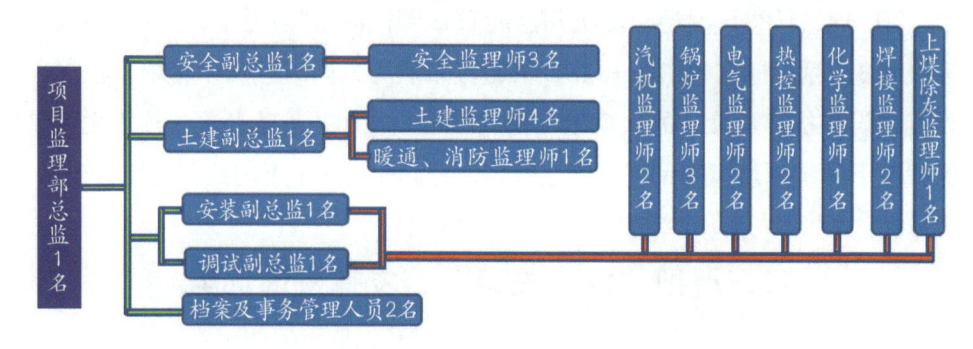

爪哇7号项目监理部管理组织机构示意图

(二)管控原则及方法

质量管理坚持追求卓越、铸就精品工程、高标准创优。执行"领导重视,全员参与,预防为主,系统控制,主动监理,全过程检查验收"的管理原则。实施全员质量管理手段,全面贯彻实施印尼爪哇公司"质量管理三年行动计划",落实"质量1号文件"的管控要求。

监理公司严格按监理规范规定制定了专业监理师岗位职责,在工程施工管理过程中,以全心全意为工程服务为宗旨,严把质量控制"六个关口":资源配置审查关、资源进场验收关、施工过程旁站关、施工转序验收关、设施使用证件关、设备试运签证关。

项目监理部成立后,立即建立了以项目总监为第一质量责任人的质量管理组织机构,在公司的质量管理组织机构领导下运行,健全了项目监理部质量保证体系,配置了各级质量管理人员,明确了各级人员在工程质量管理过程中的质量职责，保证了在建工程的实体质量。为使工程质量管理工作有章可循、有序运行，项目监理部成立之初，在项目总监组织下，项目监理部编写了监理规划和相关专业监理实施细则等质量管理文件。项目监理部及时、详细审核了施工组织设计、施工方案及作业指导书，确保方案先进、措施可靠、作业指导书可操作性强；重视试验和检验管理工作；加强了图纸会检管理，重视设计交底工作。

工程开工初期编制了监理规划、工程创优规划、工程强制条文执行计划、工程项目划分、工程验收资料填写规定、工程监理制度、监理实施细则等37份文件，建立了完善的监理工程质量管理体系。

现场组织施工图纸会审，山东院设计图共870册，四航院设计图共12册，未发现违背设计强制条文的问题。在项目开工前及时解决了施工图纸存在的问题，保障现场工作的正常进行。

在施工过程中项目监理部加强了进场原材料及构配件的质量控制，及时核查相关质量证明文件，以现场实测等方式严格控制进场原材料质量，对进场原材料进行全面复检，对进场材料及构配件不符合设计要求或合同要求的一概不批准使用，严把质量源头关。监理人员对关键部位、薄弱环节、隐蔽工程、新技术、新工艺、新材料等加大监督力度，予以重点监控，采取巡视、平行检验、旁站监理等主动控制手段，对整个施工过程进行巡查，发现质量问题后，通过以口头通知提出要求，召开监理例会、专题会，发监理工程师通知单、监理工作联系单、工程考核单，每月对现场施工情况以月报形式向建设单位和公司总部汇报等方式，有效保证了施工质量稳定。

高度重视细部工艺质量，全面落实精细化管理、洁净化施工要求：对清水混凝土施工、建筑装饰细部、小管工艺、电机引线接头、控制柜二次线等全部执行样板先行的措施。对全厂管道系统要求内部喷砂处理、外部防锈防腐、端部临时封堵等措施，重点加强了空预器及附属机械安装、锅炉受热面安装、汽轮机通流间隙调整、汽机真空严密性、受检焊口、电气及热控专业系统的细部工艺管理。

加强调试管控，落实深度调试措施。强化系统试运前的条件检查、落实和确认，确保系统内部清洁，是试运设备安全的前提，监理人员分别进行了锅炉膨胀系统热态检查、六大风机试运前系统检查、钢煤斗内洁净度检查、循环水泵试运前系统检查。为确保机组创优，专业监理人员根据以往经验，对焊缝严加检查管控，实现了锅炉水压一次成功，2台电除尘灰斗无一漏灰。调试期间，监理对发现缺陷的整改过程进行了旁站和见证，直至闭环。正是大量细致缜密的监理工作，有力确保了本项目整体质量管理工作可控在控。

在工程验收、试运、缺陷处理、保修等事后控制环节，项目监理部严格履行工程验收程序，严把验收质量关。开展四级质量验收，严格要求施工方进行三级自检，报总包复检监理验收；严格执行经审批的"施工质量检验项目划分表"规定，进行工程项目的验收签证和验评，验收合格率100%。

（三）质量控制

1. 管控措施

以预控为主，过程监督、即时消缺、严格验收为原则。通过对工序质量的控制，保证分项工程的合格率，通过控制分项工程的合格率，确保分部工程的合格率，再由分部工程的合格率控制，保障单位工程的合格率，实现高质量等级优良工程。

在监理过程中，监理人员按照监理实施细则开展相关工作，做好施工图纸会检、施工组织设计审批和施工作业措施审查，监督施工单位按设计文件和规程规范要求施工，坚持"上道工序验收合格后才能进入下道工序"的原则，严把验收关、签证关，并做好质量记录。对于质量薄弱环节，采取预控措施；对于存在的质量问题，跟踪整改处理。

施工后期，督促施工单位消除缺陷，进行复检和质量评价，汇总监理记录，整理监理资料，审查施工单位的竣工资料，使之完整、真实、准确、整洁，满足"国家优质工程水平"的归档要求，实现质量控制目标。

2. 管控原则及管控方法

严格依照监理规范规定制定专业监理师岗位职责，明确每个专业工程师工作责任范围，在工程施工管理过程中，以全心全意为工程服务为宗旨，严把质量控制"六个关口"。深入施工现场,及时发现问题、解决问题,把潜在质量缺陷消除在施工过程中。

(1)建立本工程建设期质量保证体系。

质量管理组织机构健全,职责明确;确保施工队伍技术管理人员、施工人员素质符合投标文件的要求,承包单位履行合同承诺;执行三级自检体系,专职质检员和质检手段齐全到位,做到严格把关,记录真实、准确,资料完整;贯彻实施质量保证大纲,施工标准规范和作业指导书、工艺流程等文件,满足工程施工的质量要求;按ISO 9000标准建立质量管理和质量保证体系,并切实在施工全过程保持有效运作。

(2)建立项目监理部自身质量保证体系。

建立以总监、副总监、质量工程师、专业监理工程师和监理员组成的现场质量管理、检查和监督网络,确保工程质量控制工作有效展开;按照公司《质量手册》《程序文件》《作业指导书》,制定本项目的监理规划和各专业的监理实施细则,设置明确的质量控制点(H、W点),实现对工程质量的控制。由公司质安部、监理部加强对现场项目监理部的检查,确保项目监理部质量保证体系高效运作和全面实现工程质量控制目标。在委托方工程管理部门的领导下,积极协调承包单位、设计单位、质监站和上级主管部门,形成齐抓共管和良好的全员质量意识,共同致力提升工程质量。

(3)明确本项目的监理工作流程,严格按程序办事。

监理严格按照委托方在监理合同中授予的权限,制定本项目各项监理规章制度、监理工作标准和监理工作程序、方法、质量控制标准,与总包单位协商意见统一后,在开工前对各参建单位质量管理人员进行交底,保证项目建设目标一致、执行标准一致、预控目的一致、实施行为一致。

(4)严格执行现行法律法规和标准规范。

严格执行国家和地方有关工程建设的法律法规,国家和行业现行验收规范、技术标准、定额及有关规程规定。严格执行国家关于工程建设的强制性标准,执行《电力建设施工质量验收及评定规程》2012版土建部分、2009版安装部分等有关规程要求。

贯彻质量管理"八不"方针，坚持预控为主、样板引路、全过程检查验证的管理手段。

督导单位工程施工过程全面落实质量控制措施，工序施工过程监理全过程巡视、检查，为保工序验收及时，专业监理随叫随到，对转序控制点及时检查，夜间施工安排专人现场巡视并与施工单位同步连续跟踪作业。定期检查"两中心（土建现场实验室，金属、焊接检测实验室）"设备取证及根据工程需要更新情况，督导建安检测工作合规运作，保证抽样检测的数据准确。对"两基点（水准点、坐标点）"的变形检测情况，按月及环境变化情况进行复核调校，为建筑定位、变形测量提供准确的监督数据，保证验收数据真实性。

（四）进度控制

1. 本工程建设总体解析为以下几个阶段

第一，施工准备阶段。控制主厂房区域地基预处理于2016年12月15日前完成，主厂房区域桩基工程及土方开挖于2017年4月30日前完成。工作内容主要包括确保主厂房区域地基预处理完成，土体固结度、承载力、土体抗剪指标等各项检测指标达到设计要求；主厂房区域桩基工程施工完成，桩基检测结果满足设计、规范要求。同时进行主要设备和施工招投标，厂区"五通一平"工作等。主厂房0米以下基础工程应全部完成，厂内其他项目的0米以下工程原则上也安排在这一阶段完成。

第二，锅炉大件吊装及土建安装交叉阶段。本阶段自2018年1月1日持续至2018年11月15日，工作内容主要包括本项目2号锅炉钢架开始吊装至主厂房封闭。本阶段工作的顺利完成，标志着主要土建项目全面交付安装。完成标准为：汽机房及除氧煤仓间结构施工完成，汽轮发电机基础、汽机房及煤仓间内各层平台、楼梯混凝土施工完成，汽机煤仓间的屋架、屋面梁、屋面板施工完成，屋顶风机就位，汽机房、煤仓间砌筑、抹灰完成，门窗安装完成。

第三，安装全面施工阶段。2018年7月31至2019年8月31日，始于主要土建工程基本结束并全面交付安装，止于本项目2号机组辅机分部试运。其间，海水淡化出水、煤码头具备卸煤条件、锅炉水压试验完成、汽轮机扣盖完成均为关键里程碑节点。

第四，机组调试竣工移交阶段。自2018年12月20日本项目1号机组完成厂用受电开始，至2019年12月31日2号机组完成168试运结束。

2.控制目标措施

督促图纸交付与主、辅设备及材料按计划及时供应，审定二、三网络计划，对关键线路、关键工作全程跟踪并执行项目进度考核制度；对实施中出现偏差的项目，通过周、月工作协调进行平衡评估，缜密分析滞后影响原因，成立监理牵头的督导小组专项盘点，启动进度保证措施落实，避免影响主线；分专业落实专业工程师控制工序转序及工序交叉作业的合理切入时间节点，控制工程进度节奏与资源调剂相匹配；减少进口设备、材料到厂周期长、手续繁杂等不利影响，降低设备临时占地与保管工作量；对总包制定的四级滚动计划实施情况全面跟踪，根据现场实际情况提出合理调整建议，获得同意后监督实施；协调参建各方施工过程的配合工作，并根据施工分包商海外施工资源相对受限的情况，通报总包进行资源整合，最大限度发挥现有资源作用，避免资源浪费；严格控制单位工程开工条件，不能连续施工的项目严禁无控制措施开工，降低质量、安全管理风险；针对海外工程进度控制风险全面调研分析，为建设、总包单位决策提供参考意见；督导提前完成季节性进度保证措施的审定工作，实施预控方案；加强工程进度动态管理，实施年、季、月、周计划审核及进度盘点，及时预警督导纠正进度偏差。

（五）投资控制

1.控制原则

科学合理地做好工程资金计划，充分发挥资金时间效率，合理策划资金筹备与支出，旨在将工程投资控制在审批概算内。工程建成后的最终投资控制符合审批概算静态控制、动态管理要求，满足设计、施工合同所约定的目标，力求优化施工，节约工程投资。

2.控制措施

在权限范围内，加强资金动态管理，满足执行概算要求；根据一级网络计划审核总包单位上报的年、季、月工程资金使用计划，提交建设方落实各阶段需要支付的资金额度，避免支付不足及准备过剩影响工程进展或造成资金浪费；加强设计、施工承包合同的结算管理，实现设计、EPC总承包合同所约定的目标，力求优化设计，节约工程投资；合理控制工序进展，减少返工、窝工情况出现；强化施工图厂内会审，采购、开工前确认施工图执行无疑义；控制设计变更及变更设计的发生频率；依照合同工程款项支付规定，按月据实核定工作量的完成情况，核定工程款支付额度，确保支付合理；对于计实结算、临时业主委托采供项目组织各方共同调研评估，确保单价获得各方共同认可，保证顺利进入结算；评估单项工程启动前所需条件是否齐备，及其对相关工序的影响，保证在合理时间节点启动；避免不必要的工期、费用索赔问题发生；以公平、独立、科学、合理、实事求是等为原则，审定索赔问题。

（六）安健环管理

贯彻"安全第一、预防为主、综合治理"的方针和"一切事故都是可以避免"的安全文化理念，落实安全生产责任制，实施工程建设全过程、全方位的安全管理，努力实现"零事故、零伤害、零污染"目标。

文明施工管理标准化。现场管理实现"六化"：总平面管理模块化；现场设施标准化；工程施工程序化；文明区域责任化；作业行为规范化；环境卫生一贯化。

1. 控制难点分析

厂区建构筑物布置紧凑，施工中高空作业、交叉作业多，错峰施工时间短，现场高峰期机械投入、人力投入超出预期计划，多重安全风险汇聚在同一阶段。大量设备、物资全部需要进口，运输路径复杂，物运风险高，增加了安全管理难度。

大量中印尼工人配置在不同班组共同工作，由于语言、文化、信仰、工作方式不同，存在不同程度的沟通障碍。

2. 控制举措

从工程的施工安全管理着手，督导施工单位建立健全安全文明施工保证体系、安全（组织）监察机构并定期检查，对不符合要求之处提出整改。制定项目安全施工管理制度，督查专职安全员和兼职安全员按需到位并展开工作。遇到威胁安全的重大问题时，及时通知"暂停施工"，并按照规定要求通报业主，负责协助业主制定施工现场安全文明施工管理目标并监督实施。参与工程质量的事故调查。检查各参建单位逐级分解的安全管理目标，对影响实现的因素进行评估并预防。

宣贯"以人为本"及"安全第一、预防为主、综合治理"指导思想。从"爱护人、关心人、尊重人"的角度出发，树立"我要安全、我懂安全、我会安全"的管理意识。坚决贯彻"预防为主"的方针，实施全员参与的网格化管理，扫清安全控制的死角与盲区。

贯彻"凡是有人工作的地方，必须要有安全设施和安全监督"思想。从预控预防着手，建立健全安全管理网络，明确各单位、各级安全第一责任人，加强进厂施工前三级安全教育，签订工程施工合同的同时签订安全责任合同，强化施工现场巡视及重点部位监控，严格执行各项安全施工、生产的制度与规定，加强对违章违纪的处罚力度，将安全事故苗子消灭在萌芽状态，确保实现工程项目"零事故"目标。

（七）合同管理、信息管理、组织协调

1. 合同管理

合同管理是工程项目管理的核心，以监理合同、总承包合同、施工承包合同为依据，代表项目公司对承建单位的建设行为进行监控。

建立完善的合同管理体系，可保证合同的可操作性和执行的严肃性。通过合同管理，可使本工程合同在执行过程中始终处于受控状态。在项目建筑施工、设备安装及调试的全过程中，中南监理坚持"守法、诚信、公正、科学"原则，以施工合同要求为第一执行准则，督导各方完成相关合同承诺，按照建设单位要求的时间报送工程资料和监理月度工作计划，签报施工单位月度统计报表，及时、准确、公正、客观地向建设单位报告工程合同执行况。

2. 信息管理

根据公司质量、环境和职业健康安全管理体系文件及监理合同，成立总监办公室，与建设、总包单位完成了基建MIS的对接，安排办公室主任收集

相关单位反馈的与本项目建设有关的信息。厂内通过会议传达相关上级单位对工程的管理性指导要求及意见，保证上级单位的要求及时归口总包单位落实执行。施工区内由各专业监理工程师组成了覆盖整个作业面的信息网，收集施工进度、质量控制、试验检验、安全管控等各种信息并汇总到总监办归类处理，确认发布范围。

采用计算机管理系统对工程信息进行采集整理，建立完善的数据库，与建设单位联网，运用P6工程管理软件、基建MIS系统软件对工程质量、进度、投资、合同执行等情况进行计算机管理。

由于海外项目的特殊性，由总监负责收集属地与中国企业相关的信息及中国驻印尼使领馆阶段性预警通报，视事件风险程度汇报公司并通报参建单位，以便启动应急措施。

3. 组织协调

以安全为中心，在确保质量的前提下，实现工程建设进度目标，及时协调处理各参建单位在工作中出现的问题，厘清责任，理顺关系，使各参建单位实现协调配合，确保机组高质量按期移交生产。以目标为导向，团结协作、抱团出海、共创中国标准海外标杆示范项目。

以项目公司发布的管理文件为依据，通过组织周、月、季、年度工程会议汇总项目建设期产生的问题，协调资源共享发挥最大效益。通过"一线工作法"利用丰富建设管理经验提供问题最佳解决方案，多方沟通获得共识后督导责任单位实施，为工程进度平衡创造条件。

（八）监理工作成效

1. 质量管理成效

执行国华公司负面问题清单，制定了《基建技术质量负面问题管理规定》，涉及本工程的272项负面问题措施，全部得到有效落实和闭环。强制性条文执行2013版强制性条文实施指南，制定了《强制性条文实施细则》，各专业涉及的197条强制性条文全部得到有效落实，实施记录627份，满足强制性条文管理要求，未发生违反强制性条文事件。

监理先后编制签发监理文件1008份，审核工程文件5965份，发出会议纪要533份，旁站1847人次，定期检查"两中心""两基点"保证规范运作。对真空预压、桩基、烟囱、脱硫防腐等危大工程作业全天候连续跟踪旁站，针对管道洁净化安装进行了全数检查。通过旁站监督、实体检查、试验检验、实测签证，做到了监督到班组，有效地保证了工序施工过程高标准验收质量。

（1）建筑工程。

建（构）筑物和主要设备基础，经实体承重检验，结构稳定沉降均匀，符合设计要求，安全使用功能检测合格。建筑主体施工结构质量良好，其中烟囱、汽机基础、防火墙等混凝土工程内实外光、标高、垂直度偏差符合优良标准。屋面防水经检验无渗漏。通风、空调、消防系统全部移交使用。全厂基准坐标点和水准点完好；各类沟道盖板齐全；厂区道路畅通、平整，符合设计规定；机组各建筑物的内、外装饰面已完工，成品保护良好。

（2）安装工程。

本项目1号和2号机组及公用系统安装单位工程静动态验收合格，其中机组受监焊口一次验收合格率高于99.4%，锅炉水压试验、发电机定子就位、发电机穿转子、汽机扣盖均一次成功。机务设备安装整齐、合理、清洁、无损伤、无遗留物。电气和仪表盘柜安装垂直，排列整齐、间距均匀，垫片放置合理。盘柜内电缆敷设排列整齐、平直，间距基本均匀、美观、整齐。仪表管和小口径管道敷设经现场二次设计，采取集中布置方式。管束布置间距一致、均匀，整体美观，管束转向弯度美观大方、一致，管束坡度符合标准、规范的要求。各类设备、阀门的命名、编号、挂牌正确、齐全。

（3）调试验收情况。

1号机组调试共91个分系统，调试完成100%，验收合格率100%。2号机组调试分系统项目共74个，验收完成100%，验收合格率100%。机炉辅机震动均达到优良标准，剩余部分在整启空载、联调过程中完成。其中DCS带电、厂用电带电、化学制水、机组酸洗、锅炉空气动力场试验、锅炉点火均一次成功，机组吹管靶板表观检查优良。

机组通过168试运后，两台机组各验收单位工程36个。1、2号机组168试运连续运行过程中，高、低加，电除尘，脱硫等设备全部投入，连续满负荷运行168小时；最大负荷1050MW，平均负荷率高于100.3%；机组的保护投入率100%，主要仪表投入率100%，自动投入率100%，脱硫效率95.5%，污水零排放；168试运行一次通过，各项指标均符合机组整套试运综合质量指标考核的优良等级。整个试运工作符合《火电工程调整试运质量检验及评定标准》规定。

2. 进度管理成效

本项目以项目里程碑节点计划为依据，实施三级进度计划管理制度，应用了季度、月度、周三级计划管理手段。在满足主要控制工期的前提下，力求各专业自身均衡施工、工序合理、经济效果良好。

实施过程以事前预控、适时报警、过程监督纠偏手段督导总包商落实各环节欠缺资源，解决过程需要协调配合的问题。建设单位与监理单位按时参加总包周、月工程进度协调会，对偏差节点进行分项纠偏，印尼爪哇公司在工程施工过程中根据实际情况，对滞后工作分别成立专项进度协调小组，每周单独对专项工作进展进行评估，督导滞后项目恢复正常进展。针对特殊原因导致部分工作无法按计划展开的，及时进行相关调整，确保整体目标按计划实现。

3. 投资控制成效

监理部按合同、工程进度及其他相关文件进行工程款支付审批，工程款支付总额控制在合同范围内，工程施工合同结算完全符合专用条款要求，未发生超付事件，工程静态投资略有盈余。

4. 合同管理成效

本工程投资方与总承包单位签订EPC合同，总承包单位与4家施工单位签订分包合同，施工协调、管理难度大。工程建设过程中，监理部以法律、法规为准绳，以合同、事实为依据，"热情服务，严格监理"，即维护投资方正当利益，也不损害施工单位合法利益，至工程施工结束，未发生合同纠纷及索赔事件。

5. 工程管理成效

（1）质量工艺精良，得到专家好评。

通过精心策划、周密组织落实，实现了建筑主体结构清水混凝土内实外光，建筑外观赏心悦目、内部装饰装修简洁大方。

锅炉受热面焊接一次检验合格率达到99.75%；热力管道洁净化施工达到试运期间各级滤网无堵塞；汽水系统高动量吹扫指标优异；系统保温整齐划一，工艺美观实用；电控系统可靠运行，施工工艺达标。

设备选型好、安装质量高、洁净化施工彻底，使调试非常顺利，实现了两台机组DCS带电、厂用带电、锅炉水压、锅炉酸洗、汽机扣盖、锅炉点火、倒送电、汽机冲转、机组并网、168试运，十个一次成功。本项目内在质量及外观工艺均达到了争创国家优质工程金奖的条件，并在施工过程中形成了多个精品亮点项目，得到了电力质监中心站和中电建协专家的好评。

（2）组建和谐共建团队。

印尼爪哇公司策划的项目合署办公将各方参建人员组织在一起工作生活，共担本项目建设面临的潜在风险，克服本项目建设过程中的困难与挑战，加快了参建各方人员相互磨合，避免了短板效应，推动建设者结下深厚的友谊。共同学习新技术、新工艺，交流工程创优理念，增强了建设团队的使命感与责任感，保证了建设过程沟通便利和执行顺畅。

（3）超前策划，组织有序。

本项目全厂钢结构、中低压管道采取了国内工厂化加工，减少了材料进口环节，增加了国内产能的输出。本项目利用临海的天然条件提前策划修建了重件码头，确保了整装主变、发电机定子、汽机本体、锅炉顶梁等超重、超宽、超长大件可直接发运到现场卸船，减少了陆地运输及转运环节等，有效提高了工程安装进度。

（4）因地制宜、科学论证、大胆创新。

根据本项目建设面临的实际问题，印尼爪哇公司组织监理、施工、实验室等单位多方论证，突破了国内常规施工方法，因地制宜采取清水及大体积混凝土施工方案，在确保基础及结构安全质量的前提下，节约了工程造价，加快了施工进度。

（5）获得良好的赞誉。

在建设单位发起的质量工作评比活动中，本项目监理部李安正荣获"汽机基座混凝土浇筑质量对标评优——质量对标杰出贡献和先进个人奖"，姜玉国荣获"焊接对标评优——1号机组大口径焊口焊接工艺优良项目先进个人奖"，姜洪志荣获"焊接对标评优——2号受热面膜式管排变形控制工艺优良项目先进个人奖"，安兴福荣获"设备质量'保卫战'——仓储标兵奖"，唐恒荣获"设备质量'保卫战'——开箱'金钥匙'奖"。

在51个月的时间里，监理人员在现场监理过程中始终秉承"守法、诚信、公正、科学"执法准则，牢记"安全重于泰山、质量高于一切、进度就是效益"的现场管理宗旨，认真、细致做好四控制、二管理、一协调的监理工作。在建设单位领导下，在总包单位配合下，项目监理部严格执行高标准的安全质量管理要求，积极主动消除施工中遇到的阻碍，保证本工程各项指标均能满足设计及验评规程要求。

在公司总部、印尼爪哇公司的正确领导下，在各参加单位的共同支持协助下，经过中南监理项目部全体人员的共同努力，克服了新冠肺炎疫情的影响，实现了建设期"质量零事故、安全零事故、环境污染零事故"的监理目标，圆满完成了爪哇7号项目建设期各项监理工作。

第五章

生产准备及运营

助力共建命运共同体　国能托起爪哇明珠

第一节　爪哇运维公司筹建

习近平主席指出，要以"一带一路"建设为重点，坚持引进来和走出去并重，遵循共商共建共享原则，加强创新能力开放合作，形成陆海内外联动、东西双向互济的开放格局。

在新的时代背景下，中央企业"走出去"必须选对路径方向，踏准步点节奏，以时不我待、只争朝夕的使命担当，凝聚起建设具备全球竞争力的世界一流企业的磅礴力量。国家能源集团顺势而为，在遵照印尼法律法规的前提下，统筹全局，超前谋划，主动携手PLN坚决推进电厂生产运营本土化方略，确保爪哇电厂顺利由建设阶段转入生产阶段。

一、全面贯彻集团战略，有序组建运维公司

（一）爪哇运维公司筹备历程

2015年12月，中国神华中标爪哇7号项目。PLN公布的招标文件要求，项目运维承包商必须为印尼本土公司，且PLN下属子公司PJB还要持有30%~51%股份。

根据中国神华总裁办公会《研究国华电力分公司印尼爪哇7煤电项目投标等事宜》和国华电力公司《关于筹备印尼爪哇7煤电项目运维公司的通知》等文件的要求，2016年2月，由台山电厂与印尼PJB下属公司按照70%：30%出资比例共同组建爪哇7号项目运维公司，即爪哇运维公司。

2016年9月，爪哇运维公司完成在中国注册资料准备，并同步启动在印尼注册公司工作。10月26日，经印尼司法人权部批准，爪哇运维公司在雅加达正式成立。12月26日，爪哇运维公司顺利召开首次股东大会，股东方及董事会就公

司的战略实施、资源保障等事项进行交流，并初步确定公司的未来发展方向。

印尼爪哇运维公司筹备历程

- 2016年2月2日 公司筹备工作正式启动
- 2016年4月 公司组建模式初步形成
- 2016年5月27日 先后在北京、雅加达两次谈判，确定了股东协议
- 2016年5月30日 国华公司批准组建模式，并报神华审批
- 2016年7月12日 神华集团批准设立国华爪哇运维公司
- 2016年7月26日 第一位公司领导到位
- 2016年9月6日 公司注册所有国内资料准备完毕
- 2016年9月9日 在雅加达开始公司注册
- 2016年10月26日 公司注册成立
- 2016年12月26日 第一次股东大会在雅加达召开

（二）谋划国际化站位，确定公司战略目标

作为中国出口海外的第一台百万千瓦负荷超超临界火电机组，爪哇7号项目肩负着全面贯彻集团发展战略，充分展示中国电力风采的重任。为此，印尼爪哇运维公司确定了以下中长期战略目标。

公司战略目标：将爪哇7号项目运营成"印尼最优、世界一流"的燃煤发电示范电站；建立一套融合国华管理、符合印尼文化的电厂管控体系；培育一支高素质的国际化人才队伍。

生产准备期目标：贯彻落实"基建生产一体化"战略，深度参与基建过程管理，高质量完成生产准备工作，为高品质投产保驾护航。

生产运营期目标：负责爪哇7号项目生产运营，推广国华安全生产风险预控体系，落实安全生产主体责任，实现项目长期盈利。

（三）围绕运维实际，精心优化组织架构

在中国神华与PLN的合作框架下，基于国华电力多年的"基建生产一体化"经验及PLN的印尼本土化要求，经过对印尼当地具有代表性的电厂展开多轮深入调研，并根据调研结果积极协同国华电力人力资源部、生产技术部和爪哇7号项目公司，本着"安全第一、成本领先"的原则，对印尼爪哇运

维公司组织机构、岗位设置和定员等方面设计进行了反复讨论和优化，最终确定本公司组织架构与岗位定员。

经国华电力公司批准，爪哇运维公司生产期设行政人事部、经营财务部、安健环部、生产技术部、运行部、维护部六个部门（后改为综合管理部、采购部、安健环监察部、生产技术部、运行部、维护部），定员166人。此外，安健环部、生产技术部及所属员工，在本项目首台机组通过168试运后，从印尼爪哇公司转入爪哇运维公司。

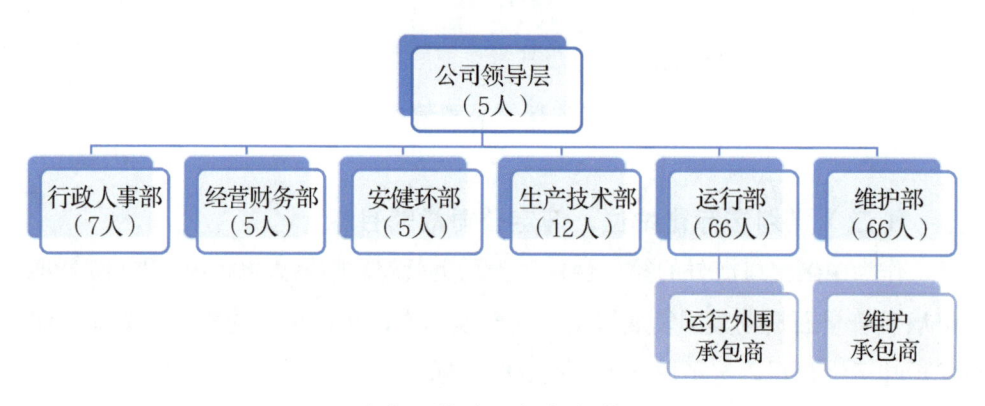

```
                        公司领导层
                         （5人）
    ┌─────┬─────┬─────┬─────┬─────┬─────┐
  行政人事部 经营财务部 安健环部 生产技术部 运行部   维护部
  （7人）   （5人）   （5人）  （12人）  （66人） （66人）
                                      │       │
                                   运行外围  维护
                                   承包商   承包商
```

爪哇运维公司组织架构

股东协议约定，爪哇运维公司应在项目首台机组实现商业运营（COD）后10年内，将除公司董事以外的所有中国员工全部替换为印尼员工。为实现这一目标，公司反复研究制定了中印尼员工替换总体规划。

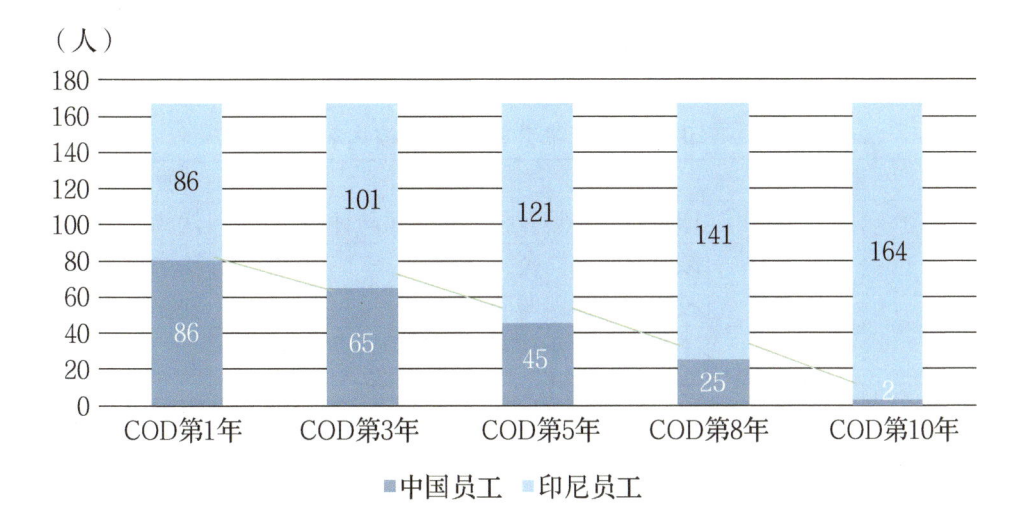

```
(人)
180
160
140
120  86        101       121       141       164
100
 80
 60   86
 40        65
 20             45
                     25         2
  0
    COD第1年  COD第3年  COD第5年  COD第8年  COD第10年
         ■中国员工    ■印尼员工
```

COD后10年内中印尼员工替换规划

二、精心组织生产准备，打造高素质运维团队

国有企业深入实施创新驱动发展战略，主动服务国家战略需要，在推动经济社会发展、抗击新冠肺炎疫情、保障和改善民生、推动共建"一带一路"、服务北京冬奥会等方面发挥了不可替代的重要作用。

为响应国家"一带一路"倡议，让中国清洁煤电走出国门，项目公司不仅将先进的百万千瓦级机组发电技术输出到印尼，还将国家能源集团"精准管理，务实高效，稳中求进，创新发展"的先进管理理念一并引入印尼，实现从电厂从建设到生产的全流程、全覆盖。

印尼爪哇运维公司将本项目战略目标与印尼当地文化、法律法规等相融合，进而确立了"提供安全、可靠及高效的清洁能源，建立具有中印尼特色的国际一流超超临界燃煤发电站并以先进的生产管理理念使电站长期盈利"的公司使命。

公司紧密围绕从输出人力转向输出技术、输出管理，逐步实现员工本地化的总体战略，在风险预控、人员招聘、培训管理、文化融合、制度体系建设、设备质量管控等方面多管齐下，深入开展生产准备工作。

（一）印尼爪哇运维公司风险预控

印尼爪哇运维公司风险预控内容

章节		内容	责任部门
综述		印尼投资环境及投资总体风险评估	法律事务部
分述	第一节	政治风险与防范	法律事务部
	第二节	投资法律风险与防范	法律事务部
	第三节	工程建设及承包商管理风险与防范（进一步细化包括安全、质量、进度、投资、设计、采购等）	基建项目部/工程建设部
	第四节	项目用地风险与防范	经营管理部
	第五节	公司治理风险与防范	法律事务部
	第六节	PPA履约风险与防范	经营管理部
	第七节	煤炭采购风险与防范	经营管理部
	第八节	运行维护及承包商管理风险与防范	生产技术部
	第九节	电力市场及经营风险与防范	经营管理部
	第十节	环境保护风险与防范	节能环保部
	第十一节	外汇风险与防范	财务产权部
	第十二节	税务及融资风险与防范	财务产权部
	第十三节	劳工风险与防范	人力资源部
	第十四节	司法救济风险与防范	法律事务部
	第十五节	其他风险与防范（知识产权、信息披露、关联交易、民族主义等）	法律事务部
总结		结论	法律事务部

（二）多管齐下，圆满完成定员招聘

长期以来，印尼爪哇运维公司聚焦打造国际化队伍，在员工招聘方面一直秉承高标准、高要求、宁缺毋滥的原则，挑选了一批懂技术、语言好、潜力高、有活力的员工，为爪哇7项目运营组建了高质量人才梯队。

按照PPA合同规定，电厂运营5年后印尼本土员工比例要达到80%，10年后除公司董事外要达到100%，公司招聘在满足项目运营技术、语言等要求的基础上，致力于吸纳当地青年技术力量。此举重在着眼未来，旨在为爪哇7

号项目员工本土化目标的实现奠定基础。

在集团公司国内派出员工的招聘方面，采取笔试与主管领导及用人部门经理面试综合评比的方式选贤任能，主要确保派出员工的技术水平符合本项目各项要求。针对缺少关键岗位员工问题，公司千方百计广纳贤才。在国华派出员工招聘方面，采取全员参与招聘宣传和人才推荐、国华与神华系统内招聘，特别是由时任爪哇运维公司董事长李立峰带队逐一联系定州、宁海、北海、永州、清远、呼伦贝尔、锦界等一系列国华系统内电厂，通过消除意向员工顾虑，并与国华台山电厂充分沟通，认真落实国华对派出员工支持政策等多种方式吸收人才。

在印尼员工招聘方面，一是通过印尼当地招聘机构宣传并吸引应届大学生报名，并从语言、基础知识、心理测试等方面进行初选，再由公司主管领导带队的招聘小组进行面试，充分确保新员工的水平；二是走访多所有印尼留学生的国内高校，包括广州外国语大学、暨南大学、浙江工业大学、西交利物浦大学、宁波大学、华南理工大学等，积极拓宽选人渠道；三是积极协调印尼PJB公司派出富有当地电厂生产运营经验的员工；四是鼓励已到位印尼员工进行内推。通过多管齐下的方式，印尼爪哇运维公司保质保量完成了本地员工招聘。

（三）锐意进取，突破语言障碍

作为海外建设与运营的国际化项目，本项目采用英语作为官方工作语言，同时积极推动印尼员工学习汉语。为此，在生产准备初期阶段，重点开展了语言强化培训。在此过程中突出"严""考"两个关键，"严"就是坚持每月评价，统一标准、一视同仁、不讲情面；"考"落实到培训就是坚持"每周一小考，每月一大考，阶段一测评"，坚持全员参加考试，没有例外、没有特殊、没有通融，并将语言考核结果纳入月度绩效评价。通过采取"严"和"考"相结合的形式，本项目员工语言交流能力实现了突破。

公司提前谋划、周密部署，科学安排培训计划，加强培训过程动态管控，强化落实生产准备培训工作，制定了《运维公司培训实施方案》，对培训全过程进行指导管控并组织召开中印尼员工语言培训启动会、月度总结会、培训成果展示会，组织了多批次语言达标综合考试，确立了语言考核达标后方可进入下阶段培训，不合格不得进入下阶段上岗考试的严格标准。

印尼爪哇公司组织第一期印尼语培训

为保证工作中的顺畅交流，公司的制度、汇报材料、会议纪要等均以中英双语版本呈现；通过外聘专业语言培训机构，组织语言强化班，中国和印尼员工分别接受英语和中文培训；两国学员开展"结对子"互助，强化双语的听、说、读、写能力，使教与学相长、知与行合一。通过采取综合举措，公司实现了在较短时间内，使培训学员语言水平得到明显提升的目标，为项目顺利推进提供了有力保障。

在培训管理方面，公司专门制定培训班管理制度，创新性地采取"助教"制度，由公司管理岗位人员轮流担任课堂"助教"，对学员日常表现进行观察记录，形成日常评价成绩。

此外，为进一步加强语言学习，公司专门定制了"金丝桥"语言培训

App。"金丝桥"App结合电力生产各专业基础常用词汇，融中文、英文、印尼语于一体，极大方便了项目员工利用碎片时间进行学习。同时，该App能够实现移动端在线学习与考核，有利于强化和检验员工的语言培训效果，提升学习效率。

爪哇运维公司对生产准备人员进行现场培训

（四）虚实结合，保障员工技术水平

在技术培训方面，公司以实效为导向多措并举，外请上海电力学院专家进行各专业全英文授课，课程涵盖汽机、锅炉、电气、热控、化学等多领域的电厂专业知识，全面丰富和加强了员工的理论基础。

公司还多次组织深入开展逻辑组态培训、DCS厂家培训、仿真机培训、现场模型参观等，让员工兼顾吸收专业技术知识和加强对相关设备等的实践体验。据不完全统计，公司累计组织参与逾27家设备厂家现场技术培训及模型参观，有效提高了员工技能水平。

在班组实习方面，公司与台山电厂深度合作，从组织机制、人才选拔、实习培训、技术支持、岗位轮换5个方面，充分利用台山电厂培训基地优势，纳入一大批国华优秀技术及管理人才，并安排通过语言培训的印尼员工在台山电厂现场实习。通过开启"全镜像模拟值班"，严格执行正常的生产管理标准，用全英文的三票三制镜像模拟执行对应台山电厂班组的一切生产活动，并实施动态管理。通过全面系统的培训，使相关员工在充分学习生产运营技术的同时，也吸收了先进成熟的国华生产管理经验，为其日后走上工作岗位积累了宝贵的实践经验。

一直以来，公司高度重视打造严格的安全生产工作标准。坚持认真把控培训结果质量，以达到上岗标准为大纲，在细节上要求各班组实习及参与厂家培训的员工，每天发布日志，总结并反馈当天的培训结果，同时开展动态抽查并形成反馈现场情况的报告。对技术培训同样采取定期测评，启动专项绩效，坚持每周小测、每月考评，成绩在每月绩效评价中兑现，以考促学，全面确保培训效果落到实处。

（五）立柱架梁，推动中印尼文化融合

面对中印尼文化习俗差异，公司编制了两国工作生活指南，在员工入厂培训中进行专题讲解，对中国员工强调要了解印尼当地宗教习俗及风土人情，帮助印尼员工了解中华传统文化及中国国情。为此，项目公司制定了《促进中印尼文化融合主题活动策划书》，旨在全面指导文化融合工作开展。

公司倡导"尊重、宽容"理念，全方位贯彻落实两国员工对彼此文化习俗的尊重，多次组织中国中秋节、春节、元宵节及印尼开斋节、宰牲节等传统文化节日庆祝活动，为鼓励员工以乐观心态处事，以沟通化解误会，齐心协作共建和谐团队搭建了良好的交流平台，使两国员工加深了对彼此的文化认同，弥合了文化习俗差异，增进了友好情感。

公司提倡"协作、激情、尊重、担当"的企业文化，在紧张的培训和工作之余，组织"春季运动会""中英文演讲比赛"等大型活动，鼓励员工积极参与上级公司组织的羽毛球赛。同时，公司各部门、各班组还不定期组织登山、足球、篮球、羽毛球等活动，取得了缓解工作压力、增强彼此协作、融合团队配合等良好效果，陶冶了员工情操，有效增进了中印尼员工友谊。

持续推动中印尼文化融合

（六）整体设计，合理开展制度建设

为实现公司管理规范化、体系化目标，确保各项规章制度对业务运行产生有力支撑，对生产经营和管理活动发挥有效约束，各项制度层级、边界清晰，相互协调，有机统一，公司制定了详细的制度清单并按计划发布和施行。

公司以《国华电力管控体系》为基础，结合印尼法规、行规标准，按照简单、清晰、实用的原则，高规格完成"管理标准""岗位标准""技术标准"建设；通过"制度流程化"和"流程表单化"实现"强化表单管理"和"弱化经验依赖"，进而实现规避人员技术力量不足风险。

爪哇运维公司深入贯彻落实国家能源集团电力安全生产方针理念，秉承"以人为本，生命至上；风险预控，守土有责；文化引领，主动安全"的生产方针，各班组均安排有经验的中国员工及精通双语人员，传授技术知识、分享管理理念，使员工形成责任意识、安全意识，全力推进落实岗位责任制。此外，公司还注重加强绩效管理，创新开展月度绩效评价，充分调动部门、班组、员工积极性，从制度体系建设、人员培训、团队协作、内部运营等维度全面强化理念宣贯，通过月度公平公正的绩效评价和奖金兑现，促进了全体员工良性竞争。

基于体系制度本地化、标准化、表单化要求，公司在生产准备阶段发布37个双语生产制度并在生产工作中严格执行。在技术标准方面，公司在生产准备阶段编制发布运行规程、系统图、检修规程，卡、包、票等技术标准，并结合生产基建一体化进度不断进行优化；针对表单化要求，公司坚持生产管理制度化、流程化、表单化管理，完善巡检表单；坚持加强双语要求，集控相关制度、标准、表单以中英双语版发布，外围相关制度、标准、表单执行中印尼双语版。

第二节　项目公司运行特色及亮点

1. 高标准做好生产运营队伍顶层设计，实施精简高效人员配置

爪哇7号项目以"国际化定位，本土化战略"为指导思想，统筹考虑集团海外项目长远发展和项目逐步移交本地的投标要求，参考国内1000MW等级火电机组单位用工水平，结合爪哇7号项目中印尼合作的实际，确定了166人的运维人员定员方案。在人员招聘过程中，兼顾人员技术能力、外语能力和年轻化三者平衡，招揽了一大批优秀人才加入本项目。

2. 全方位、系统化、创新方式开展生产准备人员培训

爪哇7号项目紧密围绕国际化定位和中、印员工特点，编制了《生产准备人员培训实施方案》，将培训划分四个阶段系统开展。第一阶段入厂教育阶段，主要进行企业文化、行为规范、管理制度、安全意识、素质拓展教育，提升人员对企业的归属感和凝聚力；第二阶段语言、理论集训阶段，主要开展中国员工英语强化训练，印尼员工汉语入门培训，同时对双方员工用英语开展电厂专业理论集训，奠定语言和技术理论基础；第三阶段分专业实习阶段，主要开展台山电厂实习基地现场跟班组"镜像模拟值班"实习和设备厂家学习、参与基建锻炼等，实现理论向工作实际的过渡；第四阶段考评定岗阶段，主要开展人员岗前集训，根据实习结果综合考评为生产准备人员定岗，从而为员工深度参与机组调试做好准备。

3. 统筹谋划，强化生产准备体系有效运作

爪哇7号项目按照生产准备大纲要求，组织骨干人员认真开展"岗位标准""制度标准"和"技术标准"三大标准体系建设，为生产体系规范运作奠定基础。同时，为统筹指挥生产准备工作，结合本项目工程节点，详细编制了生产准备网络图，明确了涵盖人员招聘、培训、参与基建等的13条生产准备工作主线，并制定相应节点计划。在生产准备期间，每年以1号文形式谋划当年生产准备任务，并做好分解落实，滚动推进。还充分调研，认真策划了生产承包商招标，确保辅助生产人员及时到位，有效策应生产准备和机组调试工作。

4. 深度参与基建，落实项目建设基建生产一体化方针

爪哇7号项目专门编制了《生产参与基建工作指导方案》，强调全过程深度参与基建的工作原则，明确参与形式和要求，建立规范参与基建台账，并制定责任追溯管理办法，落实深度参与基建的质量责任追溯机制。在方案指导下，生产准备人员围绕施工图审核、设备监造及验收、基建招标技术评标、技术协议谈判、技术调研等多方面多角度深入参与基建工作；参与招标书、图纸、设备清册等审核逾100本册、超300万字，提出意见200条以上；参与设备技术协议谈判10余次，从生产角度对技术协议提出优化建议。公司领导亲自带队，出席了DCS设计启动会、3次联络会，并开展了3次APS/FCB专题讨论活动。热控人员全程驻厂参与逻辑组态，把好逻辑控制质量关。派员参加设备监造及验收工作22次，全程参加了重要设备H点验收，对11项监造问题安排专人持续跟踪，确保处理闭环。

5. 提前策划，做好生产备品备件准备

针对海外项目的特殊性，爪哇基建体系和生产体系相互配合，提前策划落实维护备品备件储备。基建体系在设备采购合同中，以制造厂家推荐的备件清单为基础，将大部分设计寿命期少于三年的零部件、制造工艺复杂、制造周期长的重要备件包括在生产期备件清单中。生产人员为进一步优化备件项目和数量，专门召开了数次讨论会议，从执行集团有关备件储备标准、满足项目设计利用小时要求、备件采购周期、基建期备件价格优势、对标同品牌/同型号设备电厂储备定额优化经验和落实爪哇7号项目负面清单防范措施等六个角度进行优化。重点针对三大主机、一辅至五辅的生产期备件配置清单进行了编制，确保备件储备科学合理，符合印尼当地特点。

6. 发挥科技引领作用，着力做好科技项目攻关

爪哇7号项目充分认识到先进、可靠的技术保障的重要意义，认真研判项目生产管理和生产技术上需要攻克的重点和难点，有针对性地制定了30个技术攻关课题，并明确攻关实施组织机构和人员责任分工，建立任务定期盘点机制，推进各个课题扎实开展。总工程师每月与各课题负责人沟通了解课题进展，亲自组织其中全激励式仿真机、锅炉无炉水泵启动、褐煤燃烧等一些重点课题，亲自参与技术路线设计、方案措施拟定及调试实施等各个环节。通过扎实开展，30项技术攻关课题均取得重要突破。其中全激励式仿真机在机组调试期及投产后发挥了重要的实操培训和逻辑验证平台作用，该套仿真机系统还在印尼大学仿真实验室成功组建，成为印尼高等教育和电力行业重要教学研究平台。无炉水泵和褐煤燃烧课题研究项目，采取一系列新技术、新方法，使本项目机组成为电力行业首次实现无邻机供辅汽情况下锅炉无炉水泵安全启动成功案例，同时也成为世界最大单机容量电站锅炉成功采用纯褐煤燃烧的机组。

7. 以爪哇7号项目"负面清单"为抓手，夯实工程建设质量

本项目组织专业技术人员全方位梳理国内百万千瓦级火电机组的相关案例，从机组设计、设备选型及制造、安装、调试及运行等角度整理负面案例1586项，形成负面清单进行全程管控，避免同类型问题再次出现，使项目工程高标准投产，且投产后机组年度等效可用系数达到98%以上，取得印尼第

一、世界领先的运营业绩，受到PLN高度赞扬。

第三节　生产基建一体化

一、明确职责，确保运作顺畅

早在2017年1月16日，爪哇7号项目就组织召开了生产准备工作会议。会议以OM（运维）合同为基础，明确了本项目生产准备总体思路，即：爪哇7号项目要深入贯彻国华电力基建生产一体化原则，在生产准备期，基建生产一体化工作由项目公司牵头，运维公司负责执行实施。广东台电公司作为运维公司的大股东，负责为本项目输送和培训生产运维人员，培训对象为运维公司中印尼员工。广东台电公司以二期1000MW机组生产现场为基地，为爪哇7号项目成建制培训至少4个能独立当班的运行值和相当数量能承担1000MW机组日常维护和C修的检修维护人员。项目辅控外委业务由项目公司负责招标，运维公司负责日常监督管理考核。2018年下半年，爪哇运维公司安排生产准备人员提前进场，参与设备安装、验收和机组试运，在生产准备委员会的统筹管理下，负责编制规程、系统图，组织热工逻辑审查等生产准备相关工作。

会上项目公司和运维公司还共同发文成立了神华国华（印尼）爪哇7号2×1050MW燃煤发电工程生产准备委员会，设立了生产准备管理委员会、生产准备工作委员会和生产准备办公室等组织机构，并明确了运维公司及各机构职责分工。

运维公司生产准备期职责定位：是生产准备的责任主体，负责生产准备的策划和组织实施；是"基建生产一体化"的重要组成部分，深度参与基建，为机组高品质投产保驾护航。

运维公司生产运营期职责定位：是安全生产责任主体和成本控制中心，负责贯彻执行国华电力发电本质安全管理体系，负责生产承包商管理，对年度安全生产、可靠性、经济性负责。

印尼爪哇运维公司坚持以设备管理为核心，以工程建设节点为主线，与项目公司携手共进、荣辱与共，全方位深化"基建生产一体化"。公司以实际行动贯彻新发展理念，推动电厂实现高质量发展，以高标准完成厂用电受电、DCS逻辑静态调试和APS/FCB静态验收两项重要节点工作，为本项目由生产准备过渡到生产运营阶段打好坚实基础。

公司深入贯彻落实"基建生产一体化"指导思想，先后编制了《生产参与基建工作指导方案》《生产准备节点图》等，明确了"以设备管理为核心"的全过程深度参与基建工作原则；明确了参与形式和标准，建立了管理台账；树立了"我是设备主人"的主人翁意识，统一思想，压实责任，自源头建立"谁主管，谁负责"的责任追溯机制。通过采取各项综合举措，公司实现了对生产进度的整体把控，获得了以节点管控进度的良好管理效果，有力推进各项生产任务有条不紊、保质保量逐一完成。

二、深度参与，确定生产承包商技术指标

在践行"基建生产一体化"的过程中，爪哇运维公司充分认识、高度重视生产承包商招标特点。一是合同期限长，由于本项目位于海外，承包商轮换困难，需要保证相对稳定的承包商队伍。二是人员构成特殊，印尼政策规定，承包商队伍要有一半以上的本地用工，对承包商运营资质要求较高。三是语言、技能问题突出，公司员工由两国人员构成，必须重视语言问题，招标必须严格控制人员资质。四是运营环境差异，必须提前充分考虑印尼项目所处环境，高度重视海外承包商管控问题，防止突发状况对生产造成影响。因此，公司需要充分考虑生产承包商招标环节的各项风险，制定详细的边界条件。

基于上述特点，公司确定了生产承包商的基本管理模式。由印尼爪哇运

维公司负责技术规范制定，爪哇发电公司负责招标工作。合同期内，由爪哇运维公司负责生产承包商管理，并制定相应考核办法，由爪哇发电公司负责考核兑现。为确保招标质量，爪哇运维公司按照以下几点开展工作：一是充分调研，组织人员调研了浙江华业、安徽强华、广东拓奇等国内较有实力的生产承包商，并到相应电厂实地调研了承包商运营情况；二是认真策划，编制了《爪哇7号项目生产承包商标段划分方案》，统筹考虑、认真研究，选择确定最优标段划分模式；三是爪哇运维公司基于国家能源集团生产承包商相关管理制度组织编写了主机维护标段和燃料及辅助生产标段的招标技术规范书，并充分借用各方人员力量，对规范书进行反复推敲修改等。运维公司通过深度参与生产承包商招标全过程，确定了生产承包商技术指标，为后续工作的开展提供了有力指引，确保相关工作顺利完成。

三、周密谋划，确保资源及时到位

在人力资源方面，爪哇运维公司生产人员全部招聘配置到位后，提前进驻爪哇7号项目现场。同时，本着扁平化和集约化原则，公司对电气二次专业及热控专业进行定岗定编调整，既减少了多头管理，避免了管理重叠，又打通了员工晋升通道。

在承包商管理方面，按照承包商提前进场的整体方略部署，于2019年6月完成生产标段中方人员到位，启动班组化运作，并全面参与工程跟踪验收，确保工程质量。相比国内其他火电项目，生产承包商提前一年即进驻现场，并与爪哇运维公司一道开展生产准备、设备调试、质量验收等工作，有力地支援了本项目生产体系建设。

在生产资源配置方面，公司完善了生产期备件清单，完成生产物资盘点、生产工具配置，并多次组织仿真机现场培训，针对本项目一体化管理原则优化采购模式，并配合工期开展生产备件采购。

在备品备件方面，针对印尼物资供应困难及本项目是印尼首个百万千瓦级机组电厂的特殊性，公司就提升物资储备命中率组织了多次专题会议。公司充分调研和借鉴台山、宁海、徐州等成熟百万千瓦级机组电厂的物资储备经验，经历了各专业拟订和内审等流程，经过部门汇总与跨专业"除重"，并与爪哇发电公司讨论审核后邀请国华系统各专业专家审核、把关，最终经国华电力公司生产技术部组织审查和通过，形成了较为全面合理的备品备件储备定额。

四、重点攻关，保障技术硬实力

为实现"高水平投产，高品质发电"，公司策划成立了"高品质发电"组织机构，并结合爪哇7号项目特点确立了APS、FCB、大机小网、无炉水泵启动、褐煤燃烧安全等30个技术攻关项目，制定20条组织措施、51条技术措施，努力提升机组的安全性和经济性。

各项目专业负责人通过外出调研、专家咨询、讨论分析、研究论证等工作深入开展技术攻关。公司完成安全燃用褐煤、空预器防堵等研究，并落实到运行规程、技术措施；取得如无炉水循环泵安全启停研究、仿真机创精品研究、SAP深化应用、人员培训信息化等专项阶段性成果，有力保障机组调试和生产准备工作开展；攻克如APS、FCB、大机小网等项目关键性问题，取得良好应用效果；深度参与评估及研究，与厂家、设计、参建等各方协商，多措并举解决技术问题。

其中，最为典型的技术攻关包括褐煤安全存储及燃烧和无炉水循环泵启动等。褐煤安全存储及燃烧技术攻关，一是确保防磨、防爆、防自燃措施落实到位，通过召开印尼褐煤安全存储及燃用专题会议，制定制粉系统、锅炉防磨防爆，燃煤安全存储措施，运行过程中严格实行；二是进行不同负荷锅炉燃烧调整试验，避免锅炉结焦、沾污、积灰，确保锅炉安全运行，稳步推进煤质掺烧试验，目前锅炉可以安全燃用BKL，BIB、IC煤；三是磨煤机最大出力试验，优化磨煤机运行参数及机组上煤方式，最大出力达到108t/h，满足6台磨煤机满负荷要求；四是消除磨煤机出口粉管堵缺陷，优化磨煤机出口温度等参数、粉管加装保温，彻底消除隐患，确保机组安全稳定运行。

关于无炉水循环泵启动技术攻关，公司牵头研究锅炉无炉水循环泵启动的安全性、可靠性、经济性问题，核算机组冷态、温态、热态启动方式的工质平衡、能量平衡及机炉参数匹配，制定无炉水泵启动措施，固化启动方式及运行边界参数，确保锅炉参数稳定受控，水动力工况满足安全运行。

五、立说立行，落实参与基建

爪哇运维公司全面参与项目文件审核、评标、技术谈判、调研、监造验收等多项基建工作，以立说立行的作风，坚决落实参与基建和运维等各流程工作。公司积极参与招标书、图纸、设备清册等审核工作，累计审阅逾100本册文件，超360万字，提出意见200条以上；参与DCS、四大管道、热控阀门等各项设备评标30余次；参与设备技术协议谈判20余次，从生产角度对技术协议提出优化建议并把关；与项目公司或独立组织技术调研20次以上，收集大量有益经验，在监造验收方面，派员参加设备监造及验收工作80余次，全程参加了重要设备H点验收，对80余项监造问题安排专人持续跟踪，确保处理闭环。

爪哇运维公司还严控负面清单，协助消除基建隐患。爪哇运维公司积极协同爪哇发电公司建立了"负面清单管控机制"，收集、提出问题46项；认真参加各专业组针对问题的原因分析和涵盖设计、制造、施工、调试、运维等各阶段的防范措施制定；确定了措施落实责任人、建立了责任追溯机制，努力确保"三不发生"。

为实现"高水平投产，高品质发电"，爪哇运维公司按照《强化生产准备管理重点要求》，与爪哇发电公司共同策划成立了"高品质发电"活动组织机构，制定了20条组织措施和51条技术措施，为推动基建向前发展做出应有贡献。

爪哇运维公司注重技术攻关，为提升机组的安全性、可靠性和经济性，牵头成立了DCS、APS、FCB项目工作组织机构，制定了具体组织实施方案，认真协同DCS厂家开展技术攻关工作，建立了每日快讯、每周盘点、每月专题汇报机制，促进了相关工作高效优质开展。

六、严格落实，生产体系试运行

爪哇运维公司建立设备质量跟踪台账，参与设备验收，提出工程联系单208张，设计优化建议356条，于2019年年初化学小膜制水时开始24小时倒班，四值三倒模式已实现规范、固化，运转良好；全面开展清单封闭盘点，共闭环1121条，进行两次25项反事故措施核查，整改问题35项；先后组织APS、FCB逻辑讨论会4次，组织开展47项专项质量核查。

大力推动生产体系、标准及制度建设，完成生产制度双语本地化编制，"三票三制"等执行作业制度试行"表单化"，发布运行规程、系统图、检修规程、卡、包、票等技术标准，发布了试运版继保及热控逻辑定值清册。在调试期机组停运消缺期间，自行组织消缺500余条，办理120张工作票；主导生产标段承包商提前入场，验证生产准备情况，参与油站防渗漏、输煤系统防扬尘、保温核查和电缆封堵等专项治理，推动生产体系试运；按照受电即代保管原则，在代保管区域严格执行生产运行管理，推动"三票三制"，从整套启动开始严格要求现场作业运行许可。

同时，爪哇运维公司还与印尼电网调度部门建立并维护良好的沟通协调关系，及时准确地执行调度命令，营造了和谐的厂网交流氛围，为爪哇7号项目安全、稳定、经济运行创造有利的外部条件。

在项目1号机投产后，以借鉴1号机组问题、25项反事故措施、负面清单等为手段继续把好2号机组基建质量关，着重关注安装质量与调试质量。

在安装质量方面，爪哇运维公司成立安装、质量管控小组，部分生产人员到工程部参加基建工作，全程参与安装、跟踪、见证；在调试质量方面，成立调试质量管控小组，运行人员与调试单位深度融合，做好调试原始资料记录，校验技术标准，磨合生产队伍。

七、真抓实干，消除缺陷保投产

印尼爪哇运维公司深入贯彻落实国家能源集团风险预控管理体系的落地，真抓实干排隐患、查系统、控风险，消除缺陷保障项目顺利投产。

公司全面组织开展设备隐患排查，建立隐患台账，按期闭环，严格管控。重点对燃料方面的卸煤线、主机法兰螺栓、接线紧固、小管道振动、管道焊接、轴承及密封件、起重消防开展盘点，分系统逐步消除存在的问题，不能消除的列入隐患进行管控。

公司积极进行风险预控，依据国内百万千瓦级机组负面清单及设备系统故障模式，辨识出1号机组及公用系统共14个区域系统的100多个风险点，并相应进行重点管控，多次提前发现汽泵振动大、电机振动大等缺陷。落实巡检责任，定期进行专项巡检，确保风险点得到有效管控。

按照机组系统分专业落实责任，建立系统分析台账，主要对机组关键系统、关键参数定期分析，提前发现隐患。

在消缺查漏方面，公司重点解决了1号机组轴瓦振动缺陷，并进行燃料系统综合治理，为项目稳健投产保驾护航。

项目1号机组于2019年8月31日首次启动，9月6日首次并网。机组运行期间机组5瓦、6瓦振动较大，为消除缺陷，公司利用机组检修机会，进行翻瓦检查、垫铁研磨、瓦枕紧固、中心调整等工作；开展发电机底载试验并进行垫片调整，使载荷集中到端部，增加端部刚度；在上海组织振动专题会解决问题。经过采取相关措施，机组在升速及惰走过程振动均正常。1号汽轮机振动大问题已彻底得到治理，机组运行情况良好，达到预期效果。

对于燃料系统投运初期缺陷，印尼爪哇运维公司采取三阶段循序渐进的工作思路，逐步完成综合治理。第一阶段，2019年10月，成立输煤系统设备综合治理小组，根据现场实际情况制定《燃料系统设备撒煤漏粉治理方案》及20项措施，取得初步效果。第二阶段，2020年1月，公司开展输煤系统设备缺陷、安全隐患、文明卫生专项治理活动，列出81项问题并逐一整改，制定分阶段的"输煤系统治理滚动计划",使燃料系统完全满足两台机组满负荷上卸煤需求。第三阶段,2020年2月,国华生技部、研究院、国华技术支持组、爪哇燃料相关专业人员召开爪哇电厂输煤系统综合治理视频会,对输煤系统从安全隐患、设备调试、设备设计优化、系统优化、施工尾工、专项治理粉尘等方面提出要求。

第四节　生产运营挑大梁

一、生产期亮点

爪哇7号项目投产以来,爪哇运维公司克服新冠肺炎疫情等因素带来的人力资源不足、备品备件到货延迟等影响,全力确保机组长周期稳定运行。全体生产人员舍得辛苦,深入现场,坚持第一时间发现缺陷异常,第一时间辨识风险隐患,第一时间控制事件发展的三个"第一时间"处置原则,不断夯实安全基础,从"岗位定期工作"和"设备定期工作"两个维度推动责任落实和任务分解,精简管理流程,持续提升生产标准化、规范化管理水平,确保了安全生产态势总体平稳。

在全体人员共同努力下,投产以来爪哇运维公司未发生人身伤害、火险及环保等不安全事件,未发生一般及以上设备事故及重大设备损坏事件。2020年1号机组实现投产后连续稳定运行302天,创集团百万千瓦等级新投产机组连续运行最长纪录。2021年年初,印尼爪哇公司克服新冠肺炎疫情带来的困难,通过周密策划和精细组织,圆满完成1号机组首次扩大性C修,成功处理1号机组汽轮机5瓦、6瓦振动大等影响机组安全运行的重要隐患,同时治理消除各专业缺陷220项,为修后机组长周期稳定运行提供了坚实保障。2021年7月8日,爪哇两台机组取得PLN公司COD认证,全厂正式转入PPA合同生产期。2021年当年实现发电量120.3亿千瓦时，负荷率86.54%，供电煤耗289.7g/kW·h，等效可用系数98.92%。2021年11月15日，爪哇7号项目荣获亚洲电力奖大赛评委会颁发的"2021年度煤电项目金奖"和"2021年度快发能源项目金奖"两项大奖。

截至2022年7月15日，印尼爪哇公司完成发电量66.4亿千瓦时，供电煤耗290.59g/kW·h，综合厂用电率5.08%。自首台机组投产以来，1号机组已累计安全运行逾700天，2号机累计安全运行逾600天，全厂累计发电量突破268亿千瓦时。

（一）2021年印尼爪哇公司机组运行情况

1. 可靠性

2021年等效可用系数完成98.92%，机组主设备及各主要辅机状态性能良好，投产以来锅炉未发生一起"四管泄漏"问题，六大风机投产以来未发生跳闸或限出力事件，热控及继保设备运行可靠，未发生设备质量导致的误动、拒动等异常。印尼电网2021年统计资料标明，爪哇电厂可靠性位居"爪哇—巴厘—马都拉"电网全网第一。

2. 经济性

2021年度，爪哇电厂2×1050MW机组供电煤耗289.7g/kW·h，完成年度290g/kW·h目标值。爪哇电厂两台机组综合厂用电率完成年度目标值5%（机组设计值5.05%）。2021年度，爪哇电厂两台机组单位发电水耗完成0.07kg/kW·h，低于年度目标值0.1kg/kW·h，且优于设计值0.08kg/kW·h。

3. 环保指标

印尼标准要求二氧化硫≤550mg/Nm^3，氮氧化物≤550mg/Nm^3，粉尘≤100mg/Nm^3。2022年，爪哇电厂三项指标累计排放均值分别为二氧化硫57.61mg/Nm^3，氮氧化物207.08mg/Nm^3，粉尘排放浓度26.2mg/Nm^3，均能较好地满足印尼政府排放标准。此外，在机组设计上，预留了扩建脱硝场地，将来若印尼收紧排放限值，电厂可及时跟进环保要求进行加装改造。

（二）印尼爪哇公司生产管理的思路和策略

印尼爪哇公司总体思路是，围绕机组长周期稳定运行和防非停目标，筑牢安全生产基础，完善生产制度体系，按照简洁、实用、高效原则推动管理制度流程化、表单化；将各项工作按照"岗位定期工作"和"设备定期工作"两个维度进行分解，以国标行标、技术监督、反事故措施及说明书为依据制定任务标准表单，并以任务表单为载体，驱动各项生产工作的执行和风险管控，形成"流程管，表单抓"的生产体系运作局面；充分利用公司各专业中方骨干和电科院、电力工程公司等内外部技术力量，强化专业管理、技术监督管理和人员技能培训，重点做好印尼员工技能提升工作，为人员本地化奠定基础。

1. 风险评估和安全管理前移

一是每日下午公司生产领导组织对次日工作计划进行全业务范围、全作业过程的危险源辨识和风险评估，保证每天"正常工作按计划、临时工作先评估"。二是落实管理人员生产区域包片和定期检查机制，每天上下午按照工作计划高、中、低风险分级，分别由公司级、部门级、班组级管理人员对作业现场开展两次检查指导，协调解决安全生产问题。

2. 规范运行管理

运行部门结合机组实际运行情况和印尼本地特征，持续规范提升运行管理。一是总结历次启停机和事故处理，形成了一套机组停运、保养、启动试运及试验的标准化程序，对评估出的174项操作风险进行分级管控，将风险控制关键点全部落实到运行操作票中，形成可完全打钩执行的双语标准操作票686张，确保运行操作安全性和规范性。二是从生产人员本地化率已达到70%以上的现状出发，固本强基，针对巡检和值班操作员两个基础岗位，按照"分区分块"模式开展技能培训，确保基本操作及基础工作的安全。针对值长及主值两个核心岗位，由专业主管人员编制主机及重要辅机故障应急处置操作卡32张，依托仿真机平台有的放矢地开展事故应急处置演练培训，针对突发设备故障及外网故障导致全厂失电事故，值班员能够正确应急处置，保障机组主辅设备安全。三是总结运行经验，持续完善DCS工艺报警，优化机组控制逻辑及保护报警功能，降低对人的技能水平依赖，建立满足全系统、最大化运行工况需求的自动控制逻辑及保护和分区分级的光字报警系统，使运行人员能够第一时间发现设备及参数异常，第一时间采取有效措施控制，避免非停非降及设备损坏事件发生。

3. 夯实设备管理基础

一是抓关键设备，专题分析、专项治理，以零非停、零障碍为目标推动管理提升，制定实现防磨防爆零非停、电气零非停、热控零非停、重要辅机零二障等表单化措施；对故障率高的制粉系统、输煤系统、给水系统从设计选型、设备结构、日常运维进行分析治理，提升辅机可靠性。二是强化专业组运作，打破部门、班组等行政管理界限，围绕解决专业难题、提升专业管理扎实开展工作。三是结合技术监督将设备巡检与参数巡检相结合，明确正常运行标准值范围及责任分工，每日检查分析设备系统参数变化，每周对系统运行情况进行分析总结，通过参数分析发现问题、解决问题、预防问题，切实抓好设备健康状况分析预警工作。四是建立隐患排查长效机制，对照集团公司非停快报、不安全事件通报等将隐患排查与日常巡检、安全检查、技术监督等定期工作有效结合，每月开展问题清单治理回头看工作。五是强化检修现场组织管理、质量标准过程管控，总结1号机组检查性修理经验，吸收借鉴行业及集团内设备检修质量原因不安全事件经验教训，从设备评估、检修立项、物资采购、质量验收、工艺控制等方面推动维护检修作业精细化，将定期工作、设备消缺纳入检修管理，推动维护作业文件包、工艺卡、工作票标准化、双语化。六是根据印尼实际情况，认真梳理各类备品备件台账，因时因地科学合理储备备品备件，探索与制造厂家直采模式，做好备品备件的日常管理，确保备品备件"备对、备全、备足"。

4. 开展实战化培训

一是针对不同岗位层次因材施教，详细制定培训计划，组织开展模块化培训、仿真机比武、"一带一"实操练兵等多样化培训活动。二是工作与培训相结合，巡检表单、任务表单即是学习教材，达到"以学促干，以干带学"目的。三是重视发挥标兵表率、模范引领作用，选拔一批技能标兵，培养一批技术专家，带动营造全体员工重技术、爱学习良好氛围。四是充分利用电科院、工程公司等外部资源，创造学习培训条件，拓宽员工技术技能提升途径，重点加强基层印尼员工技能培训工作，为稳步推进人员本地化打好基础。

5. 实施长期承包商一体化管理

按照承包商"无差别、一体化"管理要求，对三个标段承包商一视同仁，作为生产体系的有效补充对待。一是落实运行维护各专业、班组对生产承包商的管理责任，同办公室上班，同标准管理。二是督导加强承包商人员自身管理，提升承包商管理人员和作业人员能力水平，保持承包商队伍相对稳定。三是严格执行"十必须、两严格"相关规定，深入推进承包商专项治理，每月组织对承包商开展安全检查和评价，每季度组织生产承包商座谈，及时发现和切实解决承包商面临的实际困难，指导规范其内部生产管理，监督评价作业流程执行情况。

二、不辞辛苦，保障稳运三百天

2019年12月13日，本项目1号机组顺利完成168试运，正式转入商业运行。2020年年初以来，新冠肺炎疫情流行，中印尼人员、物资往来受到影响。在此不利背景下，印尼爪哇运维公司带领留守现场的全体中印尼员工团结一心，全力保障机组长周期稳定运行。中方人员充分发扬特别能吃苦、特别能战斗、特别能奉献的精神，不辞辛苦，投身一线，坚守现场，彰显了新时代国家能源人崭新的精神面貌，为坚持和发展国能集团海外事业注入了新的内涵。全体员工坚决贯彻执行第一时间发现缺陷异常、第一时间辨识风险隐患、第一时间控制事件发展的三个"第一时间"处置原则，不断夯实电厂安全运营基础，积极精简管理流程，持续提升生产标准化、规范化管理水平，确保了电厂安全生产态势总体平稳。

当时分管安全生产业务的爪哇运维公司陆成骏副总经理强调，全体生产人员一定要把主要精力放在现场，狠抓基础，舍得付出，舍得辛苦。"大家都深知，机组安全生产没有捷径可走，只能一步一个脚印，稳步向前。"为确保这台在疫情肆虐中呱呱坠地的新机组稳定运行，爪哇运维公司施行了一系列切实举措。首先明确了保机组稳定运行的几条重要原则：在管理方面，强调管理下沉、面向现场、责任到位；在现场作业方面，强调多看少动、勤分析、慎动手，不放过任何异常；在机组检修方面，强调风险预控，盯作业过程、盯设备、人盯人；在故障处理方面，认真贯彻执行三个"第一时间"原则,充分辨识风险并及时安全处置。

原则为纲,重在落实。印尼爪哇公司强化责任担当,狠抓各项工作落实。首先,坚持组织好日常生产早会和晚间值班会。公司负责生产的领导、生产部门及各专业人员、生产承包商等每日参加生产早会。早会前,各专业组初步进行人身伤害及机组安全风险评估,确定当日计划作业清单。早会上,在公司领导参与下,由爪哇运维公司生产技术部组织将各项作业风险明确划分成高、中、低档,确定当日作业清单,再交由具体人员掌控后开展工作,同时注意尽量不安排开展非清单作业。确有临时紧急作业需求时,必须向公司领导申请,获准后列入清单补充执行。晚间值班会主要组织各生产部门和承包商当日值班人员通过语音会议形式,梳理次日作业计划,进行初步风险评估,对夜间作业情况、机组运行状态等进行通报,还要向运行人员及检修值班人员交代风险控制措施和注意事项,确保非工作时间机组及现场安全。

在安全管理方面,安健环监察部及各级管理人员每天组织对生产现场进行检查。三级安全网成员对中风险以上作业进行定期旁站监督。安健环监察部每周组织一次安全生产专项检查,发布安全监察通报,下发问题整改清单,并监督整改闭环。公司制定并执行风险预控票、工作票、操作票管理办法,严格执行"三票三制",严禁无票、无监护操作和作业。

在消缺管理方面,公司严格执行现场作业计划管理,做到提前一天安排。原则上不安排计划外项目,夜间及周日不开展中、高风险检修作业。机组发生影响安全稳定运行缺陷后,值长第一时间在生产调度群进行通报,并按照生产到位管理规定,通知相关人员到位,履行相关手续,开展消缺作业。进行中、高风险项目作业时,值长在许可工作前必须在生产调度群进行通报,同时按照生产事件分级管理规定通知相关人员到位。

在巡检管理方面,公司运行部、维护部严格执行机组重点设备及部位巡检规定,落实巡检责任人,提前预控风险。运行部、维护部每周对巡点检情况进行统计分析,并在月度会上进行汇报。运行部固化机组重点参数曲线,每班检查。维护部固化机组重要的热控自动调节参数曲线,每天核查。维护部电气一次、二次、热控专业每周对包括室外事故按钮防雨罩、电动执行机构防雨罩等在内的设备防雨措施执行情况进行核查。运行部负责电子间、保护室及各配电室闭锁管理，严禁无关人员进入，定期检查门锁正常。运行人员及维护人员每天对存在缺陷的重要设备、系统进行特巡。

在运行监盘管理方面，公司运行人员严格执行监盘规定，明确监盘要点。监盘时必须保证盘上至少有一名经验丰富的中方员工，且盘上不少于两人。运行人员每班进行一次事故预想，熟练掌握主辅机跳闸处置步骤。运行人员严格遵守监盘纪律，且保证中方骨干运行人员至少有两人在集控室。主值当班期间对机组抄表的参数进行核查，发挥把关作用。值长对机组汽水品质参数进行检查，并抽查机组现场巡检质量。

在机组运行参数分析方面，当时在国华及现场支持组协助下，专业人员针对机组实际情况，持续开展对锅炉防结焦、汽轮机振动、大机小网等7个专题技术分析。通过持续监控和分析，公司及时发现并消除或有效控制了机组缺陷和隐患。在此基础之上，公司专业技术人员充分总结7个专题分析经验，并围绕提升机组可靠性、确保长周期运行继续深化和拓展分析课题，建立"7+N"常态化专业技术分析机制。"7+N"分析以设备"故障模式"理念为基础，形成"事故防范""重点监控""定期排查""难题攻关"四类分析体系，将分析范围扩展至全厂各系统和设备。公司专业技术人员通过现场观察测量及充分利用生产实时系统、DATALINK取数工具等多种手段收集运行数据，并自行设计编制了数据监控和分析模板，定期取数分析。由此实现了专业人员对电厂设备的全范围监控，深入发掘机组隐患并及时采取措施，为机组长周期安全运行提供了坚实保障。

在印尼爪哇运维公司全体人员共同努力下，本项目1号机组投产当年未发生机组非计划停运事件。2020年10月8日，机组按照印尼电网要求停机备用，至此实现了投产后连续稳定运行302天，圆满实现生产准备时提出的投产后连续运行180天目标。值得一提的是，面对纷繁复杂的不利形势，本项目1号机组创造了国家能源集团百万千瓦级新投产机组连续运行最长纪录。

三、勠力同心，承包商发挥"自己人"作用

按照原国华电力生产用工标准及相关要求，爪哇7号项目部分生产业务分成三个标段进行外委，分别为负责机组日常检修维护的A标段，负责燃料系统运维及灰硫化系统运行的B标段，以及负责生产区建筑物监测、维护和道路维护的C标段。三个标段的承包商分别是浙江华业电力工程公司、安徽电建二公司和印尼永邦建设公司。

自中标爪哇7号项目以来，上述三家承包商认真履行合同要求。为确保投产后的安全生产，承包商会同印尼爪哇运维公司，比国内常规火电项目提前半年左右组建项目部，提前配置生产骨干人员，并与运维公司生产人员一起参加台山电厂基地培训，全程参与爪哇电厂分布试运及系统调试，为投产后机组稳定运行奠定了坚实基础。机组投产后，承包商在受新冠肺炎疫情影响等不利局面下，组织中印尼人员与运维公司共同坚守在生产现场。有的承包商人员因为工作原因，甚至长达两年时间没有回国休假。承包商在燃料保障、外围系统运行和机组维护消缺，尤其是紧急消缺等方面付出了巨大努力，为电厂稳定运行做出了重要贡献，很好地落实了承包商"一体化、无差别"管理要求，充分诠释了勠力同心、共克时艰的真谛，发挥了"自己人"的作用。

四、换挡提速，电厂步入高质量发电快车道

总结投产以来的生产运营经验，爪哇电厂提出"一个目标，一个核心，三项重点任务，七个发力点"的"1137"生产运营指导思想，在全厂生产运营工作中发挥了无可替代的纲领性作用。

一个目标：建设具有中印尼文化特色，长期盈利，世界一流示范电站。

一个核心：持续抓好安全生产和稳健经营基本任务不放松。

三项重点任务：一是持续抓好防疫工作不放松，确保人身安全不受侵

害，确保公司安全生产运营不受影响；二是瞄准创建世界一流发电企业的目标，内塑品质内涵，外树标杆形象，锤炼一支作风纪律优良、业务能力过硬的员工队伍；三是以"两个生态文明"（即人文精神生态文明建设和自然环境生态文明建设）为核心，着力构建爪哇7"美好家园"，实现员工作风建设和自然环境保护的"双丰收"。

七个发力点：一是以体系化建设为发力点，规范公司各项管理流程，结合生产期高质量发展目标进行提炼和总结，将项目基本建设以来中印尼优秀的管理经验和管理方法固化为表单化的制度流程体系，确保制度体系精简实用、方便管理、易于掌握；二是以精细化管理为发力点，围绕安全生产和稳健经营这一核心，大幅提升部门及员工的管理水平和工作效率，实现从粗放式管理到精细化管理模式转变；三是以员工职业化培养为发力点，结合员工本地化工作，大幅提升员工业务技能和管理水平，采取内部专家授课、实战讲解、技术比武和外部"走出去""引进来"的方式，开阔员工视野，提高员工工作效能效力；四是以精准防疫为发力点，对防疫措施进行再梳理，对现场各区域人群进行科学分类，点对点精准实施防疫管控，确保防疫工作能够精准高效；五是以文化引导为发力点，促进项目人与人之间的文化融合，丰富"和谐、稳定、团结、进取"的爪哇7"美好家园"文化内涵；六是以全厂综合治理为发力点，完善基础设施和工作生活环境，合理规划各功能区使用管理，方便员工工作和生活；七是以能源转型为发力点，依托国家能源集团和PLN的强大技术背景，探索光伏等新能源建设的可行性。

五、功成不必在我，功成必定有我

本项目投产以来，印尼爪哇运维公司坚定贯彻集团公司规章理念，注重传承优良传统，矢志不渝追求卓越，形成了一系列宝贵的运维经验。

（一）抓实抓牢防疫工作不放松

一是全力落实区域化管理，严格控制人员及物品出入厂区，有效阻断新冠肺炎疫情传播途径。二是完成全员新型冠状病毒疫苗加强针接种工作，实现高水平的免疫屏障。三是加快印尼人员返岗隔离频次，实现人员安全有序无疫情轮换。四是落实报备机制，合理有序安排中方员工回国轮休，稳定员工情绪，缓解员工身心压力。五是做好员工心理疏导，做好群体性事件的预防。六是科学合理储备足额的防疫及生活物资，做好打持久战的准备。七是时刻关注印尼新冠肺炎疫情及社会舆情动态，根据印尼政府公布的疫情数据进行大数据分析，结合公司实际核酸检测数据情况，2021年全年开展19000人次以上核酸检测筛查，动态调整疫情防控措施，实现精准防疫。

（二）持续提高安全管理水平

一是制定公司各层级、各部门、各岗位安全生产责任制，做好安全责任和生产指标任务分解，将安全环保管理责任、岗位责任固化到作业流程中，做到责任落实全覆盖，确保安全生产"零伤害"，环保"零事件"。二是风险评估和安全处置前移，每日下午评估次日工作计划，做到"正常工作按计划、临时工作先评估"，常态化开展全业务范围、全作业过程的危险源辨识和风险评估。三是实行管理人员生产区域包片和定期检查机制，低风险作业部门管理人员每日检查，中风险及以上作业公司管理人员每日检查，协调解决安全生产问题。四是合理配置中印尼专兼职安全管理人员，提升安全管理标准，确保安全管理要求得到有效落实和执行。五是按照"十必须两严格"安全管理要求，执行承包商全过程管控。六是加强监察体系和保障体系发挥双重作用，依托"基石项目"加快推进现场工业安全视频监控系统升级改造，使移动互联网、智能终端、大数据等技术发挥监督实效。

（三）规范经营管理，促进品质提升

一是各项业务实现流程化、标准化、表单化管理，确保体系精简、实用、执行性强。二是稳健经营，降本增效，防范各类经营性风险，积极关注市场利率走势和税务政策，建立应对机制，确保资金安全，保障公司盈利能力和盈利水平。三是做好盈利分红与股东方的沟通和协调，依法合规召开股东会，有效保证各股东方权益。四是优化电费结算流程，完善电费核算措施，缩短电费结算周期。五是做好燃料精细化管理，规划煤场动态分布图，精准计算储煤时间，缩短存储周期，降低煤场热值损耗；加强燃料全流程监

管，对第三方存查煤样及水尺检测结果进行不定期抽检，确保来煤热值、成分和库存满足安全可靠经济供应要求；加强与燃料供应商及PLN的沟通协调，确保燃料稳定供应。六是围绕创建世界一流企业行动方案，对标国内外一流企业，找差距、抓整改、促提升，提升公司整体管理水平。

（四）规范运行管理

一是以操作标准化为目标，结合机组实际运行情况，基于印尼本地特点形成了一套机组停运、保养、启动试运及试验的标准化程序，对评估出的174项操作风险进行分级管控，发布《运行操作风险分级管控标准》，将风险控制关键点全部落实到运行操作票中，形成中英文双语标准操作票686张，做到定期工作执行安全，操作风险管控到位，指导规范运行全过程管理。二是贯彻"国际化定位，本地化战略"，坚持从本地化用工模式的实际出发，固本强基，针对巡检和值班操作员两个基础岗位，按照"分区分块"模式开展技能培训，确保基本操作及基础工作的安全；针对值长及主值两个核心岗位，由专业主管人员编制主机及重要辅机故障应急处置操作卡32张，依托仿真机平台有的放矢地开展事故应急处置演练培训；针对突发设备故障及外网故障导致全厂失电事故，值班员能够正确应急处置，保障机组主辅设备安全。三是大力推动DCS工艺报警系统智能化，不断优化完善机组控制逻辑及保护报警功能，降低对人的经验依赖，从而建立一套满足全系统最大化运行工况需求的自动控制逻辑及保护，以及一套分区分级的光字报警系统，使运行人员能够在第一时间发现设备及参数异常，在第一时间采取有效措施控制，避免非停非降及设备损坏事件发生，为机组长周期稳定运行保驾护航。

（五）达标创优，提高全厂综合治理质量

一是对照集团创一流标准，推进设备管理、运行检修、技术监督等专项安全生产标准化工作，开展钢结构防腐，完善安全和设备标识，做到治理无死角，设备见本色。二是以达标创优为契机，完成小标段承包商办公楼、停车场、刷漆及保温等其他基建尾工项的验收使用，对全厂的设备缺陷进行细部治理，挖掘精品工程内涵。三是考虑实际使用的便利性、实用性和美观性，对厂容厂貌进行进一步综合规划和治理，提升现场整体建筑设施及环境

文明水平。四是完善活动中心健身器材，加装游泳池护栏。

（六）深入践行企业人才发展战略

一是针对骨干人员流失现象，通过借调或派遣等形式及时补充中方生产人员有生力量，为安全生产提供坚强的人员保障。二是进一步优化组织架构和人力资源配置，蓄积企业发展的长效势能。三是多措并举，加快推进印尼人才"本土化"和中国人才"国际化"进程，加大员工培训力度，以说明书和国标为基础讨论完善巡检表单，通过每日一查设备，每周一趋势分析，以巡检为抓手提升员工对设备结构、原理、状态的掌握深度，以消缺管理和定期工作为抓手，通过旁站指导，提升员工动手能力。四是大力开展创先争优活动，以技术骨干为师傅，一带一指导，建立好运行维护的技术框架，全面提升人员技能。

（七）提升文化建设引导水平

一是以建设爪哇7"美好家园"为核心，策划"两个生态文明"企业文化系统，策划及实施红树林及野生动植物自然生态保护工程，推进自然环境生态文明建设。二是加强员工思想教育引导工作，统一思想，推动和提升文化融合品质，形成中印尼文化合力。三是改善员工工作生活条件，组织成立各文体协会，在条件允许的情况下，适当组织员工开展系列文体活动，丰富员工精神生活内涵。四是对中印尼员工家属探亲、薪酬、休假制度及员工福利政策等方面进一步探索和优化，提高员工幸福指数。

（八）开拓创新，促进高水平发展

一是紧随世界能源绿色低碳转型契机，积极跟踪印尼新能源发展政策，探索厂内光伏等新能源开发的可行性，有序推进爪哇7号项目综合能源转型。二是积极跟踪印尼政府最新发布的碳税法规，研究碳交易相关政策对本项目电价的影响，加强碳管理培训和学习提升。三是研究灰渣综合处置利用的可行性，降低灰渣处置成本。

"抓任何工作，都要有这种久久为功、利在长远的耐心和耐力。"

作为新时代的"一带一路"建设者，承担世界一流水平现代化电厂运营工作的印尼爪哇公司将继续以"功成不必在我"的精神境界和"功成必定有我"的历史担当，保持历史耐心，发扬钉钉子精神，一张蓝图绘到底，一任接着一任干。在思想上求突破，在行动上求突围，在境界上求提升，在能力上求锤炼，不断提高自身敢担当、善担当、能担当的勇气和能力，不问前程、接力奋斗、久久为功，以甘于奉献的精神和胸怀扎扎实实做好每一项基础性工作。公司和全体员工将继续恪尽职守，不负时代，不负韶华，力争在奉献中为祖国、为集团公司创造更大价值，造福两国人民。

第六章

人资管理、文化与社会责任探索、财务管理

第一节　人力资源管理

2020年9月11日，习近平主席在北京主持召开科学家座谈会并发表重要讲话时强调要加强创新人才教育培养。

2015年12月，距北京万里之外的雅加达传来喜讯，中国神华取得爪哇7号项目预中标通知书，中国神华又一次跻身印尼这个广阔的电力舞台中央。

国华电力随即组建印尼爪哇公司（筹）领导班子团队，迅速开展爪哇7号项目前期准备工作。2016年1月，印尼爪哇公司正式在雅加达注册成立。公司注册过程中，大家积极主动、刻苦钻研、奋发拼搏，开创了印尼3小时快速注册公司的先河，我们的精神与高效得到了印尼政府高度赞许。

印尼爪哇公司的成立，吹响了人力资源工作的"冲锋号"。在国华电力公司人力资源部的主导下，国华系统内选聘管理人才和专业技术人才的工作全面启动。经过报名、简历筛选和面试等环节，首批28名素质高、能力强、干劲足的员工从260多名符合条件的报名候选者中脱颖而出，选聘比为9∶1。2016年2月14日，是个有纪念价值的日子，公司选聘人员全部到位后召开首届全体职工大会，闫子政董事长说，我们第一次为了共同的追求齐聚一堂，将来我们会像亲人一样，互助互爱，到这个举世瞩目的项目上去战斗！

印尼爪哇公司从注册成立到主要人才队伍配齐，仅用了1个月时间。参建人才队伍素质之优良、专业经验之丰富、人员结构之合理，在国华电力各基建项目中是前所未有的，爪哇7号项目的重要性和影响力可见一斑，也充分展现了国华电力对本项目的高度重视。同时，此举还表明本项目难度之高、挑战之大，确需精兵良将冲锋陷阵。

第六章 人资管理、文化与社会责任探索、财务管理

印尼爪哇公司年度工作会合影

高素质人才团队组建完成后，面对全新且拥有深远影响力的海外项目建设任务，人力资源管理团队已经准备好迎接未来工作的艰巨挑战。公司的组织架构、岗位配置、考勤休假、薪酬福利等基础性工作都要从零开始。对于陌生的海外人力资源管理工作，人力资源管理团队并没有太多时间进行熟悉。如何让新组建的队伍实现快速融合，尽快形成战斗力，迎接后续EPC合同谈判、PPA合同签署、现场勘查等一系列重要工作都是亟待解决的难题。

举网以纲，千目皆张。为从速打开局面，人力资源工作确立了"服务公司发展大局，做好人力资源有力保障"的工作宗旨，编制了公司年度人力资源管理工作推进计划，力图做好人力资源管理的顶层设计。通过不断与国华电力人力资源部保持密切沟通和公司内部评审等途径，形成了公司组织机构与定员标准方案、岗位设置与归级方案、薪酬管理方案、考勤休假管理方案等一系列基础管理方案，为人力资源管理工作指明了方向，明确了具体实施路径。

在公司起步期，为务实高效开展工作，人力资源管理范围并不局限于传

187

统范畴。员工的衣食住行、外事签证、办公差旅均融入人力资源管理工作的统一安排之中。注重以人为"纲",一切围绕团队战斗去工作,获得了意料之外的良好效果。经过一系列周密安排,公司成立了基建期临时组织机构,设立了各部门主要岗位,梳理出工作职责和工作流程,明确各岗位级别,发布了人力资源管理办法、员工考勤休假管理办法等文件,为项目顺利推进提供了重要保障。

海外项目法律、政策环境不同,文化氛围不同,体制机制与国内千差万别。股东方管理体系不相容、股东方派出员工待遇诉求、跨语言沟通等问题,成为公司发展进入实质阶段面临的巨大考验。公司基础框架形成后,添砖加瓦需要一定之规,印尼爪哇公司紧紧抓住"遵循国华电力公司管控体系"这一牛鼻子,不骄不馁,细致研究,"以千钧之力集其一点",凝聚优势力量,逐一化解各项问题,逐步打开了人力资源管理的工作局面。

勤为容衰亦心满,奋作平凡千橡梁。让人力资源管理工作回归本质,达到应有效果,是人力资源工作的基础,也是人力资源从业者的责任。为进一步推动各项工作顺利开展,公司启动首批留学生招聘工作,通过在印尼加查马达大学、阿赫玛达兰大学、总统大学等当地高校选聘优秀毕业生加盟公司,初步解决了业务人员不足、对外交流不畅等问题。为消除国华电力公司与PJB公司管理机制不同带来的隔阂,印尼爪哇公司与PJB人力资源部历经数十次邮件沟通,10余次会谈,最终一致通过了中印尼员工人配置构成、薪酬核算原则两大议案,并得到国华电力人力资源部的认可,为公司人力资源工作开展搬走两座大山。

得益于公司治理日趋完善,通过股东会、董事会、董事长办公会等机制,人力资源管理工作获得了合法开展的资质,也获得了回归本质的条件,最大限度以公司人力资源需要为第一要务,把合适的岗位分配给能力相符的员工,是公司人资管理工作不懈的追求。员工薪酬管理方面,既考虑到政策的规定,又将市场化因素纳入其中,实现了薪酬内部公平性和外部竞争性的统一。随着公司人力资源管控体系的不断健全,相关工作取得了长足发展,有力推动了各部门、各专业协调配合,确保了公司各项工作得以按照时间节点高质量完成。

第六章　人资管理、文化与社会责任探索、财务管理

一、全新培训模式诞生

作为我国在印尼建设运营的首个百万千瓦级机组项目，爪哇7号项目启动伊始便备受关注。人才如何管理，各项目组如何对接与分工协作逐渐成为项目实施初期的重要议题。PPA合同及当地劳工政策规定，本项目用工必须包括中印尼双方人员，且印尼方人员占比须逐年增加，最终实现用工完全本地化。在此背景下，印尼爪哇公司人力资源管理工作迎难而上，迅速制定全新的培训模式，"从头开始、从人开始、多法齐出"，切实搞好生产人员培训。

印尼爪哇公司组织中印尼语培训班

（一）办法一："一帮一，结对子"

爪哇电厂生产人员招聘到位后，在台山电厂培训基地接受培训。面对中方员工普遍英语较弱，印尼员工大机组经验欠缺的实际情况，爪哇电厂

想到了开展帮扶活动经常采取的妙招——"一帮一，结对子"。考虑到培训涉及中印尼两国人员，这个办法还有了一个响亮的英文名字——"Pair-Partner"。具体做法是一名中方员工和一名印尼员工结成对子，中方员工帮助印尼员工学技术，印尼员工帮助中方员工练英语。如此一来，很好地实现了双方人员优势互补，共同进步。同时，通过不断切磋交流，拉近了双方人员情感和友谊，使他们在工作中成了好同事，生活中成了好兄弟。

在培训总结交流会上，中方员工袁永飞说："以前在学校学的都是哑巴英语，真跟外国同事打起交道来，始终张不开嘴。通过'Pair-Partner'结对互助学习，印尼兄弟法兹一直鼓励我，帮助我，现在我的英语说得溜多了。"坐在一旁的法兹接过话茬："飞哥技术上为我提供的帮助良多，原先我对电厂相关专业知识了解得不是十分透彻，现在不仅知道发电机组是怎么运行的，还提高了安全意识和风险意识……"言语间，法兹满怀收获的喜悦和对中国兄弟的感激之情。

（二）办法二："模拟当班"培训

"报告值长，1A凝泵轴承振动大报警，并且仍有上涨趋势！"

"立即启动1B凝泵，停运1A凝泵，联系检修值班人员处理。"

检修人员到场、确认故障原因、办理工作票、运行接票、布置安措、许可……这是印尼爪哇电厂"模拟当班"考评现场的一个画面。

如何让培训更加务实？如何培养员工的标准意识、规范意识？印尼爪哇电厂的答案是"模拟当班"。"模拟当班"指的是让在台山电厂接受培训的人员完全遵循和模拟台山电厂正常生产全过程：班前班后会，值班日志，工作票、操作票，定期试验及轮换，消缺……台电生产人员做什么，培训人员就模拟什么。在真实电厂生产环境中进行模拟培训，让参训人员身临其境感受电厂生产的实际流程，取得了良好的培训效果。台山电厂管理规范的电厂模拟当班，让参训人员牢固树立了规范意识、标准意识等，有利于新员工从一入职就养成良好的职业习惯。印尼爪哇电厂投产以来，机组长周期保持安全稳定运行，良好的前期培训自然功不可没。

（三）办法三：模块化培训

火电厂的设备系统十分复杂，对人员专业技能要求非常广泛。如何让电厂员工在短时间内达到岗位技能要求，满足生产运营需要，一直是电厂生产准备工作过程中的一个难题。爪哇电厂创新思路，将各专业技能知识进行梳理归类，分成安全类、技能类、应急类等29个模块，使技能知识结构网格化。根据不同专业，不同岗位层次选取相应模块进行培训和考评，提高了培训的针对性，从而提升了培训效率效果。同时，电厂组织全体运行人员参与编制各模块考题并录入在线考试系统，运行人员通过电脑、手机等终端可随时随地练习和考试，由此提高了培训的灵活性和标准化水平。

印尼SKTTK考试机构的考评专家来到爪哇电厂，对模块化培训大加赞赏："爪哇电厂不仅电力技术先进，电力人才培训也非常'BAGUS'（印尼语，意为'好'），我们深受启发，回去以后要借鉴爪哇电厂的良好经验，改进我们印尼的电力人才培训工作。"

生产人员在工作中

（四）办法四：仿真、现场、聚焦实战

电厂生产运营队伍与军队颇有异曲同工之处，一切培训的目标、方法始终要面向实战，为的是安全顺利完成发电生产任务。

爪哇电厂生产人员进入现场以后，紧紧围绕实战化，大力开展仿真机操作训练和现场系统核查学习，组织实战化技术比武，切实提高实战技能。生产技术部经理、运行部经理跟班指导运行人员接受仿真机训练，针对潜在事故提出预案和应急处理措施；专业主管深入各运行值带领值班员到现场查系统、学就地，确保每名中印尼员工熟练掌握就地设备位置和操作要领；运行值内值长每班结合本班工况组织事故预想，开展技术考问，始终绷紧"实战"这根弦。公司在生产体系内部，经常性组织仿真机比武、系统图比武、检修技能比武等生产竞赛活动，营造讲学习、重实战的浓厚氛围。

通过综合采取多种举措，圆满完成了电厂新员工的培训工作。在电厂生产准备工作进入收尾阶段之际，技能培训效果逐渐显现，并不断转化为工作实效，有效确保了电厂由建设阶段向生产运营阶段平稳过渡。

二、公司发展战略的跟随者和支撑者

（一）人力资源工作定位

印尼爪哇公司成立之初，为确保人力资源管理工作能跟上工程建设节奏，人力资源管理工作紧紧围绕公司发展大局，确定了作为"公司发展战略的跟随者和支撑者"的主要工作目标，仔细研判公司迅猛发展对人力资源的需要，超前开展员工招聘、人力资源配置等工作。通过不断优化配置和积极调控，确保满足公司不同时期对各类人才的需要。

随着公司各项业务全面铺开，人力资源管理工作开始面临人手不足与经验欠缺等问题，为确保专业管理的及时性，人力资源团队在明确各项工作开展要回归本质后，奋勇担当、主动作为，努力发挥人力资源管理在公司运作管理中不可或缺的作用。随着工作逐渐深入，为全面提高工作效能，人力资源管理部门将相关核心业务按照属性集中办理，并逐步减少诸如各部门员工

考勤休假统计等基础性业务。

（二）人力资源管理层面与边界

公司人力资源管理按照人力资源规划、人事配置、培训开发、绩效管理、薪酬管理、员工关系、签证管理等模块纳入行政人事部统一管理。人力资源管理专业职能上属公司直线职能组织框架，业务上与各部门成矩阵式模式。

公司人力资源管理工作以人事配置、薪酬管理和培训开发为激励因素，社会保障、劳动关系、劳动防护等工作为保障因素，在公司事务中发挥着员工队伍"稳定剂"的作用。

三、人力资源属地化管理成果

印尼爪哇公司在实践中形成以遵守印尼当地法律法规和政策等为前提的"国华管理模式"，共建激励与保障机制、将实际情况与制度刚性相平衡、倡导业绩导向与分配正义相匹配，为项目建设与运营发挥了不可或缺的保障作用。

1. 初创阶段人力资源规划工作起到纲领性作用

印尼爪哇公司成立之初对人力资源管理工作的顶层设计极为重视，通过充分调研和研究，规划编制了公司初始阶段的人力资源推进计划，提纲挈领地指导了公司初创阶段人力资源管理各项工作。伴随公司各项事业的不断拓展，人力资源管理工作按照规划有序推进，与公司快速发展相匹配，与员工队伍成长壮大相呼应。

2. 搭建基建期组织运作流程，初步实现协调高效

为了适应海外项目EPC管控要求，公司人力资源管理部门努力搭建基建期组织运作流程，初步实现协调高效。例如，公司将发电部专业技术人员调整到工程技术部，大大加强工程建设的技术力量和管控能力，同时为基建期向生产期过渡积累了大批专业技术人员。

3. 不拘一格的多元化人力资源配置计划顺利实施

公司为满足工程建设及企业管理的人力资源需要，把人力资源配置作为一项重要工作，扩宽人员配置途径，打破了"身份"的限制，建立健全了人力资源配置标准化表单和审批流程，形成了不拘一格的多元化人力资源配置计划，助力项目顺利实施。

4. 以业绩为导向的职业发展体系建设初见成效

在岗位体系框架下，完善了部分岗位的基本岗级，建立了岗位级别系统，实现职位、职务双通道的员工晋升模式，进一步健全了员工职业发展体系。

通过分析岗位价值、能力要求、岗位风险及工作负荷等要素，调整了部分岗位的基本岗级，提高岗位归级的合理性和薪酬分配的公平性。

建立了业务经理、高级主管（2级）、主管（3级）、主管助理（2级）等8个等级的岗位级别系统，以任职资格、工作年限、工作绩效为核心，建立了岗位晋升机制，增强了员工追求卓越、努力提高工作绩效的积极性，使以业绩为导向的职业发展体系建设初见成效，并提高了企业活力。

5. 初探政策刚性与市场化薪酬水平相结合的薪酬核算机制

2017年，在以岗位绩效工资为基础，海外补助、交通补助等为补充的全面薪酬体系基础之上，通过严肃考勤休假纪律、合理分配专项奖励、改善留学生海外补助结构、建立值班补贴、调整工资发放等方式，进一步优化薪酬分配，努力实现公平、公正、合理、激励约束的薪酬管控体系。

公司完善了员工考勤休假基本管理流程和制式表单，建立由行政人事部专人负责考勤休假管理、各部门指定专人配合的机制。通过完善的管控机制，严肃考勤休假纪律，将考勤休假紧密与薪酬核算结合，大大提高了薪酬核算的准确性。

建立了以部门属性、岗位级别、部门绩效及员工绩效为依据的专项奖励分配机制。此外，每逢上级公司额外分配奖励和印尼爪哇公司迎来重大工程进度节点，均通过专项奖励给予员工更好的激励。

原留学生海外补助政策"跳崖"或"直升机"式激励政策经调整后，变为更加合理的5年逐步上升的补助政策，强化了薪酬的激励作用，进一步向实现"同工同酬"迈进，薪酬的公平正义性得到有力体现。

随着工程建设的不断提速，建立了员工夜间值班及周日值班制度，合理核定了员工夜间值班和周日值班补助标准。相关举措使员工的付出得到了相应回报，更好维护了员工的合法权益。

针对印尼PJB公司派出员工反映月度薪酬水平低的问题，通过与PJB公司人力资源部、PJBI公司相关负责人多次沟通，进一步明确了SGPJB董事及员工薪酬水平按照国华电力统一薪酬体系执行的原则，并重申对PJB和PJBI公司派出员工薪酬水平核定基本原则。同时，为满足员工对月度薪酬水平的要求，经过反复核算，对相关工资基数予以调整，提高了员工对月度薪酬的满意度。

6. 全方位人力资源保障机制初步形成

2017年，公司建立了以基本社保和住房公积金为基础，补充医疗保险、海外意外伤害保险及企业医疗报销为补充的全方位、全覆盖社保机制，员工医疗、养老、住房、人身等得到有效保障，在解除员工后顾之忧的同时，为打造和谐稳定的劳动关系奠定了良好基础。

除保持国华派出员工基本社保及住房公积金按最高标准在原单位予以保留外，公司专门为中国留学生在京缴纳社保和住房公积金，高标准保障了留学生群体的权益。完成全员印尼社保（BPJS）的投保工作，员工基本保障实现全覆盖；完成全体中方员工海外意外伤害保险投保，为中方员工海外工作牢牢守住底线。

积极协调国华本部及保险机构，顺利完成中方员工补充医疗保险投保，在基本医疗保险、补充医疗保险基础上，建立了员工医疗服务企业补充报销机制。相关举措使中方员工海外就医得到有效保障，印尼员工及家属医疗保障提升至更高水平。

7. 建立合规合理的签证管理机制，保障员工合法工作

经多方沟通与协调，公司统筹安排为员工办理了工作签证，国华派出员工及业主工程师全部办理完成工作签证，有力保障了中方员工海外工作的合法性，为员工在印尼工作扫清后顾之忧，树立了中企在印尼遵纪守法开展合作的良好形象。

第二节　文化与社会责任探索

一、文化领路

1. 公司目标

建设具有中印尼文化特色，长期盈利，世界一流示范电站。

中印尼文化交流

2. 公司宗旨

（1）为社会赋能：为社会提供安全、经济、清洁、高效能源。

（2）为经济助力：为社会经济发展提供坚实能源保障。

3. 公司使命

（1）社会责任：稳定供电、促进就业、职业教育、环境保护、公益服务。

（2）价值创造：股东回报、员工收益、贡献利税。

4. 公司核心价值观

（1）绿色发展：与环境和谐共处，保护生态环境。

（2）追求卓越：追求安全一流、质量一流、效益一流、技术一流、人才一流、品牌一流、文化一流。

5. 企业精神

实干、奉献、创新、领先。

6. 核心文化

"家园"文化：打造人文和谐、环境优美、风清气正的爪哇7"美好家园"。

7. 人文理念

（1）信任、和谐、忠诚、多元、合作。

（2）公司：以人为本、求同存异、共同发展。

（3）员工：文化认同、持续提升、遵章守纪；有理想、有担当、敢作为、负责任。

（4）对股东方：管理规范、创新引领、创造价值。

（5）对承包商：诚实守信、履约践诺、携手共赢。

（6）对政府、周边企业及民众：依法经营、互融互信、和谐共处。

8. 企业口号及标语

（1）国家能源，我们不断前进的动力。

（2）电力让生活变得更加美好。

（3）努力实现人文精神生态文明建设和自然环境生态文明建设"双丰收"。

（4）携手共建人与自然和谐共处的爪哇7"美好家园"。

（5）以人为本，生命至上，文化引领，守企有责。

（6）高高兴兴上班，平平安安回家。

（7）让微笑成为我们共同的语言。

助力共建命运共同体　国能托起爪哇明珠

文化理念深入中印尼员工心中

（8）印尼爪哇公司与您共建美好家园。

（9）同举一面旗帜，同干一个事业，同奔一个目标。

（10）技术领先，科技引领，管理先进，创新驱动，价值创造，环保领跑。

（11）共商，共建，共享，共赢。

（12）抓铁踏石夯基础，精益求精提品质，风清气正树形象，绿色转型谋发展。

（13）艰苦奋斗，开拓进取，全力开创公司高质量发展新局面。

二、中印尼特色文化探索与实践

爪哇7号项目来之不易，面对国内外差异极大的环境和文化氛围，印尼爪哇公司积极开展中印尼特色文化探索与实践，履行社会责任，致力于在当地建立并维护良好的社会关系。

（一）发挥文化建设委员会引领作用

针对爪哇7号项目参建方多，不同企业文化存在差异性的现实，为推进公

第六章 人资管理、文化与社会责任探索、财务管理

司各参建单位和人员文化融合，形成文化合力，为工程建设顺利推进提供有效保障，印尼爪哇公司成立了文化建设委员会和文化建设委员会办公室，由各参建单位领导和分管企业文化的经理牵头组织开展工作，牢固树立大局意识和看齐意识，统一思想、明确目标，将文化建设有效地引入员工心灵，嵌入日常工作，导入运营流程，实施"文化落地"。

爪哇7号项目在组建企业文化建设委员会的基础上，成立企业文化建设委员会工作组，并成立企业文化综合小组、信息摄像小组、网站微信小组、文体协会小组，明确各单位分工，积极推动小组各项工作开展，并建立定期沟通、考评机制，确保各项工作的顺利推进。

公司以企业文化为依托，印尼爪哇公司切实履行主体责任和监督责任，强化海外员工思想建设工作，把责任扛起来、把旗帜竖起来、把制度硬起来、把堡垒强起来、把考核实起来、把廉政严起来，当好海外发展桥头堡、排头兵，发挥战斗堡垒作用和先锋模范作用，为公司的基建各项工作稳步推进和企业的持续健康发展提供坚强保证。

公司遵循"快乐生活，快乐工作"的企业文化宗旨，先后成立太极拳协会、瑜伽协会、八段锦协会、毛笔字书法协会、语言协会等9个协会，涵盖范围广、开展活动方便、内容形式多样，极大丰富了员工业余文化生活，深化了中印尼员工文化交流。组建职工图书室，营造精神家园，在广泛收集员工意见的基础上，公司为中印尼员工统一购买专业书籍，建设学习型组织，提高公司经营管理水平，提升员工素质，丰富员工生活，为全体员工搭建了一个相互交流学习的平台。

爪哇7号项目各参建单位充分发挥各自优势，凝结出许多丰硕果实，厂区液晶大屏、爪哇7号项目网站、微信公众号、高空摄像头、红树林生态栈道……一系列举措，使本项目各参建单位形成合力、比学赶帮、相互学习，为更好地发挥企业文化软实力拓宽了平台。

宣传镜头对准一线，深入基层，通过本项目"七梁八柱"优秀建设者系列报道，充分发挥榜样的示范引领作用，推广先进、树立典型，促进工程建设。公司搭建了"神华国华JAWA7IPP"微信公众号平台，定期推送工程质

量、安全、文化等各类信息。自平台搭建以来，先后上线了"一起动起来中印员工同做八段锦""小七跑现场""风景这边独好""法律讲堂""健康""印尼语学习"等功能。同时还开发了员工关怀、通讯录、投票、社区等软件，丰富了员工文化生活。通过搭建公司内网，制作宣传片等手段，进一步发挥企业影响力，为项目建设内鼓士气，外树形象。

（二）海外项目文化融合探索与践行

印尼爪哇公司企业"跨文化管理"的四个核心要素，或者称为"四个抓手"是"领导引航""体制助推""文化定制""文化践行"。"领导引航、体制助推"是重点，"文化定制"是难点，"文化践行"是抓手。

针对海外工作员工个体而言，"跨文化管理"指通过不断自我学习和管理，培养国际化思维，提高"跨文化"的适应和管理能力。对于海外项目整体而言，"跨文化管理"能力直接影响着公司在海外的"战略人才工程"落地，也影响着海外项目的可持续和稳定发展。

中印尼员工在爪哇运维公司同练八段锦

（三）文化建设特色与创新

文化是企业之间、不同国籍员工之间的"黏合剂"，是工程建设的灵魂，爪哇7号项目以"责任、荣誉、使命、目标"为核心，以文化为载体，传递项目建设的安全、质量、文化理念并使之深入人心，传递正能量，为项目建设提供强有力的文化支撑。

构建公司员工坚信的"以人为本、平等融合、止于至善"企业文化；构建股东方信任的"管理规范、创新引领、创造价值"管理模式；构建相关方认同的"诚实守信、履约践诺、携手共赢"合作方式；构建与政府、周边企业及民众"依法经营、互融互信、和谐共处"周边环境。

印尼爪哇公司在基建期组织员工业余文化活动

三、文化融合方面的探索与实践

"各美其美,美人之美,美美与共,天下大同","文明的繁荣、人类的进步,离不开求同存异、开放包容,离不开文明交流、互学互鉴","历史呼唤着人类文明同放异彩,不同文明应该和谐共生,相得益彰,共同为人类发展提供精神力量"。文化既是民族的又是世界的,各民族文化都以其鲜明的民族特色丰富了世界文化,共同推动了人类文明的发展和繁荣,只有保持世界文化的多样性,世界才更加丰富多彩,充满生机和活力。

"国之交在于民相亲,民相亲在于心相通。"心相通是"一带一路"建设的重要内容,也是"一带一路"建设的人文基础。"一带一路"要行稳致远,离不开"民心相通"的支撑和保障,需要实施好"增进民心相通"这项基础性工程。

参与项目建设本身,就是在积极践行共建"一带一路",通过执行项目建设、运营,努力推动与"一带一路"沿线国家民众增进相互了解、深化友谊。为推动形成良好的人文格局,奠定和谐的人文基础,项目公司坚持将人文交流与项目合作并重,同步推进。

(一)亲善尊重,文化融合,盛放友谊之花

为充分表达对驻在国宗教信仰、文化习俗以及驻在国人民思维方式和行为方式的尊重,在细节上体现对印尼籍员工的接纳和认同,所有中方员工出国前统一进行印尼文化教育,开展印尼语学习;项目开设清真餐厅,提供便利的宗教设施;建设中印尼双语文化走廊,所有理念双语展现。每年召开工作会时,邀请印尼籍优秀员工到北京参会。系统内技能大赛、文体活动都给印尼籍员工创造到中国交流的机会。上级领导到印尼项目调研指导工作均与印尼籍员工座谈,听取建议和意见。

为增进彼此友谊,各参建单位中印尼员工组建的电厂队经常组织比赛,

与周边村镇不定期开展足球比赛、羽毛球比赛等，促进中外员工、两国人民的相互交流。企业定期到附近社区走访，邀请村民到电厂参观。每逢佳节，中印尼员工朋友共同欢度，亲善尊重，文化融合。

> **【小故事】就这样，我学了一门语言**
>
> 沟通是增进中印尼员工感情和提高工作效率的关键，语言则是一道坎，印尼爪哇公司组织了数期语言培训学习，大家的学习热情高涨，每天也试着用有限的词汇慢慢交流，很多人在潜移默化中学会了一门语言。在实施了为期半年的印尼语培训后，公司还举办了首届印尼语大赛。
>
> 为了贴近生活、提高应用，印尼语大赛活动提前发布了300个生活常用单词、50个安全用词和100句生活印尼语作为参赛范围，提高学习针对性和参与度。通过随机抽签组合、设置快速辨词（句）翻译、听力测试抢答等环节，创新比赛形式，既保证种子选手的高水平发挥，又提高了其他选手的参赛热情和学习动力。
>
> 跨越沟通和文化融合是爪哇7号项目顺利实施最大的助力，大力倡导中方员工学习印尼语、印尼员工学习中文，以组织比赛、结对帮扶等方式积极搭建语言学习的平台，对爪哇7号项目的顺利实施产生了重要的推动作用。

（二）交融，美人之美

印尼爪哇公司以员工文化交流活动为载体，搭桥梁、建纽带，定期组织体育赛事和拓展训练，加强中印尼员工之间的沟通交流，提升团队协作能力，为员工快乐工作、快乐生活增添积极元素。通过调查研究中印尼员工语言能力、交际能力、生活态度和情绪管理等方面的动态情况，开展跨文化培训，增强员工文化适应和彼此认同。公司努力为深化人文交流创造条件和营造氛围，讲述中华传统文化故事，介绍印尼本地文明，分享文明创建成果，以文化融合增进互信，以共生价值破解分歧，为爪哇7号项目的完美落地、快速发芽和健康共生铺垫优质土壤、积蓄丰富养分。文化交融在中印尼员工中形成"不忘初心、坚定信心；尽责尽心、团结一心；管理细心、调运精心；关爱关心、事事暖心"的"八心"项目文化。

【微案例】去除"语言墙"

语言不通是横亘在国内外员工之间一道无形的"墙"，爪哇7号项目实施初期，遇到的首要挑战之一就是语言障碍，"拆墙"势在必行。公司通过开办英语、印尼语和汉语培训班，举办印尼语大赛、中文大赛，以两国传统节日为契机，组织各类高雅有趣的联谊活动，为中印尼员工提供了丰富的语言沟通渠道。学习语言一时间成为全体员工的共同兴趣，浓厚的语言学习交流氛围，使"隔离墙"一天天消融，心与心的距离一天天拉近。

【微案例】品味中国文化

国华电力每年的工作会都会邀请印尼先进员工到北京参加，遇有技能大赛、大型文化活动等，也会安排印尼员工到中国参加。公司安排每一位到中国的印尼员工在公务之余去登长城、游故宫，体验中国文化。回国后他们就向大家分享在中国的见闻和中国人民的友好，大家逐渐喜欢上了中国文化。

【小故事】嘉华的座右铭

2018年，印尼华裔姑娘李嘉华入职爪哇7号项目行政人事部，负责会务管理和翻译工作，她将每次翻译都视为学习提高的机会，一遇到新的术语她总会马上记下来。凭着这股认真劲儿，嘉华的专业翻译水平快速提高。成长中的嘉华也见证了项目建设的成长。随着项目进入调试阶段，煤炭供应工作越来越急迫，嘉华被调到策划部，参与煤炭交易工作。

> 面对急需煤炭的情况，相关部门多次组织与PLN等相关单位的协调会议。嘉华尽最大努力帮助各方传达想法、建议，有力推进了煤炭交易工作进程，促进各方达成了一致意见并制定了临时过渡期的燃煤供应方案。2019年7月1日，当看到首艘运煤船缓缓靠岸，嘉华感到无比激动。每次走进办公室，她都会习惯性地看一看墙上的"八心"企业文化，这是国华核心文化在爪哇7号项目的延续和传承，也李嘉华的座右铭。

（三）相通，美美与共

电厂与印尼政府机构、本地企业及当地民众交流的过程中，充分尊重印尼本地的文化习俗、宗教信仰以及思维方式和行为方式等，让员工明晰了解，有效适应异域文化，有助于赢得当地政府官员、民众和员工的信任。电厂主动向社区开放体育设施，努力让当地民众有获得感。企业职工组建的电厂队与附近村庄的居民开展足球、羽毛球比赛等文体活动，促进了交流，增加了互信。电厂定期前往附近社区走访，邀请村民前来参观，增进其对企业的了解，提升了友好关系。随着双方文化适应的加深和融合共建的深入，当地居民和员工愿意主动与中方员工交朋友。以中方员工跨国爱情故事为原型的中印尼合拍电影《爱在零纬度》的公映，成为两国人民"民心相通"的又一美好见证。

> **【微案例】合唱齐心抗疫的"国际歌"**
>
> 自印尼新冠肺炎疫情流行，爪哇7号项目通过PLN向当地捐赠了一批抗疫物资，第一时间支援印尼政府有关机构、南苏门答腊省以及项目周边社区的抗疫。在疫情防控攻坚阶段，印尼爪哇公司在做好各项防疫工作的同时，积极协助周边社区完成新型冠状病毒疫苗普及接种，与当地民众携手共克时艰，合唱一首齐心抗疫的"国际歌"，在两国民众之间搭建起"民心相通"的深情厚谊桥梁，进而为本项目创造了更好的口碑与形象。

> **【小故事】中国豆腐**
>
> 不少印尼民众信奉伊斯兰教，为尊重印尼员工信仰，中印尼员工采取分餐的形式。印尼餐厅的食材都从当地采购，厨师也是印尼人，做的饭菜味道好，大家满意度高。中方餐厅菜品也不错，"远离家乡，让大家吃上中国菜才会不想家"，餐厅主管徐秀芹说。印尼当地的豆腐不适合中国人口味，为此，中国厨师回国休假时专门学会了做卤水豆腐，并把新做的卤水豆腐送给印尼员工品尝，大家都说好吃，就连印尼穆印县卫生部部长都夸奖中餐厅做的豆腐好。

四、共赢共生，着眼长远

思想、价值观是行动的引领，行动是思想、价值观的实践。一个企业没有共同的价值观，就没有发展方向，就无法健康成长、持续发展。

国家能源集团在印尼系列煤电项目发展过程中，逐步将共赢理念发展为各方认同、共同践行的理念，也成功促成共赢理念向共生价值观的升华，构建了独特的共生企业文化和价值观，形成彼此认同且共同遵循的行动引领。

（一）共赢铸就成功

在项目建设实施过程中，国家能源集团始终坚持"合作共赢、利益共享、责任共担"理念，积极协调、切实保障各方利益，实现"政府得税收、民众享电力、员工得实惠、企业得发展"的各方共赢局面，也促使爪哇7号项目大获成功。爪哇7号项目获得印尼工业部授予的"印尼最佳中资企业投资奖"。合作共赢是爪哇7号项目成功的保障，也成为各方在之后合作中的共同理念。

（二）共生构建长远

从"己欲立而立人，己欲达而达人""义利相兼，以义为先"的中国传统哲学思想出发，摒弃零和博弈思想，为合作者多想一步、多做一步，在成就对方中成就自己,在爪哇7号项目建设发展过程中,国家能源集团在确保项目优质高效的前提下,积极引进产业链上下游企业,补强相关产业链,提升当地产业发展水平;积极履行社会责任,提高企业员工福利待遇,改善民生;严格落实环保标准,改善当地生态环境。集团以这样的处事方针和合作诚意赢得了合作方及当地政府、民众的尊重与认可,形成"不分国籍、目标一致、精诚团结、协同共进"的合作共识,双方同向而思、同向而行。由此,国家能源集团与当地政府、民众、合作企业之间的合作更加深入、融合更加紧密、情谊更加深厚,形成以"共商共建共享"为原则、以"命运共同体"为核心的共生发展关系,促进企业走向可持续发展、高质量发展的广阔空间。

五、履行社会责任方面的积极探索

习近平主席曾提出,共建"一带一路"倡议源于中国,但机会和成果属于世界。

古丝绸之路见证了陆上"使者相望于道,商旅不绝于途"的盛况,也见证了海上"舶交海中,不知其数"的繁华。本项目发展过程中,国家能源集团用看得见、摸得着的实际举措,给印尼国家和民众带来实实在在的利益,获得了印尼政府和民众的广泛赞许与支持。

秉承"互利共赢""共同家园"等理念,国华印尼系列煤电项目不仅为印尼提供了稳定的电力供应并创造就业,提高了当地民众生活水平,还有力促进了当地煤电产业的完善和升级,改善了当地生态环境,创造了远超项目本身的更大价值。

(一)就业与民生

从经济学逻辑讲,就业问题不仅是民生之本,是百姓获得收入的主要形式,也是宏观经济中最重要的议题,是经济增长的一个重要源泉。国家能源集团在印尼系列项目的建设和投运，为当地创造就业岗位、改善民生和促进经济发展等均提供了重要的新机遇。

爪哇7号项目承载了带动中国电力工程设计、设备制造以及建设运营成体系、高水平、大协作"走出去"的重任。项目投产后，年发电量约150亿度，可极大改善印尼区域基础设施和电力供应状况，吸纳大量当地人员就业，促进印尼经济社会发展。

项目建设过程中，积极与周边村镇建立了优先就业机制，周边村镇根据自身劳动力情况，承接了部分电厂技术含量不高、能胜任的服务性工作，项目各承包商也在同等条件下优先录用当地劳动力，为当地充分就业发挥良好的支撑作用。尤其是在新冠肺炎疫情造成社会经济萎靡的情况下，项目通过雇用当地人员清除厂区周边杂草树木等办法，提供临时就业支持，有效缓解了周边村民的经济压力。

在爪哇7号项目现场工作的印尼员工

项目建设期，直接吸纳当地人员就业超过5000人次。当前生产运营期，印尼爪哇公司为850余名印尼人员提供直接就业岗位、间接就业机会超过2000人次。

> **【小故事】安妮的梦想**
>
> 年轻的印尼妈妈安妮能说流利的汉语，在爪哇7号项目2000多名当地雇员中像安妮能这样讲汉语的很少，正是因为这样的技能，她负责对外公关事务。
>
> 安妮现在的月薪约5000元人民币，在当地工薪阶层中属于比较高的。安妮的老家在500多公里外的芝拉扎，她把上小学六年级的儿子留在家中，由孩子的外婆和外公照看。她对今后工作和生活的规划有三项，一是把孩子接过来上中学，让他在自己身边学学中文；二是在这边买套房子；三是存钱给孩子的未来教育。她说："如果有可能，想把他送到中国去留学。""爪哇7号项目让我的生活有了新希望，我的未来也会与她息息相关。"

（二）履行社会责任，融入社区建设

爪哇7号项目是中国"一带一路"的示范窗口项目、印尼全球海洋战略的支点、清洁高效的煤电示范工程。本项目来之不易，项目公司积极履行社会责任，致力于与印尼当地和周边建立良好的社会关系。

本项目积极履行社会责任，助力地方发展，在印尼传统节日组织给周边村镇的困难居民和弱势群体赠送慰问品、参与印尼贫困家庭电力服务援助计划、开展对周边孤儿及贫困户慰问活动、协助周边村民对特拉特河进行清淤、资助Pangsoran村和Bojonegara村打水井、为印尼地震灾区捐款、参与地方政府相关部门组织的节庆活动、旱季为项目周边村镇提供清洁水援助、设立并启动爱心基金……一系列举措增加了企业社会美誉度，增进了企业与周边村民的感情，促进了企业与社区的融合，为21世纪海上丝绸之路的建设树立良好形象。

爪哇7号项目还为项目周边村民及儿童提供医疗服务支援；为项目周边公立小学、小学基金会等提供教育援助；为项目周边村民、渔民、手工业从业者提供个人技能培训服务，帮助其筹集渔网等部分基础生产物资……

爪哇7号项目在建设过程中始终坚持环保领跑，建设环境友好型现代化示范电站，致力于环境保护和生态建设，与当地居民共建蓝天碧水，积极推进生态保护工程，涵养海边湿地生态，基建期海工沿岸红树林覆盖率在原有基础上提高了30%以上，"落霞与白鹭齐飞"成为项目周边一道亮丽风景。

【微案例】相助，心相通

爪哇7号项目组织救灾捐款

2018年12月28日，印尼爪哇公司组织项目中印尼员工为印尼巽他海峡海啸受灾区进行爱心捐款，项目各参建单位及下属分包单位共30余家单位200多名员工踊跃捐款，用自己的绵薄之力，为印尼海啸受灾群众送去关爱。

2018年12月22日，位于印尼西爪哇岛和苏门答腊岛之间，巽他海峡中的喀拉喀托之子火山喷发导致山体崩塌并引发了邻近地区的飓风，海峡内发生了强烈的无预警海啸，火山以东约45千米远的爪哇岛万丹省板底兰海岸掀起了高达3米的海浪，瞬间吞没了海滩边的居民区和度假区……

印尼国家减灾局发言人苏托波·普沃·努格罗霍说："海啸造成222人死亡，843人受伤，28人下落不明"，这时救援工作还没完成。到12月31日，死亡人数上升到了437人，受伤人数为14059人。

海啸发生后，爪哇7号项目员工通过媒体报道深刻感受到海啸给当地群众带来的重大灾难。为帮助当地受灾群众早日重建家园，印尼爪哇公司组织项目人员捐款，共募集70653000印尼盾（约合人民币3.5万元）善款。

【微案例】你安好，我无恙

印尼爪哇公司为当地捐赠紧缺的防疫物资

> 2020年，突如其来的新冠肺炎疫情席卷全球，国华电力在保障海外项目能源供应的同时，举全公司之力支援海外项目疫情防控，为印尼当地捐赠价值26.7万美元的呼吸机、防护服等紧缺防疫医疗设备及物资，分享抗击疫情的经验做法，支援印尼抗疫一线、印尼政府有关机构以及各项目周边社区，用实际行动向世界证明：这才是应对全球危机该有的样子。虽相隔万里，却心无间，我们不要零和博弈，合作共赢才是永恒的旋律。

【微案例】特拉特村的改变

特拉特村依河而居，村民习惯了日出而作、日落而息的生活方式，但这一切正在悄悄地发生着改变。由于多年水土流失和泥沙沉积，村民赖以生存的水道河口经常被淤泥阻塞，特别是旱季时水位下降，渔船便无法通行。"新邻居"爪哇7号项目落户后，斥资清理河口、疏浚河道，使航道再次畅通，村民的生计有了新的指望。

艾哈迈德以前是特拉特村的渔民，建设期间成为爪哇7号项目的一名钢筋工，经过中国师傅手把手的传授，心灵手巧的他在短时间内已能较为熟练地使用铁丝绑固钢筋。建设期间，有800多名印尼工人在爪哇7号项目工作，他们绝大多数都是附近的村民。爪哇7号项目还积极融入当地建设，在节假日组织对困难居民和弱势群体赠送慰问品，造福当地民众。

【小故事】关爱之水润心田

Bojonegara村就坐落在爪哇电厂附近，由于旱季雨水少，自用水井经常干涸，村民长期无法得到干净清凉的饮用水，村长无奈之下向公司求助。接到求助后，印尼爪哇公司积极统筹协调，出资为村民修建幸福井，很快，一座标准化的水井完工，为村民的生活带来了极大便利。每次看到印尼爪哇公司的员工，村民都会竖起大拇指。一口幸福井滋润了村民的心田，也搭建起一座地企心心相通的桥梁。

> **【小故事】来自爪哇7号项目的慰问和关心**
>
> 印尼爪哇公司在项目建设和运营过程中一直积极履行社会责任,多次在印尼传统节日组织对周边村镇的困难居民和弱势群体赠送慰问品,增进与周边村民的感情,共建和谐良好的地企关系。
>
> 2021年的开斋节,印尼新冠肺炎疫情依然比较严重,在开斋节来临前夕,为增进项目与周边社区的良好关系,印尼爪哇公司组织相关人员慰问了周边村民,为附近的特拉特村等5个村庄送去了2000个食品包,深切表达了印尼爪哇公司对项目周边社区的关心和关注。
>
> 特拉特村村长伊尔凡见到了来自印尼爪哇公司的老朋友,显得非常开心,他非常感激印尼爪哇公司能够在困难时期送来爱心和温暖,热烈邀请他的电厂朋友们去家里做客。Karang Kepuh村负责人也代表全村对印尼爪哇公司的慰问表示感谢,他说:"我们将把这些食品包分发给渔民、农民、孤寡老人以及其他需要帮助的社区人民,他们会记得这个开斋节来自中国朋友们的爱心。"

第三节　财务管理

一、精诚所至,金石为开

爪哇7号项目投资金额为18.83亿美元,按照股东协议约定,所需资金由股东出资和外部贷款组成。作为海外项目,资金链安全是"重中之重",没钱寸步难行,协调股东资本金注入、股东贷款、融资贷款等事项更是步履维艰，困难重重。

（一）资本金注入，解"燃眉之急"

爪哇7号项目中标后，资本金成为第一道"拦路虎"。项目公司成立后，一旦资本金无法尽快到位，很容易使公司陷入瘫痪。为协调股东方注资，财务团队枕戈待旦，在神华总部、外管局、商务部、印尼央行等部门来回"奔跑"。催办手续更是只能采取"蹲点"的方式。功夫不负有心人，盯办的一个月中，在相关部门鼎力支持下，如愿收入第一笔5600万美元资金，一举缓解了项目公司的燃眉之急，成功通过了第一道考验。

（二）项目融资，解"十万火急"

项目融资，这件"十万火急"的要务亟待财务部门着手办理。根据项目公司与PLN签署的PPA合同，在合同签署之日后的6个月内，必须完成项目融资，否则PLN有权没收7500万美元的项目履约保函。项目融资需要经历法律尽调、实地查勘、融资谈判、担保等一系列复杂过程，每一步都需要开展大量工作。为如期完成项目融资，在公司财务分管领导余西友的带领下，沈建飞和陈伟作为仅有的两名财务专业人员开始了披星戴月的生活，每天奔波于国华公司、国开行、中国神华等单位之间。整个融资项目谈判团队共30余人，那段时间，谈判团队经常通宵达旦地修改融资协议。

为尽快完成融资关闭，财务总监余西友和沈建飞临时租住在雅加达的一家酒店，每天奔波于PLN和股东方PJBI之间，雅加达交通拥堵严重，短短10公里的路程，有时需要花费长达四五个小时才能抵达。他们无惧困难，坚持跑办融资事宜，交叉使用印尼语和英语与印尼央行、投资委员会进行沟通。虽然过程充满艰辛，但他们的内心始终抱持坚定信念，即无论如何都要确保如期完成融资关闭。经过数月艰苦卓绝的谈判，眼看融资关闭日逐渐临近，但双方律师仍在诸多问题上寸步不让。

融资关闭前一周,双方律师仍未达成一致意见,余西友总监在电话中跟律师开会有时一开就是一整天。经过不懈努力,融资协议定稿最终完成,所有人悬着的心也终于落地。当晚,伴随着微微细雨,淡淡海风,印尼爪哇公司团队与国开行团队深夜奔赴公证处,一行人见证了价值13.19亿美元的融资协议签署公证仪式,财务团队如释重负。几天后,在与PLN确定融资关闭的会议上,PLN的IPP项目部总监德尼赞叹道:"中国企业在如此短的时间内完成价值13.19亿美元的项目融资,着实令人惊叹!"

二、精打细算,精挑细酌

项目融资问题有惊无险顺利解决,在大家沉浸在喜悦中时,财务部门已立即投入项目财务管理角色中。尽管财务部门只有两人,但严格依照财务规章制度开展工作,不做"差不多先生"是他们坚守的底线和红线。在项目财务管理过程中,财务部门在成本节约方面努力做到极致,小到费用报销,拒绝一切不合理支出;大到EPC合同谈判,与合同方"讨价还价",想方设法降低项目建设成本。

(一)合理减税降费,节约项目投资

资金问题解决后,爪哇7号项目建设如火如荼地开展。一切都已步入正轨,但精益求精的财务部门不会止步于此,如何合计减税降费,节约投资成为财务部门的重要任务。财务部门对财税政策保持高度敏感,每月收集印尼税务总局和相关专业机构发布的税务政策并组织宣贯学习,在仔细研读大量税务政策法规后,敏锐洞察到部分印尼税务政策适用爪哇7号项目,如中印

尼双边贸易协定、钢铁许可、免表清单、Form-E等方式能够交替用于进口设备过程中所得税、增值税、关税等的减免。税务人员晚上收集整理复杂的免税资料，白天往返雅加达和项目现场。面对印尼税务局办理免税申请周期较长的情况，财务人员在税务局蹲守税务局长，当面申请加快本项目免税批复。税务局也被印尼爪哇公司财务人员的敬业精神深深打动，免税批复的时间较原来缩短了近一半。

物资进口期间，财务团队跑办免税300多批次，往返雅加达税务局和项目现场600余次。税务人员经常打趣道："税务局就是我的第二个家。"

（二）多措并举，降本增效促提升

为进一步降低项目投资成本，提高项目经营效益，财务团队在资金优化方面找到了切入点。2020年，财务部门找到了降低融资协议利率的有利契机，主动与国开行进行融资协议谈判，经过半年时间多次谈判，最终成功将贷款利率下调，预计整个贷款期降低财务费用超3000万美元；还本周期由原来6个月缩短为3个月，降低了沉淀资金持有量，提高了资金使用效率。这一番努力，大大降低了公司的财务成本。

三、精细管理，精心经营

随着本项目建设的持续推进，财务人员短缺状况日益凸显，"粗放化"的工作方式影响着管理效率和质量，基础工作力量薄弱很大一部分原因是财务人员过少，为尽快改变这个局面，财务部门在印尼本地招聘了几名印尼得力干将，将财务管理工作由"粗放化"逐渐转为"精细化"。

（一）会计核算标准化

印尼爪哇公司依据印尼财经法规，采用服务特许权准则进行会计核算，相较于国内电厂普遍采用的固定资产准则，有着显著差异。随着对会计准则的把握及与审计的沟通交流，财务人员逐渐对该准则进行了全面了解，核算准确性大大提高，在日常会计核算过程中，能够熟练运用服务特许权准则进行会计核算。

（二）资金管理安全化

为保障资金安全，银行网银付款采用四级审批，并开通大额资金支付银行电话核实与领导短信通知功能；银行账户的开立、注销均按集团规定执行审批、报备，全部账户都开通网银功能；柜台付款采用"双签"审批流程；根据资金需求办理提款，融资代理行对大额资金支付进行事前审批；从资金支付的全流程严控资金安全风险；每月编制现金流滚动预算，实行资金预算刚性管理，确保经营活动现金流稳定、健康。协调业务部门，完善电费催收机制，新冠肺炎疫情期间电费回收期控制在48天，优于其他同类项目电费回收效率；同时，协调供煤商延迟合同付款，促使燃煤结算周期与电费回收期相匹配，保证资金链安全，降低财务费用。

（三）预算管理刚性化

依据年度投资经营目标，平衡年度预算成本费用，编制了年度业务计划和预算报告。协调各部门参照年度业务预算，编制月度滚动预算，督导业务部门依据编制的月度预算有序开展工作，强化预算刚性管控。每月对预算执行情况进行汇总分析，并适时反馈。基建期，投资预算完成率超100%，预算执行效果良好；每季度组织召开经济活动分析会，监督业务部门预算执行，确保年度经营目标实现。

（四）财务管理一体化

基于财务人员短缺情况，整合印尼爪哇公司和运维公司会计、出纳、税务、报表等岗位，优化资源配置，在满足"不相容岗位相分离"原则的同时，实现财务一体化办公。此外，岗位设置A、B角，保证在人员轮换、休假时能够平稳有序开展财务工作。

第七章

奋进者说

习近平主席在2020年春节团拜会上曾讲道，时间不等人！历史不等人！时间属于奋进者！历史属于奋进者！

爪哇7号项目的成功运营正是源于奋进者的努力拼搏。他们背井离乡、远离亲人，他们兢兢业业、埋头苦干，他们团结抗疫、共克时艰。

他们是"一带一路"的建设者，是央企人参与国际竞争的践行者，是国能集团海外项目的开拓者，是精神的奋进者。

他们是印尼电力项目的工作者。

功崇唯志，业广唯勤。让我们一起走近爪哇7号项目的建设者。

第一节　决战决胜基建显本色

勇担使命，履职尽责
——记印尼爪哇公司第一任董事长闫子政

担任印尼爪哇公司董事长期间，闫子政身系使命、勇挑重担、履责尽职、严于管理、勤于创新，克服工期紧迫、工程建设任务艰巨、资源条件不足、文化差异显著、信息交流不畅等不利因素，带领项目公司全体员工披荆斩棘、攻坚克难、砥砺奋进，出色地完成了公司注册、EPC合同签署、融资关闭、地基处理、主厂房第一罐混凝土浇筑、锅炉钢结构吊装等一系列里程碑任务节点，创造了一个又一个海外工程管理奇迹，工程安全、进度、质量控制平稳有序，投资进度管控科学合理，全面完成了"走得稳"的阶段性工程建设目标。

公司治理方面，闫子政坚持立志高远，对标世界一流，严格按照《印尼公司法》《股东协议》《公司章程》开展公司治理，保证各项决策依法合规；形成安委会、质委会等各类定期专题工作会议机制，统一各方思想，凝聚项目建设向心力；有效发挥印尼董事及员工在外部协调沟通中的强大作用，实现优势互补，使外部环境治理持续改善。

作风建设方面，他以身作则、率先垂范、真抓实干、靠前指挥、事必躬亲、不搞特殊化、严肃工作纪律。他带头执行"中方员工三项纪律八条禁令"；带头学习"两学一做"、英语、PPA及EPC合同、印尼法律等知识；带头廉洁自律，克己奉公。

工程安全管理方面，他强调凝聚集体智慧，形成"一个目标""施工监理六个关口""大型机械八专管理""施工现场五个必须""基建安全二十条禁令"（简称"1、6、8、5、20"）等安全管理理念，夯实安全管控基础，有创新、有特色、有策划、严执行，形成全面系统的安全管控体系。

工程进度管理方面，他带领全体员工跑现场、想对策、抓计划、重落实，团结一切力量，合理调配资源，克服软基土质问题、外部环境问题、签证问题等一系列难以想象的艰难困苦，实现进度的超前管控。

工程质量管理方面，闫子政注重建立健全组织管理机构，提出"八不"质量管理规定；组织编撰和发布《爪哇7号项目基建技术质量问题负面清单》《电力建设质量问题导致生产事故案例清单》《施工工艺细部图集》等"两单三图"作为质量管控的参考范本；组织召开设备创优大会、调试大会等重要会议，明确目标，统一思想；组织策划重件码头、基础清水混凝土等精品样板工程，样板先行，示范引领，铸就精品工程。

文化融合方面，他推动发挥项目文化建设委员会的文化凝聚作用，落实企业文化建设实施方案，组织"趣味运动会""民族融合日"等文娱活动，将"相互尊重、我爱人人、人人爱我，让微笑成为我们共同的语言，让帮助成为我们共同的行动"的文化目标落实到行动中，加深中印尼参建人员的沟通交流，孕育文化生机和活力。

在闫子政的带领下，项目公司全体人员严格按照集团及国华公司的要求，不断统一思想、凝心聚力、勇担责任、共进融合、不忘初心，知行合一，在工程建设过程中克服资源条件奇缺、文化差异显著、信息交流不畅等不利因素，披荆斩棘、攻坚克难，实现了项目建设从"走得稳"向"走得好、走得快"目标的阶段性跨越，安全、进度、质量管控平稳有序，投资科学合理，工程建设得以全速推进。

项目公司全体参建将士远离祖国亲人，经过长期的摸爬滚打和艰难创业，使本项目从无到有，面貌日新月异。全体参建将士不屈不挠的"爪哇精神"塑造了中国企业以及中国电力建设的形象。

现场"461"安全支持体系确保了现场安全管控的全域化和全时化。车辆和施工机械"挂牌营业"、起重机械"一停二看三行车"、高空作业"三绳一网一人"、临抛"九必须"等一系列本地化安全理念深入人心。"四不放过"事故模拟调查实现安全管理前置，防患于未然。负面清单管理助力工程可靠性稳步提升。设备及物资质量"保卫战"等"三大战役"有声有色，卓有成效。"三大图集"指导施工，样板引路，为工程创优打下基础。里程碑计划"双工期"管理，确保了各项重大工程节点均提前于计划完成。

在践行"三一行动"的基础上，闫子政领导项目公司组织成立文化建设委员会，制定中方员工和印尼员工语言培训计划，加强了中印尼员工的沟通和理解。同时，实施"文化落地"工程，成立太极拳、瑜伽等9个协会；与印尼员工及各界朋友共度开斋节；慰问周边村、镇的困难居民和弱势群体，履行社会责任，增进中印尼文化融合，提高项目公司社会美誉度，为"21世纪海上丝绸之路"建设树立了良好形象。

实现项目的高标准建设和投运
——记印尼爪哇公司第二任董事长温长宏

温长宏以国际化的视野、总览全局的谋略、过硬的综合素质，带领中印尼两国建设者秉持"共商、共建、共享"的合作精神，历经艰难险阻，圆满完成了项目的竣工发电任务。

温长宏善于统筹各种资源，规划企业长远发展；善于准确判断企业面临的主要问题和风险，并找到切实有效的解决方法；善于凝聚和激励员工，使员工身心愉悦地在与企业的共赢发展中实现自身价值。

发扬"钉钉子"精神，他从"小白"变成"国际通"

2019年年初，刚过完春节，温长宏便接到了组织要求其远赴海外主持爪哇7号项目建设运营的任务，当时项目正处于基建尾声和调试试运的攻坚阶段，现场工作千头万绪，任务艰巨。温长宏简单跟妻子交代一番便踏上征程，奔赴爪哇，来到现场第二天便投入到紧张的工作中。他先是深入项目设计、建设施工、调试、生产准备等各单位进行调研、沟通，了解项目进展情况和存在的问题，然后集思广益，与同事共同商讨应对之策，遇到难解的事，茶不思饭不想也要研究透。在他的坚持下，很多问题迎刃而解，现场工作得以快速推进。

印尼有印尼的现实情况，想要依法经营必须将合同吃透。初到爪哇7号项目那会儿，温长宏经常将不同层面的管理者请到他的办公室，共同研究和探讨PPA合同等文件。为了理解读透枯燥合同里的每个条款及其背后的意义，他废寝忘食；为了能够随时探讨问题，他将白板和电视投影放在了办公室。靠着这股"钉钉子"劲儿，温长宏很快吃透了合同文本，处理问题也就更加专业、自信，更能服众，印尼方人员也称赞他是项目里最能研究、最能学习、最懂合同的"国际通"。

调动各方资源，他指挥千军万马泰然自若

海外项目建设要求企业家破除狭隘的利益观，有国际化的视野和思维。温长宏将站位提升到与项目合作伙伴共生共赢、构建人类命运共同体的高度，将"家"文化融入爪哇7号项目中印尼所有员工的工作和生活中，用建设"世界一流、印尼最优"的目标、用共建美好生活的愿景来团结一切可以团结的力量。

面对PPA合同、煤炭招标采购、灰渣处置、劳资关系等一系列复杂问题，温长宏以充分的尊重和诚意求同存异，带领大家摒弃意见和分歧，尤其是调动起了印尼股东方领导及项目印尼董事的主动性和能动性，调动起印尼本地员工的热情，协作解决了一个又一个难题。印尼董事德古说："温长宏身上有一种特殊的魅力，让人觉得这个项目不仅是中国的或印尼的，而是'我们共同的'，让大家愿意跟他一起去完成一件有难度的事情，在攻克难关的过程中相互信任，团结奋斗，在成功后体会成就感，这种融合调动的能力让人钦佩。"

2019年12月13日，爪哇7号项目1号机组正式投产，主要经济技术指标均达到或优于设计值，主要环保指标大幅优于当地排放标准，且投产后连续安全稳定运行超过三百天，创造了国家能源集团百万机组投产后的新纪录。

面对新冠肺炎疫情，他是项目现场的"主心骨"

2020年伊始，新冠肺炎疫情在全球流行，项目建设和运营面临难以想象的困难，在集团公司及国华电力的关心和支持下，温长宏带领班子成员顶着巨大的压力，认真分析印尼及当地疫情变化，组织制定了一整套科学严密的防疫措施，做好涵盖所有参建、调试单位的中印尼两国员工的思想工作，稳定人心，及时补充防疫及生产生活物资，做好打防疫"持久战"的充分准备，并在通航的第一时间组织国内调试人员历经多次转机、转车、隔离最终实现现场复产复工，保障了机组调试工作的有序推进。从2020年1月29日起的一年半时间里，他与员工共同坚守现场，上下一心、科学防控、严防死守，始终保持了疫情"零疑似"和"零感染"，保证了"围墙内安全"。中国的成功经验及中国电厂的科学防疫措施通过印尼员工的宣传，辐射到员工家庭和周边地区，维护了更多民众的安全健康。温长宏战斗在印尼项目的第一线，好多次跟家里通过微信视频通话，面对媳妇孩子的担心，他总是轻描淡写一笑带过，一个人默默承担背后的辛苦。

除了缓解当地电力紧张局面，贡献税收，吸纳就业，温长宏还强调印尼爪哇电厂积极承担社会责任，投身公益项目，包括为当地修建学校、清理河道、慰问困难村民等，向印尼人民传递了中国的亲善。"爱出者爱返"，印尼员工把企业当成家，企地和谐助力了项目的顺利推进。

2020年9月23日0时0分（印尼当地时间），项目2号机组完成168试运，爪哇电厂在克服了疫情及一系列困难和阻力后终于实现了全面竣工，且比既定工期提前。在工程竣工仪式上，印尼能源与矿产资源部电力总局秘书评价说："爪哇7号项目战略意义非凡，不仅是印尼目前单机容量最大的电厂，也是印尼第一个采用低热值煤超超临界锅炉技术的发电机组，除了效率高，还更加环保，有助于提高印尼电气化率以及电力能源的稳定供应。"竣工典礼剪彩的那一刻，温长宏终于露出了久违的微笑。

通过项目的高标准建设和投运，温长宏和他的伙伴们，为中国电力事业带来了荣耀，让国家能源集团站在了更好的历史机遇点上。温长宏说，他还有更大的价值感，那就是他和他的伙伴们，超越了项目、行业、国界，给"一带一路"带来发展机遇，给更多民众带来获得感和幸福感，实现了更广泛意义上的合作共赢。一想到这些，他就充满了自豪感。

锐意进取把航向，奋楫前行担使命
——记印尼爪哇公司第三任董事长赵志刚

2019年2月，赵志刚调任印尼爪哇公司总经理（兼任运维公司董事长、总经理），严格遵照"讲政治、有追求、负责任、勇担当"的信念要求，本着"忠诚、安全、创新、责任、关爱"的国华文化理念，发扬"艰苦奋斗、无私奉献、精益求精、追求卓越"的国华精神，坚定不移地践行"如期建成具有中印尼文化特色，同行认可，长期盈利的国际一流燃煤发电示范电站"这一企业发展目标。

在赵志刚的领导下，印尼爪哇公司2021年不断夯实安全基础，克服新冠肺炎疫情阻力，组织生产人员顺利完成1号机组首次扩大性C修工作，消除重大安全隐患，为机组长周期安全稳定运行奠定基础。经过与PLN密切沟通协调，顺利完成全厂PNDC试验，成功完成全厂转入商业运行，机组运行状况良好，双机负荷稳定，以全厂月度平均94.72%的高负荷率在疫情防控期间保障了印尼电网电力稳定供应。赵志刚要求全体员工提高站位、深度挖潜、提质增效，不断提升企业精细化综合管理水平。本项目被国家能源集团评为战略管理领域标杆项目，在2021年亚洲电力评奖活动中，斩获煤电项目金奖和快发能源项目金奖两项大奖，进一步树立了良好的品牌形象。赵志刚动员全体干部员工协同作战，全力做好"打防疫持久战"的充分准备，内防聚集性传播，外防病毒输入，阻击新冠肺炎疫情在厂内传播。强化维稳安保保障能力，充分利用印尼董事和公共关系团队力量，多措并举，积极应对疫情防控期间复杂的外部关系，获得印尼社会各界的广泛认可和支持。

赵志刚紧密团结爪哇7号项目领导班子，围绕国家能源集团"创建具有全球竞争力的世界一流示范企业"的目标，深耕机组安全生产、稳健经营、科学精准防疫、管理提升、提质增效、创一流企业等各项工作，积极应对疫情挑战，努力化解风险，各项工作取得了较为优异的成绩，圆满完成了各项生产经营任务。

履职期间，赵志刚认真贯彻落实集团公司各项重大决策部署，紧扣企业发展目标，实现爪哇7号项目从基建阶段平稳有序转入生产阶段；督促国华风险预控体系在本项目落地，进一步夯实项目安健环管理体系；根据基建生产一体化要求组织完成生产体系制度建设，实现生产体系的"表单化、台账化、规范化"；优化生产组织架构，实现专业管理的"扁平化和集约化"；推动APS及FCB等功能的实现，有效提升机组自动化水平；加快设备治理和机组消缺管理，机组运行水平大幅提升；采用中印尼员工"结对子""导师制"的形式进行"传、帮、带"，理论与实践相结合，加快国际化电力人才培养步伐。

他始终以将加强员工作风建设、锻造一支素质过硬的海外百万机组运营管理团队为第一要务，在日常工作中，首先从本人做起，率先垂范，引导干部员工提高政治觉悟和思想觉悟，在各项工作中从严从实，严格执行"三重一大"决策实施办法，做到了依法依规办事，依章依制用人，科学决策，民主管理，确保整个项目运营管理团队的作风优良。

他始终以身作则，廉洁自律，厉行勤俭节约、反对铺张浪费，坚决反对一切腐败行为，坚决杜绝"吃、拿、卡、要"等不正常现象，带头严格落实中央"八项规定"，高度重视有效遏制和防范"四风"问题，针对以往巡视、审计过程中发现的问题，他与印尼爪哇公司领导班子坚决落实整改责任，坚持回头看，坚持抓落实整改。

值得一提的是，在海外疫情防控过程中，赵志刚身先士卒，带领广大员工深入落实国家能源集团"防控疫情扩散、保安全生产、保职工健康、保能源供应"工作部署，围绕"防疫"和"安全生产"两条主线，先后组织编制并督促落实《爪哇7号项目新冠病毒防控预案》，逐步组织升级现场疫情管控措施，安排关键岗位人员提前返岗，协调保障防疫及生产生活物资，强化企业对境外媒体舆论的监督和正向引导，实现项目现场疫情"零感染"、劳务"零纠纷"、安全生产"零事件"的"战疫"成果，确保了疫情期间生产经营各项工作有条不紊地进行。

引领电力运维团队扎根海外，奋力开拓事业发展新局面
——记印尼爪哇公司总经理陆成骏

陆成骏身上总散发出一种"钉子"精神，多年来，他始终耕耘在生产一线，为引领爪哇电力运维团队扎根海外，奋力开拓事业发展迎来新局面而不懈努力。

2017年，爪哇7号项目正式开工，为尽快将运维团队打造成业务能力强、综合素质过硬、符合国际化大型电力项目运营需求的"尖刀兵"，陆成骏带领运维团队走遍国内多个同类型电厂，调研走访印尼主要发电企业，在印尼和中国两个人才市场广纳国际化电力运维英才。2018年，他结合项目EPC模式、OM方式，落实中印尼两国员工模块化培训计划，倾力打造国际化、专业化的电力运维团队。2019年，为推动生产体系化运作，他带领项目生产体系人员完成从生产准备到顺利接产的全流程艰巨任务。2020年，面对突如其来的新冠肺炎疫情，基建调试与生产经营并存，他在抓实安全生产的同时，聚焦"一防"、发力"三保"，使项目1号机组长周期安全稳定运行纪录刷新。2021年，他身先士卒带领生产人员，铆足干劲，实现全厂净出力PNDC试验一次成功，满足具备全厂COD商业运行条件。

陆成骏高度重视运维团队建设工作，提前谋划，周密部署，强化责任落实，组织制定《运维公司台电基地培训实施方案》，明确"一个培训目标、四个实施阶段、五项培训原则、十七个培训模块"的综合培训计划。陆成骏在台山电厂培训基地阶段性培训总结大会上说："运维公司必须要搭建人才'成长的阶梯'，坚持语言融合、文化融合、管理融合，推动员工开阔国际

化视野、迈开步子、张得开嘴、人心相通，才能在建设国际化一流应用型人才队伍的路上走得稳健、走得长久。"

2020年是印尼爪哇电厂极不平凡的一年，面对疫情，爪哇7号项目面临基建调试、生产经营、机组首次检修并存的局面。"这一年，我们时常会感到艰难与无助，但是面对前行的道路，我们始终坚信大家一定能在脚踏实地的奋斗中攻克一个又一个难关"。

工作中，陆成骏坚持"管理下沉、面向现场、责任到位"的管理原则，倡导生产人员"多看少动、勤分析、慎动手"，不放过任何异常，紧盯作业过程、紧盯设备状态、紧盯人员操作，做到第一时间辨识风险排查隐患，第一时间发现缺陷异常，第一时间控制事态发展，预控风险，安全处置设备异常。在相关管理原则的指导下，运维人员要能妥善处理有关故障，提前研判风险，顺利开展印尼"大机小网"背景下百万机组自动控制优化与研究等工作，为机组安全稳定运行注入"强心剂"。

2号机组整套启动调试过程中，受疫情影响，基建、调试、厂家到厂人数减少，为了不影响调试进度，陆成骏带领生产人员第一时间成立2号机组生产调试协调组织，协调调度生产各方资源，科学合理动态配置2号机组生产准备力量，带领生产全员冲在2号机组整套启动、试验、168试运行的最前沿，有效保障了调试试运工作安全、有序、高效开展。

在2号机组投产运行后，陆成骏结合印尼国家电力公司对爪哇7号项目COD的要求，克服疫情困难一鼓作气组织海外首台百万机组的检查性修理工作，带领中印尼两国员工迎难而上，"疫"路前行，解决了1号机组投产以来汽轮机轴系振动大的隐患，顺利完成了1号机组汽轮机低压缸揭缸、发电机抽穿转子、小机揭缸、锅炉防磨防爆检查等重大操作。

2021年，陆成骏组织生产人员总结提炼的《集团自主化知识产权的DCS在印尼爪哇7号2×1050MW全厂一体化项目的成功应用》《国华印尼爪哇电厂ABB-DEH&ETS控制系统可靠性提升研究及应用》《功能安全型控制系统在超超临界机组ETS及FSS主保护系统首次应用及研究》等分获原国华电力一等奖、二等奖、三等奖。

经过四年多的时间，印尼爪哇电厂生产体系在极为困难的条件下实现了从无到有。历经时间洗礼，爪哇运维公司逐渐成长成为一支国际化专业团队，这也是陆成骏作为生产体系带头人初心领航、默默无闻、扎根海外辛勤耕耘的成果。在此期间，印尼爪哇电厂的生产运维团队得到了集团公司、印尼股东方和各合作单位的大力支持，在印尼电网中赢得良好声誉，在"一带一路"高质量发展中展示了集团公司电力发展的新形象，体现出自始至终的坚守。

陆成骏一步一个脚印，用岁月书写海外运维事业的甘苦，用汗水沁染心中那份国家赋予的荣耀，用坚毅勇敢书写奋斗者的故事。受新冠肺炎疫情影响，他始终放心不下安全生产，更没有回国休假，坚守在海外生产现场500多天，身边的同事都称他是印尼爪哇电厂海外运维事业发展的"拓荒牛"，是生产体系国际化运作落地的"孺子牛"，是"一带一路"能源新地标上铆定安全生产的"老黄牛"。

多措并举，保障基建工作优质高效完成
——记印尼爪哇公司董事/副总经理崔育奎

历时四载，爪哇7号项目全体中印尼建设者克服一系列困难与挑战，将这个项目建设成为印尼电力建设史上装机容量最大、参数最高、技术最先进、指标最优的高效环保型电站，项目的"高标准开工、高水平建设、高品质投产"为中国大型火力发电机组成体系、高水平、大协作"走出去"树立了卓越的口碑。

爪哇7号项目先后打赢了设计设备质量"保卫战"、安装和装修质量"阵地战"和调试质量"攻坚战"，并以"三大战役"的成功为机组长周期安全稳定运行做出巨大贡献。

2019年，爪哇7号项目高水平建设取得丰硕成果，工程在标准化、规范化管理下有序推进。印尼爪哇公司及各参建单位统一思想、凝心聚力，克服一切障碍和阻力，圆满实现土建转安装、安装转调试、调试带负荷的建设目标，完成了年度工程建设目标。

作为项目基建副总经理的崔育奎立足本职岗位，积极履职尽责，推动项目公司完成相关经营指标。在此期间，崔育奎注重全面落实"体系推进保安全"，不断健全组织机构及安全生产责任体系。全面落实海外项目风险预控体系本地化；严格执行"三级监查、两级督察"运作体系要求，实现作业行为和安全设施监管"全覆盖"。严格执行印尼环境保护法律法规，评估环境保护风险，定期检测项目基建现场环境数据。成立建设协调指挥部，协调推进质量管理。组织召开大型质量宣贯会和系列质量管理专题会，以各参建单位的主要负责人员、技术和质量管理人员、现场施工调试人员为对象，重点针对项目公司内容质量管理要求进行再宣贯，明显增强了各参建单位质量意识，提高了现场质量管理水平。

2020年是本项目基建收官之年，项目公司及各参建单位统一思想、凝心聚力、万众一心，克服新冠肺炎疫情等因素影响，牢固树立安全发展理念，强化安全底线思维和红线意识，扎实实施"安全环保风险管控年"活动，有序推进"安全生产专项整治三年行动计划"，圆满完成了1号机组连续运行300天，2号机组通过168试运和顺利投产等目标，并实现安全基建1700天。

疫情期间，崔育奎作为公司第一批返印尼复工工作组的组长，肩负着带领公司16名员工抗疫逆行的重任。在他看来，"维护国华集体形象，一路顺畅平安"的要求高于一切。逆行返工的建设者为本项目如期完成各项建设目标提供了坚实保障。

为克服新冠肺炎疫情不利影响，国家能源集团及国华电力统筹协调各参建单位根据疫情变化形势，科学、动态调整防疫策略，抓紧基建及安全生产工作不放松，认真科学地评估风险。"参与2号机组整套启动调试人员常驻一线，争分夺秒，有效促进了各项调试工作稳步推进，有力保障了2号机组顺利通过168试运"，崔育奎满怀深情地回忆着。

2021年，本项目通过"爪哇现场+萧山基地"两地同步并举的模式，在高效完成基建收尾工作的同时，夯实了争创"国优金奖"的基础。同时，本项目一次性通过档案专项验收，并组织各单位编制完成工程总结，为"一带一路"建设提供了可借鉴、可复制、可推广的经验。

勇挑重担，迎难而上
——记印尼爪哇公司董事/副总经理余西友

余西友在担任印尼爪哇公司副总经理兼财务总监期间，认真贯彻上级公司工作部署，严格执行公司交办的各项任务，充分展现了领导干部应有的责任与担当。他将廉洁自律、克己奉公的精神刻在骨子里，并毫不动摇地践行。在爪哇7号项目完成高标准建设并投产运营的过程中，余西友始终扎根一线，迎难而上，勇挑重担。

在余西友的领导下，公司财务团队不断夯实财务基础，强化业务技能，提高本地化管理水平，高质量完成了项目资本金注资、股东贷款、融资贷款、所得税减免等重大任务，为项目建设稳步推进打下了坚实基础。

2016年，印尼爪哇公司成立之初，为确保项目建设资金尽快落实到位，保障项目建设有序推进，余西友带领财务团队第一时间协调办理资本金注资。项目建设工期紧、任务重，资本金能否尽快到位，直接影响着整个项目的推进。余西友带领财务团队详细研究资本金汇出手续，全力协调外管局、商务部、发改委等部门审批，在财务团队人手紧缺的情况下，亲自盯办手续办理。最终，在公司成立一个多月的时候完成了首笔5600万美元资本金注资，大大缓解了项目资金紧张的局面。

余西友在高效完成项目资本金注资的同时，还不遗余力地全程参与项目融资工作。按照约定，爪哇公司须在购售电协议签署之日起6个月内完成融资关闭，否则印尼国家电力公司有权没收3500万美元履约保函。印尼爪哇公司融资规模为13.187亿美元，在6个月内完成如此规模的火电项目融资，难度极大。面对困难与挑战，余西友无所畏惧、迎难而上，在融资谈判过程中从降本增效出发，组织财务团队和爪哇公司外部律师与融资行就融资协议所有条款逐项梳理和沟通，经过数月，最终顺利在融资关闭截止日前一周完成融资协议签署，并获得了较为优惠的贷款利率，显著降低了财务成本费用。融资协议签署后，印尼爪哇公司须取得印尼投资协调委员会BKPM、印尼央行等部门对项目融资的批复。由于涉及审批部门众多，审批内容复杂，组织协调工作困难重重。余西友亲自带领财务团队在印尼各部门盯办、蹲守并积极联系中国驻印尼大使馆帮助协调，最终于2016年12月24日顺利取得批复。拿到批文的那一刻，余西友长长舒了一口气，一年来跑办融资协议，让他憔悴了许多，但他依然斗志昂扬。

在免税办理方面，余西友深入研究印尼税收法规，组织相关人员办理钢铁进口许可、免表Master list等；整个基建期，统筹办理进口物资增值税、关税、企业所得税等减免300余批次；同时充分研究中印尼双边税收协定等相关文件，指导财务团队的免税办理工作。2020年，余西友得知印尼财政部发布了企业所得税减免政策，便立即组织财务团队开展相关减免税办理工作，充分发挥印尼籍财务经理的优势，积极协调跑办。2020年10月，取得印尼税务总局"15+2"企业所得税免税函（运营期前15年全额减免企业所得税，后续2年减半征收），显著降低了企业运营期税负。

余西友负责物资管理期间，克服进口物资设备时间紧、任务重等困难，组织物资团队全力以赴办理物资进口、清关、免税，完成进口物资300多批次，进口设备物资货值超58亿元人民币，物资进口环节未发生一起物流运输安全事件，未发生一起因进口设备未能及时到货影响工程项目建设事件。

为了保证项目投资可控、在控，余西友在计划投资方面深入挖潜增效，组织计划团队统筹资金计划，提前组织总承包单位编制年度投资计划，项目公司依据年度投资计划编制融资预算，提前与上级公司确认年度资本金注资金额及注资时间，同时与国家开发银行、神华海外资本沟通确认年度提款计划，统筹安排融资提款。在EPC合同谈判环节，要求执行节点付款，进度款支付采用与形象进度相结合的节点付款方式，这种付款形式大大简化了合同付款流程，加快了工程进度款的审批速度，减轻了承包商的资金压力，便于工程建设的有序推进。

回顾爪哇7号项目建设历程，财务管理、物资管理、计划投资等工作困难重重，充满挑战，余西友毫不畏惧，勇挑重担，迎难而上，用锲而不舍的精神和精益求精的态度展现了公司领导的使命与担当。

爪哇7号项目建设是我们人生中最辉煌的事业
——记印尼爪哇公司时任工程技术部经理王进

2016年5月，王进被调往印尼爪哇公司任工程部经理助理，2017年8月起，任爪哇7号项目工程部经理。从1996年毕业进入盘山发电厂工作开始，电力系统严谨的工作作风培养了王进做事踏实负责的精神。遇事把困难和风险想在前面，在部门工作中，王进往往能够身先士卒，吃苦在前，享受在后。在部门会上，他主动提出，"敬业精神向我看齐"。在工作中，他扎根一线，曾连续三个春节都在现场度过。在王进的带领下，工程部形成了"事事有人负责，人人管理到位"的工作作风，高标准完成了爪哇7号项目1号机组提前投产的艰巨任务。

回顾项目建设历程，很多细节历历在目，对于王进而言，犹如昨日刚发生。由于工程紧、任务重，夜里加班成为家常便饭，夜里没有了烈日炙烤，却有无数蚊虫的叮咬。建设现场的蚊子虽小，咬人后却令人感觉奇痒，不少人将皮肤抓破，留下了一道道伤痕。王进说："作为一名专业技术人员，我深知自己身上承载的是祖国的使命，是集团公司和国华公司领导的殷切希望，是家人的支持和期待的目光，每当我穿梭于现场不同国家、不同肤色、不同语言的人群中时，踏踏实实完成每一天的工作任务，沟通协调好每一个工作细节就成了我一直坚持的信念。"

作为参与爪哇7号项目建设的一员，能够亲历项目建设的每一个节点，看着这座现代化电厂在异国他乡拔地而起，王进由衷感到自豪。同时，他也非常钦佩奋战在项目现场那些和他一样的普通建设者，钦佩大家用智慧和勇气书写着建设者之歌，感动于他们抛家舍业的忘我情怀。在一千多个日夜中，建设者风雨兼程，切实将公司建设管理理念融入印尼电力工程建设的一砖一瓦之中。

2016年，王进在国内组织各专业完成了初步设计和司令图，这让工程宏伟蓝图跃然纸上。2017年，王进配合完成全部设备招标，主机和主要辅机选择了国内一流的设备供应商，竖起工程七梁八柱。工程开工后，他组织工程部各专业部门坚持每天深入现场，协调解决问题，有序推进工程建设，将纸上的蓝图打造成了一座美丽的现代化电厂。在本项目工程部和其他参建单位的共同努力下，1号机组提前4个月投产，为践行"一带一路"倡议、树立中国电力海外新形象做出了积极贡献。

王进说："爪哇7号项目建设是我们人生中最辉煌的事业，2019年本项目高标准双投是我们最欣慰的成果。"

长期严酷的环境塑造了王进坚毅的品格，走出国门，国家、荣誉、责任、使命每天萦绕在他的心头，让他肩负起投身建设"一带一路"的舞台，打造具备国际竞争力和可持续发展电站等一系列责任和使命，投身这样一份值得为之奉献青春和智慧的事业。

刻苦钻研，脚踏实地
——记印尼爪哇公司时任工程技术部经理沈明军

沈明军作为印尼爪哇公司工程技术部的一名专业主管，自参加本项目基建工程汽机技术管理以来，凭借刻苦钻研、勇于攀登的求知欲望和脚踏实地的做事态度，迅速熟练掌握岗位所需的基本技能和业务内容。他运用所学的专业知识和实践经验，积极参与国内首台出口百万机组的建设工作。特别是在设计优化和设备质量控制方面，他为系统可靠性、经济性和保障设备制造质量出谋划策，并提出自己的合理化建议。其突出的工作业绩和强烈的工作责任心，使他在获得自身成长成熟的同时，也赢得了领导和同事的好评。

沈明军参与建立本项目系列质量体系文件，并督促相关制度高效执行。他参与编制企业技术标准，作为主要执笔编制了设计优化管理规定，完成了《管道安装工艺样板图集》《保温油漆施工工艺样板图集》《成品保护施工工艺样板图集》等文件。他编制的样板图集和企业技术标准为提高施工质量提供了样板和依据。他参与编制的爪哇7项目负面清单和事故案例，为设计、设备制造和安装调试提供了案例参考并有助于制定预防措施。

他始终贯彻"设计为龙头"的思想，坚持质量管理工作前移的原则，杜绝了重大设计缺陷，保证了机组优良的设计指标。为加快工程进度，他打破常规、深度参与设备规范书的审核、招评标和技术协议签订工作。重视设计指标和可靠性的同时，他将负面清单、三不发生、五防等融进设备技术协议中。

在司令图设计阶段，沈明军驻点山东院，和各方专业技术人员逐项对系统进行细化设计，以满足PPA、高可靠性和经济性为基本要求，就强条、负面清单、五防、设备材料选型、系统管路设计和布置、电动阀门的选用和中停设置、热工测点布置等进行讨论，逐项落实。司令图阶段汽机专业共完成设计优化意见130条。对于施工图阶段图纸审查，他更侧重于对阀门和管材的选型、疏水放气点的设置、管道的走向和布置方式等。其间审核汽机专业图纸95册，提出审核意见217条，设计确认实施195条，未执行22条。

依靠山东院完善的设备采购体系、设备监造和质量验收体系，沈明军参与设备招标、设备监造、过程监督和检查。他参与设备质量宣贯启动会，就本项目的重要性、设备制造质量负面清单，合同分解后的重点注意事项、设备监造见证点、监造公司要求、包装运输等与设备厂家进行宣贯和交流，使设备厂家对本项目在质量和性能方面的高要求感同身受，加大投入，确保满足要求。对于ITP监造见证点设置，他结合负面清单、检查检验关口前移、设备尽可能试转等要求补充和完善ITP监造见证点。如针对部分进口件的产地造假问题，通过调研和协商确认可能出现产地问题的进口件清单，利用国际第三方监造的全球化优势，实施原产地见证，震慑作用明显。为确保油系统清洁度，增设油系统管道组装前见证、油泵组装前见证、板式换热器组装前见证等。对不少项目汽缸现场出现较大的铸件缺陷问题，增加汽缸铸件精整前见证，检查原始缺陷。

对于设备监造和出厂放行，沈明军通过山东院设备管理台账、监造周报和监造月报实现对设备合同执行的监督和检查；编制设备监造管理台账，了解设备制造的进展、进度、缺陷等；通过专业组和设备质量月度会解决设备制造过程中出现的问题；将设备技术协议中的重点注意事项融合进设备出厂放行清单中，要求验收人员逐项闭环签字确认后方可放行出厂，降低设备在现场出现不符合项的概率。

参与本项目建设期间，沈明军以高度负责的敬业态度和优秀的专业技术能力，为项目推进做出了重要贡献。努力不会被辜负，付出终有回报，为表彰优秀、鼓励先进、树立典范，沈明军被评为项目公司2017年度先进个人。

干一行、爱一行、钻一行
——记印尼爪哇公司时任工程技术部兼计划物资部经理刘绍慰

2020年6月16日，作为新冠肺炎疫情发生后印尼爪哇公司第一批返岗员工之一，刘绍慰乘上了飞往雅加达的飞机。在这之前，他已经连续居家办公四个多月了。为了不影响工作进度，爪哇7号项目所有无法返岗的工作人员全部采取远程办公形式，微信、QQ、电子邮箱……各种联络方式齐上阵。

刘绍慰说："在国内我每天都关注着印尼疫情相关新闻，好不容易盼到入境印尼最新政策，赶紧联系同事，看看能不能搭上第一班回厂的航班。"他奋勇逆行，发挥了模范带头作用。

时间回到2015年，刘绍慰作为台山电厂热控专业技术人员，因为业务能力突出被选拔参加国华公司"智能国华"的研修，看到爪哇7号项目的招聘启事，他毫不犹豫地报了名，并成为印尼爪哇公司第一批报到的员工。提起当年报名的情景，刘绍慰仍难掩激动之情，"这是国内首台海外百万机组的基建项目，我特别希望能在这个平台上得到锻炼，增长见识、提高综合能力"。

六年多来，刘绍慰作为印尼爪哇公司的基建核心骨干之一，先后在工程技术部、计划物资部等部门历练，全过程从专业技术、工程管控、技经管理等维度参与了项目的前期策划、EPC合同谈判及执行、热控专业、设计设备、安装调试、物资保障、技经管理、工程结算、总结及创优等工作，一人多岗、身兼数职，干一行、爱一行、钻一行。

一是作为热控专业负责人，带领热控专业组深度融合、协同运作，以"基建生产一体化"的理念，高标准完成了热控专业各项工作。具体包括严格落实爪哇公司各项管理理念和举措；严审设计方案、严控设备监造及出厂验收；以施工组织为纲领，以流程把控、质量监督为抓手，系统性开展热控专业的施工及调试工作，最终创造了基建期及生产期均未发生热控设备及逻辑异常的优秀成绩。组织开展的《国产DCS系统在印尼百万机组运用》课题，获得2022年度中国安装协会科技进步一等奖。

二是作为设计主管，以国华基建管控体系为指导，组织参建各方构建了爪哇项目设计管理体系并高效运作，确保了设计工作如期保质完成。编制了14项涵盖设计业务全流程的管理制度及程序；构建了以"设计专委会"为核心的设计质量管理体系，组织18次专委会等活动，发挥集体智慧、严把设计质量。国华公司对爪哇项目共开展了5次设计专项检查，均高度评价设计管理体系完备，质量管控有效。

三是作为计划物资部负责人，积极探索、创新EPC总承包模式下的工程结算工作，带领部门全体员工克服新冠肺炎疫情带来的不利影响，克服结算单位类型多、币种多（人民币、美元、印尼盾）、合同争议金额大等困难，通过"异地办公""现场办公"相结合的方式，在严格执行上级单位各项制度的前提下，依法依规组织各方开展工程结算工作，通过了第三方工程结算审计，获得了上级单位对结算报告的批复。

四是作为工程技术部负责人，严格落实公司整体部署，组织基建体系各参建单位在杭州萧山基地系统性开展基建收尾工作，一次性通过了档案验收等全部工程专项验收；创新工作模式，成功组织完成达标验收、工程竣工验收等工作。特别是在工程创优方面，作为直接负责人，在对项目的工程建设、生产运营、管理创新等方面全流程、多维度开展系统性总结和深刻提炼之后，按照中电建协、中施企协等协会的相关要求，制定了系统性的创优报奖工作计划，并高质量组织完成了相关各项工作，最终项目获得国家优质工程金奖、电力行业优质工程、亚洲电力大奖等奖项。

第二节　奋斗是青春最亮丽的底色

不服输的"小费"

"幸福都是奋斗出来的，奋斗本身就是一种幸福。"作为爪哇7号项目电气一次设备工程师，也是派驻印尼爪哇公司4位女员工中唯一一位工作在生产一线的员工，费志博的奋斗经历为爪哇7号项目的建设增添了一抹亮丽的色彩。

2020年9月2日，正在项目2号机168试运前紧锣密鼓的调试期，费志博缺席了慰问座谈会。时任国华电力公司总经理李巍提出想见见她，"就是要看看她到底有什么与众不同，难道是铁骨钢身？"最终见到的"小费"却是一头短发，身穿维护黄色工服，脸上挂满了女孩的羞涩与柔弱。

爪哇7号项目1、2号机组电气设备安装和调试过程中许多难度大、时间紧的任务大多与费志博有关。2019年年初，项目1号机组正处于紧张的基建期，回忆起当时的艰苦环境，很多人谈之色变。初来乍到的费志博因为水土不服过敏、闹肚子，但她硬是凭着一股不服输的劲头挺了过来。在首次与印尼当地电网联系1号机组厂用电系统受电工作中，她凭借自身过硬的技术水平、语言和团队协作能力，顺利完成倒送电一次成功任务。

印尼电力工程能力证书（SKTTK）资格认证考试时，当地考官因"好奇生产一线怎么会有女工程师"而连续不断提问，费志博用娴熟的英语从变压器、发电机、开关柜结构讲到具体检修试验流程，事无巨细，赢得了考官的认可。印尼考官最后还不忘嘱咐："请一定要把这些知识都传授给印尼员工"。

在电力系统建设方面，印尼大部分标准低于国内。以项目1号机组主变试验为例，在国内必做检测主变内部绝缘强度的局部放电试验，印尼方却未做任何要求。出于对项目负责的考虑，费志博毅然向上级提交工作联系单，阐述了局放试验的重要性和必要性。在领导的肯定和支持下，她从国内协调设备，完成了对1号机组主变的"健康体检"，消除了设备可能存在的"隐形缺陷"，以实际行动诠释了"用心"二字。

在国外工作期间，费志博的母亲做了一个手术。但新冠肺炎疫情导致航班中断，费志博没能陪在母亲身边。"回去以后，第一件事肯定是抱抱妈妈"，不服输的"小费"，流露出温情、细腻的一面。

星光不负赶路人，在新冠肺炎疫情形势愈发紧张之时，爪哇7号项目2号机组终于顺利通过168试运。银色的月光下，投射出众多电力"平凡人"舍己忘我的身影，费志博也是其中之一。她的脚步匆匆，依然一副忙碌的姿态。因为她知道，对于一台机组来说，168试运只是迈出了一小步，想要行稳致远，乘风破浪，后面要走的路还很长……

爪哇运维公司生产人员培训现场

练就过硬本领，勇于创新创造

"奋斗者是精神最为富足的人，也是最懂得幸福、最享受幸福的人"。爪哇7号项目机组凝汽器检漏装置是汽轮机系统的附属设备，要监控6万多根凝汽器钛管是否泄漏。然而，自1号机组开始调试以来，这套装置一直无法连续取样，原因是凝汽器内取样盘设计得太小，无法满足连续取样要求，就连厂家也直接给设备的系统设计和安装判了"死刑"，2号机组为此专门进行变更，在热井底部增加了一路取样管。

对于这样的结论，印尼爪哇公司汽机运行高级主管高志华偏偏"不信邪"，自己跑到现场，将检漏装置相关设备系统仔细捋了一遍，又对取样泵反复试验，听声音、测温度，这才找到问题根源：取样泵再循环开度不对！开度太大，取样盘的水会被快速抽光；开度太小，取样泵发热汽化便无法打水，必须把再循环门放到一个适中位置，才能保证取样装置连续取样。至此，困扰大家的难题迎刃而解。

不惧难题敢于"亮剑"，成功让设备"起死回生"，"特别能钻研""特别能创新""特别有大局意识""特别有担当""特别有才华"……这些"特别"都是印尼爪哇公司同事们给高志华的评价。

项目1号机组开始整套启动后，汽轮机冲转因为轴承振动大而多次失败。高志华心急如焚，趁着机组临时停运加平衡块的间隙，他争分夺秒收集分析数据，编写汽轮机冲转指导措施。经过加装平衡块和对冲转方式、参数优化调整，汽轮机成功定速3000r/min！48小时的不断忙碌换来的是机组电气试验顺利完成可以并网的指令，他随即又转身投入指导运行人员精准操作的工作中。

2020年的大年初六，高志华踏上了返回印尼的旅途。可刚落地广州中转，他就收到消息：爪哇7号项目公司及印尼爪哇运维公司在国内休假员工暂缓返回现场。返航还是继续飞往印尼？此时的机组刚投产运行，现场肯定需要支援，稍加思索，他毅然踏上飞往现场的"逆行"之旅。只身坚守海外，儿子的课业不能亲自辅导，父亲住院不能悉心照料……

高志华的身上具备许多人不具备的可贵品质，但他自己不觉得。他说："都是分内的事，很多事我不做别人也会做，很多人比我更辛苦。"

下面是高志华填写的一首《南歌子》。

日薄巽他岸，风拂稻花香，路旁虫蛙赛声腔。一众欢笑轻骑，好时光。

疫情虽肆虐，爪哇胜在望，双机百万并电网。齐心共克时艰，创辉煌。

这位奔走在"一带一路"建设一线的建设者，用质朴的语言，展现最坚忍的意志，抒发最美好的希望和情感。

第三节 "爪哇7号人"的家国情怀

"义生"无悔

"追梦需要激情和理想，圆梦需要奋斗和奉献。"一声叹息之后，电话被挂断了，留下深深的牵挂无处寄托。

"老妈病情加重了，需要做手术，你能回来吗？"电话那头妻子无助的声音重重地敲在（时任）印尼爪哇公司副总工程师钱义生的心底。

"2号机马上就冲168试运了，1号机大修也在准备，这个时候我真的离不开……要不，让儿子请假回去帮帮你……"

嘟——嘟——

钱义生眉头紧锁，神情愈发凝重。由于新冠肺炎疫情，他已经385天没回过国了，家里的重担压在了妻子一人肩上。岳母身体本就不好，这次又查出癌症，让本就瘦弱的妻子更加不堪重负。可是，电厂的事他实在难以放下，面对肩负的重任，在"小家"与"大家"这道选择题上，他悄然选择了后者。

每天大部分时间，钱义生都在电厂生产现场奔忙。用他的话说，这才是他的"主战场"。疫情期间，到岗人员减少30%，给设备维护巡检带来了空前压力。对于长时间坚守岗位的人员来说，他们的精神和身体也承受着莫大的消耗。

日常设备维护，筹划机组检修，同时还要兼顾输煤设备的升级治理以及2号机组168试运前期准备……工作千头万绪，人员严重不足。特别是在1号机组两台汽泵振动和凝汽器管板泄漏抢修工作中，身经百战的钱义生和检修人员一起24小时倒班抢修，每天一身油一身汗已是家常便饭。别人倒班休息他工作，别人工作他还在现场忙碌，累了就回办公室眯一会儿，醒来用冷水洗把脸又出现在一线。

为防止输煤系统跑煤漏粉，他带领检修人员对每一条皮带的每一个零部件进行查病问诊，煤粉与汗水混合后汇成黑色的泥水在脸上流淌。虽然疲惫，但他仍不忘和同事打趣，说脸上的煤粉和汗水结合是特殊的防护品，就连爪哇的蚊子都不敢亲近呢！通过治理，输煤系统跑煤漏粉基本消除，煤场管理日益规范，输煤区域环境也有了质的改善。

傍晚的印尼爪哇，白天的燥热渐渐在余晖中消退，湿润的空气混合着青草的芬芳，忙碌了一天的工友们互相打着招呼三五成群地走向食堂。

"钱总，都一年多没回家了吧，打算啥时回呀？"

"等忙过这阵儿吧，你也快一年没回了吧！"

"是啊……"

以激情和理想追梦，以奋斗和奉献圆满！这是对爪哇7号项目参建将士的真实写照，他们经年累月默默付出着青春，挥洒着汗水，贡献着智慧，书写着对祖国的无限忠诚，深藏着对亲人的满腔眷恋，留下了参与"一带一路"建设浓墨重彩的一笔。

第七章 奋进者说

爪哇运维公司集控值班员正在认真工作

心愿

"志之所趋，无远弗届，穷山距海，不能限也。"2019年5月，47岁的钟秋临危受命，作为电力公司技术支持组成员远赴印尼爪哇公司担任工程部锅炉专工，负责基建期锅炉设备安装和调试运行工作。出发前，他很想回老家看看八旬的老父亲——自从母亲去世后，父亲的精神状态远不如从前，老人家虽然从未对他说起"常回来看看"的话，可钟秋明白，父亲只是不想给他添麻烦，让他担心。

调令如山，正值爪哇7号项目全面启动之际，技术人员紧缺，工程进度紧急。他站在自家的门口深深凝望着老家的方向，含泪放弃了看望父亲的打算。收拾好行囊，嘱咐妻子好好照顾家里，多去看看远在外地的老父亲后，钟秋毅然踏上了前往印尼的旅途。

爪哇电厂位于赤道附近，气候炎热潮湿，初到印尼的钟秋很不适应。他负责的锅炉设备安装和调试工作需要经常往户外跑，没过几天，钟秋的脸就被晒得黝黑如炭。每天跑完现场，他又马不停蹄地赶回办公室，对照现场作业情况一一梳理，决不放过任何一个问题，力求锅炉专业设备安装调试工作可控在控。工作现场潮热，衣服每天都能拧出水，钟秋带领全体锅炉专业人员不断攻坚克难，逐一解决两台机组的锅炉相关问题。

春节是中国人阖家团聚的日子，虽然很久没有见到家人，但钟秋却主动把回家过节的机会让给了其他同事，"我年纪大，以后有很多回家过节的机会，就让年轻人多团聚团聚吧"。没想到突如其来的新冠肺炎疫情，把钟秋结结实实挡在了国门外。国际航路停运，人员不能到达现场，技术支持没有保障，国内休假的员工无法及时返岗，多项工作出现人员缺口……

此时正值2号机组进入调试阶段，种种突发情况让钟秋在工作现场急得团团转。"各单位、各部门全体工作人员要冲锋在前，以舍我其谁的工作态度和工作自豪感，与项目共渡难关，切实抓好机组安全生产和防疫工作……"董事长在防疫动员会上的讲话掷地有声，为被隔绝在大洋彼岸的员工吃下了一颗定心丸。在防疫领导小组的统一指挥协调下，项目各单位和部门团结在一起，有序开展各项工作，凝聚了疫情防控状态下最坚实的技术力量。这期间，钟秋多次与国内专业技术人员视频连线、远程会议，与设备厂家及时沟通技术细节，严把工程质量关口，会同参建单位共同完成了锅炉142支吹灰器调试和15支安全阀的压力整定。同时，他还协助解决了已经投产的1号机组生产中出现的设备故障，保障了投产机组的正常运行。

9月23日，2号机组顺利通过168试运，爪哇7号项目全面竣工。离家十多个月的钟秋作为参建人员兴奋地站在人群里，看着显示屏上燃烧得正旺的炉膛，紧张、激动、自豪、骄傲，以及对父亲、妻女的思念交集在一起，各种滋味萦绕心间。

"现在最大的心愿是什么？"

他沉吟了一会儿，有些哽咽地缓缓道出了心里话："希望疫情赶快过去，好回老家看看父亲，再和妻子去武汉看看读大学的女儿！"

此心安处是吾乡

"奋斗是青春最亮丽的底色。新时代中国青年要勇于砥砺奋斗。"坚守海外一年多,甘当"守门人"的印尼爪哇公司行政人事部主任助理滕跃的微信头像五年多没有换过,头像是他女儿六个月大时的照片,胖嘟嘟的小脸,肉乎乎小脚丫非常抢镜。滕跃说,女儿快六岁了,一年多没见着,听说长成了大姑娘,身高已经1米2了……

面对突如其来的新冠肺炎疫情,印尼爪哇公司严阵以待。项目现场复杂的人员构成、中印尼员工的文化差异,以及防疫工作人员的不足都加大了防疫压力和困难。滕跃放弃回国休假的机会,主动承担防疫工作中的各项任务,迅速编制下发疫情防控措施,提前协调人员返厂,制定返程人员隔离措施,每日了解隔离人员思想动态,安排医生进行健康观察,确保人员安全返岗。

哪里有需要,哪里有困难,滕跃就出现在哪里。安排隔离房间,按照人员风险等级协调现场近1300人进行分区域、网格化生产及办公;面对可能的物资紧缺,提前谋划,克服巨大困难,多方协调采购防疫物资;与项目防疫团队妥善完成全厂封闭,全力将病毒阻隔在电厂大门之外,周密的防疫措施让厂内人员的恐慌情绪逐渐平稳下来。

防疫伊始,恰逢春节,他一个人承担着行政、后勤、安保、公共关系、综合治安及保卫、宣传、防疫等多项职责,每天都处于"连轴转"的状态,24小时随时待命。"电话、微信响不停,就像上战场一样,但我没有犹豫,中国人要在这里做出榜样",滕跃如是说。

一个雨夜,滕跃失眠了,原来是前两天接到家里电话,母亲确诊患癌。望着窗外灰暗的夜空,他的心时而像被大山压着,时而又像沉在冰水里。作为儿子没尽到责任,此刻的他多想在母亲身边照看,转念又想到母亲在电话里安慰他"不要担心,在印尼要照顾好自己,干好工作"。滕跃的泪水止不住地滑落下来,唯有夜深人静的时候,他才得以卸下铠甲,把脆弱无助的一面显露出来,而第二天他又得迎着朝霞奔赴工作岗位。

母亲的健康，妻子的劳累，孩子的择校……是他心底最深的牵挂。尽管如此，他没有提过任何要求，一直坚守岗位，奋战在海外建设一线。

面对家人的嘱托和牵挂，滕跃心中很是愧疚；面对家人的鼓励和支持，他内心又会迸发出更大的动力，"想到无数人正接续奋战，舍小家为大家，我将继续把岗位当成战场，恪尽职守、不辱使命。"

2017年，腾跃主动请缨，远赴海外，在印尼爪哇公司这片热土上书写风华。五年多了，如今已是此心安处是吾乡。"每每想到我们与家人相拥时脸上的灿烂笑容，都会让我产生不竭动力，我们都会为今天所做的一切，感到无悔和骄傲！"

爪哇运维公司运行人员深度参与调试

第四节　新竹高于旧竹枝，全凭老干为扶持

扎根海外干事业的"老黄牛"

"历史是人民创造的，中国的发展成就是中国人民用自己的双手创造的，是一代又一代中国人顽强拼搏、接力奋斗创造的。"在印尼爪哇电厂，有这样一位在生产系统摸爬滚打十多年，扎根海外干事业的"老黄牛"。一头短发干净利落，走起路来虎虎生风，就像他的行事风格——雷厉风行，从不拖泥带水。

自2018年8月进入印尼爪哇运维公司以来，国家能源集团劳动模范周翔龙先后担任安全生产技术部经理、生产技术部经理、副总工程师等职务。一路走来，他转变角色快、思想定位准、工作标准高，对自己要求严，是周围同事眼中的"榜样"和"好大哥"。他对待工作积极认真，肯吃苦，尤其是面对海外疫情，他积极克服个人困难，取得家人理解，伴随在机组基建及调试投产全过程。

勤学苦练笃行——为爪哇电厂生产体系建设立下汗马功劳

先后经历国内外300MW、600MW、1000MW、1050MW机组调试及投产后的运行管理工作，周翔龙在集控值班员、经理助理、经理等多个一线生产岗位上工作过。通过"恶补"印尼火力发电相关知识，他很快成为熟悉中印尼火力发电生产主要环节的技术"大拿"，凭借丰富的经验，他承担起了爪哇电厂生产体系建设的重任。

2018年8月，周翔龙到印尼爪哇运维公司挂职生技部经理，公司生产准备工作是其主抓方向。针对海外公司中方员工少、语言沟通不畅、海外生产管理经验少等特点，他在国内及印尼电厂开展大量的实际调研，并于机组调

试前夕带领生产人员出色完成生产准备任务。在此期间，周翔龙结合印尼爪哇电厂特点，组织生产人员着手建立本电厂生产体系。

"在海外建立一套符合当地实际情况的生产体系，工作非常复杂，为推动新建生产体系有效运作，我们不得不摸着石头过河，再通过实际不断验证和完善。工作量虽多，但为确保从基建平稳有序转入生产运营，一切付出都是值得的。"一位曾与周翔龙一起参与生产体系建设的员工这样回味那段苦中有乐的岁月。

在建设印尼爪哇电厂生产体系的过程中，海外生产人员全镜像百万机组培训机制也应运而生，使电厂生产人员提前熟悉百万机组生产各个流程及环节，极大提升了生产人员技能培训效率。

"我认为工作就应该敢拼、敢干，所学就要有所用，我一直坚信这些年在生产领域学到的东西一定能够为爪哇电厂生产体系建设提供支持，爪哇7号项目意义深远，能够担此重任，我无比自豪。"能够看出，周翔龙对爪哇7号项目始终怀有一份无比特殊的感情，工作之余他也总喜欢到生产现场，看看哪里还存在问题。

躬行责任担当——在深度参与基建及调试中感悟人生价值

爪哇7号项目两台机组调试期间，周翔龙几乎每天都守在基建生产一线，困了就在会议室眯一会儿，一日三餐几乎都在集控室"解决"，每天工作到很晚，全程深度参与两台机组调试及验收工作。他在重大试验方案审核前夕组织生产人员提前进行仿真机验证试验，进行试验风险评估及交底，确保了各项试验一次成功，且未发生一次意外事件。凭借"拼命三郎"的劲头，他多次组织解决现场疑难问题，系统解决了"百万机组无炉水泵启动主再热汽温高""安全燃用印尼煤""引风机停运时炉膛负压大"等技术疑难杂症。

凭借百万机组丰富经验和在基建生产现场的摸爬滚打，周翔龙在机组调试过程中对机组逻辑、设计提出二十多项改进建议，对机组试验方案、过程风险控制及重要缺陷的处理提出十多项重要改进意见并全部被采纳，同时他还为百万机组设计了一套系统功能验证性试验，全过程见证验收，确保机组本质安全，这些都有力保障了机组调试工作的顺利开展。

印尼爪哇电厂同事说："我们经常在现场看到周哥的身影,他经验丰富,能力过人,韧性十足,是一名不折不扣的技术骨干,他取得的每一份成绩都饱含无数汗水。"

2020年6月,受新冠肺炎疫情影响,项目2号机组基建调试人员无法及时赶到调试现场,在此情况下,周翔龙带领生产人员独立完成2号机组30多个系统试运及基础性试验工作,提前排查出"机组火检冷却风机控制电源接线不合理""汽轮机调门LVDT接线松动""EH油泵出力不足"等多项机组隐患,为2号机组后续调试工作顺利开展打下坚实基础。

此外,周翔龙还组织将1号机组调试及运行期间发现的重要缺陷编制成册,及时消缺,并将这些缺陷和隐患列为2号机组调试过程的跟踪落实清单,明确管控措施,有效避免了1号机组遇到的问题在2号机组重复发生。

授业攻坚克难——将解决实际问题作为目标

在海外安全稳定运营百万机组,靠的是过硬的专业生产运营团队,靠的是一套可以拿来就用的运行管理制度、标准及流程。周翔龙利用自身熟悉国内百万机组生产流程的优势,协助运行人员编写运行管理制度、标准及流程、百万机组运行培训材料等,开展百万机组专业技能授课,让中印尼运行人员技能得到有效提升。

针对爪哇百万机组特点,周翔龙组织开展百万机组专项技术攻关项目十多项,并在燃用印尼煤、FCB、无炉水泵启动、网源协调等攻关项目上取得阶段性成果,成功解决海外首台百万机组无炉水泵启动技术难题,为机组长期安全稳定运行提供了有力的技术保障。

PPA合同是电厂运营过程中与印尼股东方交涉的重要协议,周翔龙付出大量业余时间将其吃透,在PPA合同重述过程中,他参与相关谈判二十多次,历时一年多,全程圆满完成PPA合同重述及燃煤采购工作。作为印尼爪哇电厂PPA合同重述、燃煤采购协议谈判及签订的主要参与者,周翔龙还在PPA合同重述过程中对该协议的A、B、C、D电价进行深入研究,在谈判中多次提出修改意见,为印尼爪哇电厂利益最大化以及保障机组投产后的经济运营做出了贡献。

"勿言牛老行苦迟，我今八十耕犹力"，周翔龙就是靠着对企业、对生产的这份执着与坚守，书写着一位普通员工的"光辉人生"，扎根海外，干事创业，将"老黄牛"精神体现得淋漓尽致！

坚守，最朴实的告白

"有信念、有梦想、有奋斗、有奉献的人生，才是有意义的人生。"把蓝图变为现实，是一场漫长的征程。没有空话大话，在印尼的每一天，印尼爪哇公司总经理助理王进都满弓发力，从项目设计管理、设备采购的技术支持，到现场工程建设安全、质量和进度管控，他与工程部的同事将电力建设管理理念融入工程建设中，克服了与印尼法律、文化融合，资源紧缺，语言障碍，工程融资，印尼政府许可等一系列困难。其间，印尼爪哇公司团队解决了软土地基、褐煤锅炉、海水淡化、海水脱硫等技术难题，以实际行动践行"不忘初心"：打造海外百万机组的国际标杆样板工程。

作为首批赶赴爪哇7号项目现场的建设者，他见证了项目从无到有的历程，"出了国门，国家、荣誉、责任、使命绝不是空话大话的感想尤为强烈，爪哇7号项目作为我国第一个在海外投资建设的百万千瓦超超临界机组，我们深感责任重大，不能有丝毫懈怠"。

在异国他乡开展电力工程建设，不时会面临料想不到的困难。本项目建设执行最高标准和规范，在主变压器准备进行局放试验时，发生了一个小插曲。"当时我们找遍了印尼都没找到试验设备，后来经过多方确认，原来是当地电网没有要求，电厂和变电站都不做这个试验。"

对于这一情况，中方建设者选择不妥协、不放弃，坚持无论如何也不能降低标准，他们紧急协调调试单位在国内采购到了试验设备，最终完成了试验。

"海水淡化调试期间，两台注水泵轴承温度高，在厂家不能到场，不授权现场解体的情况下，我们的工程技术人员不等不靠，主动出击，组织全现场技术人员研究图纸和规范，加班加点消除了缺陷，保证了海水淡化调试顺利进行……"其实，这样的例子还有很多。

无论坚守国内还是驻守海外，每位爪哇7号项目人都抱定"功成不必在我，功成必定有我"的信念与使命感，努力推动项目建设和运营实现从无到有、从小到大，把理想变为现实，以实际行动展现忠诚担当，甘于奉献，不懈奋斗。

"你知道印尼爪哇公司最美的夜景是什么吗？"

王进动情地描述着："夜空下，许许多多中国同胞坐在办公区外的马路上和家人视频通话，这是我们和孩子、家庭连接的唯一纽带，也是我们一天辛劳过后最幸福的时刻……"家，永远是最温馨的港湾；坚守，则是对祖国、对企业最朴实的告白。

第五节　互学互鉴，共同成长

一、跨越国界的融合

作为"一带一路"倡议在印尼落地的首批重大合作项目，印尼爪哇7号项目在尊重当地风俗习惯、宗教信仰的基础上，开山辟路，踏浪而行，项目建设者以制聚人、以文化人、以情感人，凝聚了筑梦海外的奋斗力量，开启了一场跨越国界的文化融合之旅……

相助，超越语言的美

印尼一年之中只有两个季节，一个是旱季，另一个是雨季。当雨季来临，最显著的变化就是雨水异常频繁，滂沱的大雨会把爪哇岛变成一片泽国。

2018年的一场大雨过后，当地新闻报道印尼多地发生严重内涝，城市的街头巷角。举目之处，往日的马路不见了，齐腰深的水沿着街道倒灌进了民宅、店铺，涌进了地势低洼的各个角落，交通陷入近乎瘫痪状态。

得知印尼员工迪安家里也遭了灾，印尼爪哇公司的中国员工立即自发组织去他家帮忙清理淤泥、收拾被淹的家具。原本心情低落的迪安，看到这么多中国朋友突然到来，既惊奇又感动，心中的阴霾一扫而空。大家撸起袖子和裤腿，迅速投入有序的工作，整个下午，大家都泡在水中，将被水淹的家收拾干净。离开时，迪安依依不舍，目送车子开出他的视线。爱就隐藏在这无声无息之中，等着被发现、被实践、被珍惜……

一天，行政人事部秘书滕跃正在办公室忙碌，一名员工慌忙跑来说印尼司机阿迪的情绪不对，滕跃立刻放下手中的工作去现场，发现阿迪说话时非常激动，甚至在毫无预兆的情况下突然掩面哭泣。

滕跃问："有什么事情要勇敢地告诉我们，请相信我们虽然来自别国，但咱们一直是朋友。"

"我……我的妻子怀孕了，她的身体情况不是很好，医生说需要入院保胎，但需要一大笔钱，我已经向周围朋友借遍了，还差很多……"说出这些，阿迪再次失声痛哭。作为父亲和丈夫，面对生活时的窘迫让这个男人落泪。大家陷入沉默，屋里回荡着阿迪的哭声。

"需要多少钱？"滕跃主动打破了沉默。

"大概，大概需要十条印尼盾……"（十条印尼盾约折合5000元人民币）

大人和孩子的生命安全让滕跃没有再做过多思考，将身上所有的印尼盾都递给了阿迪。阿迪紧紧握着滕跃的手，此刻，信任与理解就这样紧紧握在了一起。

几个月后的一天，那名司机专门找到了滕跃，他掏出了一张照片，照片里他美丽的妻子抱着刚出生的孩子，阳光洒在照片上，一大一小两张脸上溢满了幸福。

参与爪哇7号项目建设的印尼工人与本项目共同成长

相知，拉近彼此的心

2018年，48岁的聂鑫加入了爪哇7号项目，"每天除了工作就是睡觉，最大的消遣就是看看日落"。聂鑫感到在海外的日子孤独和艰难。他注意到，经常坐在高处同他一起看日落的还有个印尼小伙子，因为语言不通，从来没打过招呼。他不曾想到，两个身影生出了一段跨越国界的师徒情缘。

爪哇7号项目建设阶段，公司在当地招聘了不少印尼员工，23岁的小安（Anjar）就是其中一员。随着土建部分接近完工，机电安装等分包进场，施工现场陷入了力工过剩、技术工人严重不足的窘境。

"要是印尼工人学会检修技术就好了！"公司决心将中国"导师带徒"制度搬到印尼，迅速提升印尼工人的整体技术水平。

聂鑫要选自己的第一个外国徒弟。他在一群印尼员工中一眼就认出了那个跟他一起看日落的身影。"他叫什么？"聂鑫问身边的同事。"Anjar，你叫他小安就行。"

一头雾水的小安被拉了过来，聂鑫指指他，又指指自己，做了个抱拳的手势。小安这下明白过来了，激动得两眼冒光。

因为语言不通，聂鑫只能在实战中一遍一遍给小安示范，并将设备检修中应该注意的操作细节手把手教给他。业余时间，他俩还相互学习语言，慢慢地，两人用中文、印尼语、英语加上手势，基本能实现日常交流。小安的聪颖、勤奋和印尼人特有的热情，让聂鑫对这个徒弟颇为喜欢。

功夫不负有心人，经过3个月的不懈努力，小安终于能够基本完成设备检修工作了。第一次独立完成设备检修并得到师傅认可时，他第一时间跟父母、兄弟和未婚妻分享这份喜悦。小安的父母特意让他从家里带来20个鸡蛋，作为感谢聂鑫的礼物，这让聂鑫深受感动。小安说："中国人是师傅，是朋友，是家人，我向往中国。"

在印尼，血红落日下，并排的两人虽然来自异国，但两颗心却已交融在了一起。

这些年，中方人员已经和当地人建立了深厚的情谊，每逢两国传统节日，会相互打电话、发信息问候，见证着"一带一路"民心相通。

情感与技术相融，携手并肩之路。

爪哇电厂人员构成复杂，如何做好生产人员培训，安全顺利承接爪哇两台百万机组是电厂始终关注的头等大事。为此，爪哇电厂精心策划，多招齐出，搞好生产人员培训。

爪哇电厂生产人员招聘到位后，在台山电厂培训基地开展了培训工作。对中方员工英语较弱，印尼员工大机组经验欠缺的现实情况，爪哇电厂想到了"一帮一，结对子"的办法，这个办法还有了一个英文名字"Pair-Partner"。具体做法是一名中方员工和一名印尼员工结成对子，中方员工帮助印尼员工学技术，印尼员工帮助中方员工练英语，这样就实现了双方员工的优势互补。同时，通过不断的切磋交流，也加深了双方人员情感和友谊，工作中成了好同事，生活中成了好兄弟。

无论是用肢体语言还是用英语、中文沟通，都展现了双方内在的努力相融的力量。磨合、配合、融合，让大家寻找到共同的归属感。

二、风里雨里阳光里——爪哇 7 号项目的那些人、那些事儿

无论是雨季的潮湿闷热、蚊虫叮咬，还是远离祖国的思乡离愁，都没有让爪哇7号项目的建设者们胆怯后退。他们身上有海外电力人的忠诚、勇气、责任和担当。

肩上有责任，心中有担当

轰隆隆的厂房里热浪滚滚，维护部锅炉维修主管曹玉琦如往常一样对设备进行日常巡检。绕着磨煤机走了几圈后，他发现了问题：磨煤机液压拉杆装置过长，一直顶住拉杆密封，这样很容易导致液压拉杆断裂及拉杆密封损坏，不但影响设备安全运行和人身安全，问题再严重还会降低机组负荷。

曾经参与10个电厂20台机组的设备能耗诊断、技术监督及设备评估项目的曹玉琦意识到这个问题的不寻常之处。为了迅速解决这个难题，他带领锅炉专业人员成立攻坚小组，集思广益听取大家意见，积极咨询设备厂家，写方案、做设计、指导施工队、质量验收。那段时间，曹玉琦不是在办公室改方案，就是在现场研究设备。身怀二胎的妻子一人操持家里家外，因为过度劳累出现先兆流产，只能住院静养。此时正是创新攻坚的关键时期，他怕自己一走会影响项目进程，只能拜托妻子的同事帮忙照顾。家人的体谅与支持化作不竭动力，攻坚小组其他人也都被他感染，每天起早贪黑、不知疲倦地"泡"在现场。拉杆密封哪种改造不影响备品备件的更换，哪种改造最安全，哪种改造最美观，一项项问题迎刃而解，胜利的曙光就在眼前。曹玉琦不断鼓励大家，"技术学到手才是自己的，技术过硬才能带好队伍，技术精湛才能保证设备安全，我们就是要抓住这一点，多干、干好，学好技术本领，用咱们工人最拿手的活计为企业降本增效、为自己争取荣誉。"难关一项项地被攻克，一台台磨煤机拉杆密封改造成功，大家的劲头更足了。

助力共建命运共同体　国能托起爪哇明珠

认真巡检的爪哇运维公司检修人员

印尼版"三过家门不入"的故事

海外项目建设的首要条件是合法建设,在印尼,项目合法开工需要很多行政许可文件,缺一不可。

时间紧、任务重,印尼爪哇公司许可办理团队磨破了嘴、跑断了腿,但有些环节还是必须比较熟悉印尼情况的印尼员工去打通。

负责公共关系的印尼小伙子迪安,为了跑办许可证曾经数次往返项目驻地和雅加达,而他的家就在雅加达。迪安平时难得回家,好不容易到雅加达办事,但由于跑办任务紧张,小伙子愣是好几次过家门而不入。

当大家跟迪安讲中国"三过家门而不入"的故事时,这个精干的印尼小伙子腼腆地笑了。他说他是第一个进入爪哇7号项目的印尼员工,在印尼最大的煤电机组项目工作感到特别骄傲与自豪,和中国同事一起工作很忙碌、很充实,也很快乐。

古有大禹治水三过家门而不入,今有印尼小伙子为了事业不归家。原来,"艰苦奋斗、无私奉献"的精神一直都在,它跨越时间和空间,在新时代电力人的描绘下绽放出更加绚烂的色彩。

爱"小"家，更爱"大"家

为了响应"一带一路"倡议，有这样一群人，他们毅然选择放弃和家人团聚，远赴万里之外的印尼爪哇岛。

"今天是2月5日，农历大年初一，现在开始交接班。今天继续进行倒送电工作，巡检人员要及时发现现场设备问题。春节期间，大家要注意劳动纪律，按时交接班，禁止班前饮酒、迟到早退。"

2019年大年初一的接班会和以往并无不同。在工作岗位上过春节已然成为三值值长曹江平独特的过年方式。为了顺利完成爪哇7号项目1号机组倒送电节点任务，运行部提前部署，实行"三班两倒"制度，全天跟踪倒送电工作。交接班完毕，曹江平迅速投入新一天的工作中。

"曹值长，过年不回家啊？闺女咋舍得放你出来？"

午饭时间，大家借着难得的休息时间唠起了家常。一说起闺女，这个陕北汉子就像打开了话匣子。

"闺女长大了，我一收拾行李准备飞印尼，她就问我，爸爸你为啥又要走？你为啥总上班？我想爸爸在家陪我玩。就那么眼巴巴瞅着我，看得我这心揪着疼。我就跟她说，乖乖，爸爸要是留下来陪你，就该有其他叔叔阿姨不能回家了。等过完年爸爸就回来陪你啊！"

想起家里人，曹江平心真可不是滋味儿，但是他更明白只有工作这个"大家"好了，自己的"小家"才能更好。

简单地吃过午饭，他又回到了盘前，全神贯注地工作起来。

红豆不仅代表"相思"

爪哇7号项目建设伊始，公司各级领导非常重视档案工作，提出项目档案管理"五归三要"的指导思想和基本原则，要求建立健全档案工作制度体系，构建覆盖整个建设项目的档案管理网络体系。爪哇7号项目位于海外，中方人员有数量限制，而且工期紧，任务重，许多员工身兼数职。

海南长大的北方姑娘宋红豆是外墙板分包商的资料员，她不但要做好分内的文档工作，还要承担采购、记账、记考勤、工人签证办理、机场接送工作，有时还要做简单的翻译工作。她之前没有多少档案工作经验，为了更好地开展工作，她虚心向有经验的师傅请教，并对现场实际工作及工序进行细致的观察学习。几个月下来，红豆对档案管理工作已经非常熟练、得心应手了。为了更好地和印尼同事交流，她还利用难得的休息时间自学印尼语。

印尼海岛潮热的气候、灼热的阳光，这个海南姑娘只当作家常便饭。可是挥之不去的蚊虫叮咬还是让她苦不堪言，蚊子叮的包肿得像鸡蛋大，还极易传染登革热；更可怕的是隐翅虫，它的毒液比毒蛇还毒，会烂皮肤，留下像烫伤一样的疤痕。可即便是这样，她依然坚持每天跑现场、整理档案。

那年，红豆的父亲生病住进了重症监护室，身边只有母亲一人照料。她恨不得插上一对翅膀马上回国，可是想到资料还没做好，一时也找不到人接替，工程结算单没法签字，工人的工资发不了，工程会被耽误……这一连串的问题让她无法顾及父亲的病，选择驻守岗位。直到把资料做好，所有手续都办好，红豆才请假离开，搭上了回乡的客机。

谁说红豆只代表相思？这个红豆不简单！

远离家人，投身项目工地，爪哇7号项目的建设者在南纬6°骄阳的炙烤中尽职尽责、精益求精，推动爪哇7号项目稳步前行，最终成为海上能源新地标。他们是时代的记录者，风里雨里阳光里，无论是中国人还是印尼人，他们都是最美电力人！

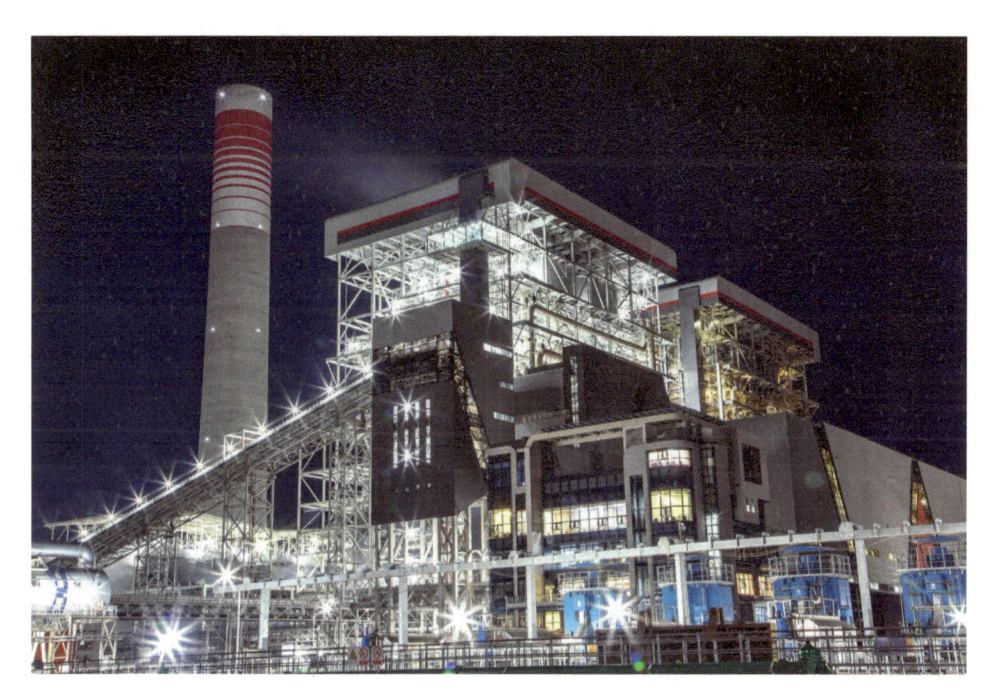

灯火通明的爪哇7号项目现场

第六节　精益求精，工匠精神

一、绘就"一带一路"细腻的"工笔画"

爪哇7号项目工程建设期间，建设者追求设计上独具匠心、质量上精益求精、管理上高效严谨，以大国工艺创示范，以工匠精神铸精品，依托独具特色的电力基建管控体系，努力绘制好"一带一路"细腻的"工笔画"。

安全理念在印尼"圈粉"

"安全工作对于一个工程项目至关重要。为新员工讲解安全帽、安全带的佩戴都是印尼员工来完成,那认真劲儿比我们还要大!"安健环监察部穆永刚说,"印尼员工学习能力非常强,对的新理念、新技术也非常认同,我们落实得很顺利,有时候,安全考试、安全检查等也能打破语言障碍,不断提高印尼员工对工作的热情。"

"安全理念的渗透和认可是一个过程,刚开始我们采用了很多种方式,最直接也是最好的方式就是试验法。"工人们聚集到一个2米高的临时脚手架周围,三个红色安全帽在上面依次摆开,三个西瓜在它们的旁边"陪伴"。试验开始,架子上的安全员拿起一个西瓜放进第一安全帽里,但没有系上帽带,西瓜在安全帽内晃晃荡荡的,然后将安全帽垂直抛向地面,落地的瞬间西瓜从安全帽中摔出碎了一地。第二个西瓜被放进帽子里,没有紧固头箍,只是松松垮垮地将帽带挂上,同样从高空落下,落地后西瓜从安全帽中滚落出来,摔裂了。第三个西瓜被放进安全帽,拧紧头箍,系紧下颚带,依旧从高空抛下,安全帽坠落地面,工作人员从里面取出西瓜,高高举过头顶,一个完好无损的西瓜呈现在大家面前!现场响起了雷鸣般的掌声,印尼工人竖起大拇指,连说"Bagus"(意为"好")。

试验证明了正确佩戴合格安全帽的必要性,让印尼员工深刻认识到安全的重要性,实现了安全管理理念从"走进去"到"融进去"的过程,让安全管理理念在爪哇7号项目"圈粉"无数。

第七章 奋进者说

爪哇7号项目发电机组设备安装调试

较真的印尼员工

"印尼员工学习力和执行力都挺强的,给你讲个故事吧!"穆永刚拉开了话匣子。

爪哇7号项目1号机组顺利完成首次并网一次成功后,开始进行停机保养,此时A标的维护队伍刚刚组建,主要任务是对代保管的1号机组设备开展全面检查养护。

有一次,一名班长带着印尼员工和翻译进行捞渣机旁的电机控制柜盘内卫生清扫。清扫工作结束后,班长请印尼员工阿龙(Akung)5分钟后进行摘牌送电,苏亚迪(Suryadi)完成最后的工作后,锁上现场控制配电柜。看似很正常的工作安排,两位印尼员工却拒绝执行。开始还认为是印尼员工不明白工作任务,没想到印尼员工却说:"安全主管组织学习安全施工规程时,有禁止'约时送电'的安全规定，我们要按照规定办事。"

穆永刚稍微停顿了一下说："他们跟我讲这事的时候，我脸都红了，后来安健环主管对班长进行了安全教育，再后来，班长对两名坚持不违规作业的印尼员工和翻译进行了表扬并对班组进行了奖励，还号召班组全体人员向两名印尼员工学习。"

一线生产人员就要坚持原则，不违反工作规程作业，要严格执行规程和工作程序，任何错误指令都必须严厉拒绝。安全隐患就像看不见的敌人，只有严谨的工作作风，才能回报一份让我们心里踏实的安全感，这一点印尼员工做到了。

分毫不差的测量人

爪哇7号项目1号机组安装施工离不开每个人的努力、坚持和奉献。在1号锅炉钢结构吊装期间，工程部专职测工丁子云格外让人印象深刻，他的脸被晒得黑中泛着红光，一口整齐的牙齿更显洁白。

工程技术部朱孝坤提起他不住称赞："在每一段结构高强螺栓紧固前，他会对每一层结构的垂直度、柱间距、对角线等控制尺寸进行复核，以保证每一段结构在螺栓紧固后，能满足设计及相关验收规范要求。在每段结构申请验收前，他还会一个人默默地扛着仪器，一个个立柱复找一遍。"

就是因为工程建设现场有这样认真负责的员工，建设质量才能过硬，才能禁得住考验。

朱孝坤有些激动地说："在施工中，印象最深刻的一次是在第九段钢结构找正时，因为施工时间紧迫和最后一段结构的原因，一位施工人员提出这一段结构找正不需要像前几段结构找正那样认真，能满足规范要求就行，不需要高于规范要求，好脾气的丁子云听后非常生气，与这位施工人员发生了激烈争执，从丁子云身上我看到了坚持认真、规范、有序的精神，这些是我需要学习的，这事儿最后在施工班长的调节下，施工人员向丁子云承认错误，并保证以后不会再出现这种不负责任的行为。"

在这样的高标准坚持下，1号机组锅炉第九段结构找正圆满完成，最终为锅炉大板梁的顺利吊装提供了精准的数据支撑，保证了锅炉大板梁的顺利吊装。

1号锅炉大板梁结构安装验收后，丁子云获得了"质量之星"称号，受到了表扬嘉奖。不等、不靠、不推、不拖的作风和主人翁精神，在"一带一路"建设中熠熠闪光。

在爪哇7号项目现场工作的印尼工人

工匠精神成就质量典范

抓质量就要抓规范，要规范就要有典范，在爪哇7号项目1号机组施工中，周之青就是抓工程质量的典范。

工程技术部刘松平娓娓道来："电气监理周之青可是施工现场抓质量安全出了名的'铁手腕'，老周是在GIS刚开始安装时到的印尼，有近三十年的监理经验，我们都很敬佩他。"话语中饱含着员工们对老周的尊敬。

GIS施工后期是非常繁忙的，有时候需要连续安装作业，往往是忙了一天，晚上还要值班。"再苦再累也不能忽略现场每一处施工，个人辛苦一点没什么，钱多钱少没什么，只要能将整个升压站安全投入运行就安心了，要对得起项目。"老周这样的一番话，让人肃然起敬。

　　GIS设备对安装的精度及净度有极高的要求，安装应在空气相对湿度小于80%、无风沙、无雨雪的天气条件下进行，并采取防尘、防潮、防小飞虫等措施，须在防尘、防污染和其他准备工作已经做好的前提下进行安装。为了达到现场文明施工的管理目标，老周经常和施工队伍讨论文明施工的重要性，不断提高施工员工的理论认知和技术能力。他在现场监理时总是带着一个垃圾袋，随时将作业过程中的垃圾清理掉，当大家对他说这是施工队的活儿不是他分内的事儿时，他笑呵呵地说："我们应该起带头作用，施工人员的标准才会高。"

　　就是因为有老周这样的示范引领，施工过程才真正做到了"工完料净场地清"，并最终创造了GIS一次性整体受电成功的佳绩。

　　工匠精神被爪哇7号项目建设者赋予了新时代的新内涵，他们不懈努力，交上了一份"高标准开工、高质量建设、高水平投产"的满意答卷，打造了"21世纪海上丝绸之路"的能源新地标。

爪哇7号项目输煤栈桥上空的晚霞

二、为明天，为同一片蓝天

印尼的天空分外湛蓝，站立在印尼爪哇电厂炉顶上，伸出双臂拥抱纯净美丽的蓝天，俯瞰两台1050MW机组，让人不禁为这磅礴瑰丽的工业艺术品而感慨万分。

聚四方之力，启六载之功，在一片沼泽之地建成印尼单体装机容量最大的火力发电厂，是多方的合力共同创造了这一奇迹！

一百公里的距离，两年的坚持

行进一百公里并不用很长时间，飞机的五分钟，高铁的二十分钟，在中国的高速公路上，开车也用不了一小时。但如果是在崎岖、泥泞又拥挤的道路上呢？如果这样的路途要持续两年呢？

一百公里，是爪哇电厂到当地税务局的距离。爪哇7号项目建设期每年要从中国进口大量设备和材料，为依法合规节约项目成本，办理设备的免税是一项必做的繁重工作。印尼爪哇公司财务人员携手设备总承包单位在项目建设期间，不论刮风下雨，不管是工作日还是节假日，甚至是春节当天，都要往返于两地办理相关手续。路况好的时候，单程需要两个小时半，路况不佳时，单程五个小时也是司空见惯。

"从前我坐车有点儿晕车，但经过这两年的'锻炼'，彻底治好了这个毛病。"财务人员陈伟打趣说。

担当源于觉悟，坚持获得果实，两年的付出，办理免税票超过三百张，平均每两天办下一张免税票，为爪哇7号项目节约资金1.1亿美元。

谈到成绩，陈伟谦虚地摇头说："这算不上什么，也不仅是我们的成绩，整个过程离不开参建兄弟单位和印尼税务部门的帮助。"

2018年5月，印尼财政部出台了关于针对外资企业在印尼境内投资建设基础设施减免所得税的优惠政策，陈伟获得消息后，如获至宝，携手财务团队立刻着手办理免税相关工作，最终在2019年10月获得财政局"15+2"的政策批文，即十五年内免税，加两年的减免税。

唯有用心，才能搭建沟通的桥梁；唯有沟通，才能实现双赢的结果。

一路走来，从未独行

爪哇7号项目建设的背后是艰难和汗水，一路走来，建设者们历经了难以想象的崎岖和坎坷。

2016年9月25日凌晨，为了项目融资的事情，印尼爪哇公司财务团队所有人员虽面带倦色，但神色仍透着专注，他们还在和印尼开发银行的工作人员进行交流沟通。大约六个月前，他们接到了任务，必须在半年内和印尼开发银行签订贷款协议，获得融资。

任务非常紧迫，时间就是"金钱"，如果融资不能及时办理，可能造成资金链断裂，影响项目的建设，而且如果无法按期完成融资，PLN将没收3500万美元的履约保函，不管从哪个方面看，后果都是无法承受的。

通宵达旦变成了家常便饭，反复提交、反复修改文件几乎成了生活的全部，融资关闭的日期一天一天逼近，焦虑的情绪弥漫在整个团队中。

"最后的时候，两天没合眼啊。"时隔三年，陈伟依然对那段经历记忆犹新，感慨万端。功夫不负有心人，经过一番艰苦卓绝的努力，在印尼公证师和双方律师的见证下，时任项目董事长闫子政和印尼开发银行领导签署了13.187亿美元的融资协议。"完成签署的那一刻，全体忍不住欢呼了起来，仿佛心里放下了一块大石头，终于尘埃落定了……"陈伟忍不住莞尔一笑。

故事还没有结束。

原来，签下融资协议也并不是万事大吉，要拿到贷款资金，还要经过印尼BKPM、印尼财政部和印尼中央银行三大机构的审批。获得审批的整个过程犹如"西天取经"，"八十一难"一个都不少。

由于无法及时取得融资银行贷款，施工单位大半年未收到工程款。为保证项目建设，施工单位自发垫资数亿元。财务团队顶着巨大压力，加紧沟通跑办，但印尼政府部门审批手续复杂，涉及部门众多，一直到2016年12月，三大机构审批还没有办下来，如果拖到年底，工人的工资无法支付，会引发重大的问题。

2016年12月20日，爪哇7号项目负责人正式向中国驻印尼大使馆经济商务处公参赞王立平提出求助。王立平公参收到消息后，当天便召开会议进行策划和讨论，次日派出人员进行协助。三天之后的2016年12月23日，爪哇7号项目取得了印尼央行的批复文件，顺利渡过难关。

伟大的祖国始终是央企海外发展的坚强后盾，即便在万里之外的他乡，来自祖国的关怀和帮助依然围绕在建设者的身边。

携手，为了同一片蓝天

沟通，是一个互相了解的过程；携手，则是目标一致后的相伴。

电力法律事务部的黄斌带队协助PPA合同谈判时，印尼方提出，PLN目录里没有中国标准，验收的时候，判定工程质量要采用欧美标准。

事实上，这个要求并不是提出，印尼一直认可欧美标准。经过沟通，最终PLN在PPA合同里写下了等同欧美标准的中国标准，在推动设备输出后，首度实现了中国标准的输出，签下了PPA合同。

从怀疑到信任，从漠视到携手，双方拉近了距离，破除了隔阂。

2014年，印尼投资协调委员会推出了重点投资企业的一站式服务，简化了行政审批程序。包括运营许可、工商注册、工作批文等各类审批文件，原本要经过很多部门审批的文件，通过快捷通道能迅速办下来。在各方努力下，爪哇7号项目成为第一个通过印尼投资协调委员会"3小时投资证照申请通道"一次性办结11项注册成立证照的公司。

2019年12月13日，爪哇7号项目1号机组签署商业运营日期证书及移交生产交接书，正式投产发电，所有的艰辛在那一刻都融进了泪花里。

合作共赢，才是刚刚开始、为明天，为同一片蓝天！

文以载道，歌以咏志。一篇《爪哇电厂赋》以细腻的笔触和全面的视角为读者展现了爪哇7号项目人的意气风发与壮怀激烈。

爪哇电厂赋
李建忠

赤道驻足，岛国环顾，爪哇乐土，风水佳处。东临沧海，万顷碧波；北靠青山，层峦翠麓。南依秀水，清幽河畔；西接省道，通达高速。古语有云"青龙白虎掌四方，朱雀玄武顺阴阳"。

妙哉，爪哇7号！四神相拱卫，三宝开先路。开发沃土，情系带路。真空预压，吹沙填筑，围海造陆兮光先祖；跨越欧亚，奋进爪哇。超超临界，高温高压，"首台百万"兮耀华夏。烟囱挺拔，镇河妖之宝塔；锅炉高挂，护海龙之巨侠。管线密麻，织网穿行上下；厂房宏大，画舸泊岸待发。海淡蒸馏，堪比张羽煮海传扬佳话；海工抛石，强似精卫填海震惊爪哇。护岸红树，枝繁叶茂垂滴玉翠；堤桥管带，海龙浮水身披彩霞。

赞曰：怀揣中国梦之劲旅兮阔步开拔；满载中国造之商船兮扬帆竞发。壮哉，国能电厂；美哉，印尼爪哇！

第七节 砥砺前行，以终为始

勇挑重担，砥砺前行
——记山东院爪哇7号项目部锅炉钢结构催交突击队

爪哇7号项目工期紧、货量大、物流环节多、运输难点多，项目采用EP+C的联合体执行模式，现场接卸货及仓储保管协调难度大等情况对设备进度控制提出了极高要求，对现场安装主线上的锅炉钢结构设备影响尤为明显。山东院爪哇7号项目部于2017年7月28日成立了锅炉钢结构催交突击队，实施从钢结构设计排产开始到集港装船为止的有计划、可追溯、主动预警、当日纠偏的全流程进度管控。

在人员配备方面，范明波担任突击队长，齐光才、张勇、姚伟、沈兆飞、李冠霖、臧孟等队员组成精干的催交团队。突击队在以下方面狠抓落实，砥砺前行，全力确保项目建设按照计划顺利进行。

一是多措并举，树文明新风。团队以座谈会、交流会等形式开展"大学习、大研讨、大改进"学习研讨活动，贯彻落实各项重要精神及山东院"三创两化"发展战略，营造积极向上、朝气蓬勃的团队氛围，点燃团队勇于创新、拼搏奉献的激情。

二是真抓实干，模范带头。针对锅炉钢结构存在货量大、工厂遍布浙江三市四地、管理链条长、厂内项目多、厂家排产紧张、原材料涨价等不利因素，范明波和齐光才积极协调北京巴威向华业钢构提供资金支持；先后12次前往钢结构厂召开进度协调会，主动协调厂内机具及人力资源。为不影响山东院的正常工作，他们两人经常在会后乘坐火车连夜赶回济南。哪个厂有进度风险，哪里就有他们两人不知疲倦、忙碌奔波的身影，他们发挥着模范带头作用，激励着突击队队员奋战在生产第一线。

三是勇挑重担，砥砺前行。本项目钢结构分包厂家因原材料成本上涨导致亏损严重，执行困难极大，姚伟、张勇在关键时刻挺身而出、勇挑重担，主动驻厂催交。2017年9月29日，张勇赶回济南办理家中老大的出院手续，第二天就迎来了二孩的出生。老大生病住院期间，他妻子一个人挺着大肚子照顾，二孩出生后，张勇毅然背上行囊继续驻厂催交。驻厂一年里，驻厂人员每日反馈进度，信息细化到每根杆件，并及时更新预计完成时间。他们克服了家庭的困难，坚持"5+2""白加黑"的工作模式，无论是周末、晚上，还是节假日，一直与工人共同加班，冲锋在生产的第一线，完成了一次又一次催交任务。一年内累计放行2.0262万吨钢结构，确保锅炉钢结构保质保量如期集港，为建设现场的锅炉钢结构连续吊装和高标准施工提供了有力保障。

2017年春节期间，正值07BBC号货船发货集港，工厂工人人心不稳，生产效率不高，范明波总控大局，齐光才和亓萌协调各厂，安排抢工措施，稳定人心，保证了07BBC按时发运。节后，他们又第一时间去了解各厂复工情况，督促生产进度。

四是不忘初心，追求卓越品质。团队从成立之初便将"中国制造，享誉印尼"作为愿景。团队围绕项目建设总目标，积极构建项目公司、山东院、监造服务商、供应商、外部专家等多方齐抓共管的设备质量、进度管控一体化大团队和体系。钢结构生产之前多次召开质量宣贯会，生产过程中对设备制造各个环节严格把控。

五是通力合作，奋战4月。为确保生产出来的钢结构能够及时运抵建设现场，李冠霖主动放弃所有假期，不避风雨、迎难而上，长期驻扎港口，深耕物流岗位，仔细检查并监督每一批次的钢结构海运工作。解决了印尼进口装船前检验、卸货资源不足、船舶情况波动等问题，顺利接过了沉甸甸的钢结构"接力棒"，通过进行严谨的船运批次策划，细致的包装、配载审查，严格的打尺偏差管控，标准化的工作流程管理等措施，在限定时间内高效完成了所有钢结构货物发运工作。运抵现场的钢结构状态良好，确保了项目按期施工。

印尼法律规定，入境印尼的钢铁制品必须办理钢铁制品许可证，本项目钢铁制品许可证有效期截至2018年5月30日，到当年5月仍有2号锅炉第八、九柱段钢结构、大板梁、顶板层等部套需生产、发运印尼，总计3500余吨。时间紧、任务重，突击队成员各司其职、通力合作、精心组织，倒排计划，对驻厂催交、出厂验收、订舱、选船、协调发运、集港、船前检及报关、装船、海运、内陆运输、卸货、免税办理、清关、核销各环节严格把控，完成了4月份生产、运输3500吨钢结构的任务，圆满完成本项目2017至2018年度钢铁制品进口工作。

山东院参与爪哇7号项目建设的部分建设者合影

六是艰苦奋斗,谱写青春华章。一年的钢结构驻厂工作,365个日日夜夜骑着自行车往返于宾馆和工厂之间,克服夏日的潮湿、冬日的阴冷,习惯了厂内漂浮的粉尘和油漆的味道,汗水湿透的工作服……结束了一天忙碌的工作,晚上抽空与爱人、孩子视频通话后他们又转身继续加班。他们坚信,唯有奋斗的青春才有意义,唯有拼搏的人生才更加美丽!

随着钢结构生产结束和本项目建设的推进,山东院爪哇7号项目部锅炉钢结构催交突击队又迅速投入其他设备的攻坚战中,他们一如既往地发扬艰苦奋斗、攻坚克难、勇挑重担的精神,以高度的责任心、忠诚度和良好的职业道德保质保量地完成任务,为打造海外精品工程奉献全部力量,谱写青春华章。

爪哇海边追赶太阳的人

——记浙江火电印尼爪哇7号项目经理顾巨红

2020年，克服新冠肺炎疫情影响，浙江火电在印尼爪哇海边创造了一个里程碑式的业绩：印尼电力建设史上装机容量最大、参数最高、技术最先进、指标最优的高效环保型电站——爪哇7号项目，提前一个月全面竣工。两台1050MW机组源源不断输出巨大的电流，为爪哇岛能源供应带来了新活力，为印尼经济发展注入了强大的动能。浙江火电印尼爪哇7号项目经理顾巨红，就是浙江火电完成这一壮举的团队领头人，是一个在爪哇海边追赶太阳的人。

"一带一路"倡议，为印尼创造了新的发展契机。本项目的工程投资、技术装备、工程建设和运营管理均由中国企业完成，是中国电力行业抱团出海的一次成功试水，同时也是浙江火电实施"一业为主，两轮驱动"发展战略，EPC商业模式的一次全新探索。

精于策划，谋定而后动

有着17年项目工程管理经验的顾巨红，深知设计之于工程建设的重要影响力。本项目的设计是整个工程的灵魂，设计方案的优劣决定着最终工程质量和施工的难易，更决定着工程实施成本的高低。本项目建设伊始，顾巨红就充分发挥自身丰富的工程建设经验，潜心分析总结以往同类机组工程施工中遇到的设计问题，组织工程技术骨干，从优化单项设计方案减少工程设计缺陷和加强工程整体系统衔接入手，完善工程整体设计，提高设计方案的实用性、技术性和安全性，为科学把控工程建设进度、成本和质量奠定了坚实基础。在顾巨红看来，百万千瓦级机组工程建设施工量大、现场专业施工队伍多、交叉施工频繁，不能及时发现施工设计中存在的问题，不仅容易影响施工进度，还会影响团队士气。在本项目建设的四年时间里，无论是烈日高照的白天还是蚊虫纷扰的夜晚，总能在施工现场看到顾巨红的身影，他坚持每天深入施工现场了解设计与现场实际施工中存在的问题，及时加强协调处置，确保了工程施工始终按计划有序推进。

在爪哇7号项目现场的顾巨红（前排左一）

以核电品质，铸电力丰碑

作为中国首个出口海外的百万千瓦级机组，本项目建设承担着中国电力工业从工程设计到技术标准及装备制造成体系出口的重任。顾巨红在建设之初就为工程建设树立了创国优的总目标，并将核电质量管理模式引入本项目建设。

顾巨红充分发挥自身的核电施工管理经验，牵头建立了涵盖工程方案审查、设备物资质量监督、工程技术质量规划、施工质量控制、精品工程实施等较为完善的项目质量管理体系。在具体的工作过程中，他坚持在"精"字上提高认识，在"细"字上下足功夫，在"实"字上做好文章。一次现场巡视时，汽机房内一个施工点焊工未将焊条筒通电保温，他立即让一同巡视的质量部主管将焊接技术主管和施工负责人叫到现场，严肃指出了存在的问题，提出了整改要求，要求按照"三不放过"原则对该焊工的资质、技术交底和焊材使用情况进行全面调查，并要求该分项施工的全体施工人员重新进行技术交底。他要求项目质量管理从方案策划到现场施工工艺、工序和质量验收坚决落实"四个凡事"的核电管理原则，同时通过建立有效的质量绩效考核和奖惩机制，使每名参与施工和管理的人员切实成为工程质量的有效保障。这一质量管理理念确保了本项目质量管理体系的有效运行，为工程建设质量奠定了坚实基础。

砥砺践行，保一方平安

确保安全生产是项目经理最重要的职责之一，海外工程的安全管理不仅包括施工现场生产安全管理，还包括员工的身心健康保护，并要兼顾当地雇员的文化习俗，整体管理的内容更加宽泛复杂，顾巨红深知肩头的责任，始终砥砺践行，努力保一方平安。

注重"以人为本"，通过认真分析项目属地社会环境和工程建设实际，浙江火电项目部出台了《中国员工行为守则》《项目三项纪律八条禁令》，确保中国员工行为符合印尼社会文化习俗。针对分包商安全管理水平参差不齐等情况，项目部从完善安全管理体系着手，建立了员工安全实训中心、项目应急指挥中心、员工卫生健康中心等六个安全中心，为本项目建设、人员安全建立起防护网，严格实施以领导安全责任制牵头的网格化安全管理模式，统一安全管理制度和安全管理标准，形成了贯穿上中下游的全程风险管理和考核机制。

日常工作中，顾巨红常常告诫项目部各级人员，安全管理要始终做到日乾夕惕，不能有丝毫松懈。无论是昏暗的地下箱涵管廊，还是高耸的烟囱顶端，施工现场的每一个角落都留下了他的足迹，每当重大节点来临，现场总能看到他的身影。

用心服务，为客户创造价值

经营效益是企业的核心问题，顾巨红强调，要实现良好的经营目标，首先要服务好项目公司，实质是干好工程。只有以诚心换真心，获得项目公司认可，才能确保实现经营效益。

对于项目公司在工程方面提出的各项要求，他基于自身丰富的经验加强与项目公司沟通，积极出谋划策，实现互利共赢。结合以往机组试运经验，浙江火电项目部在中低压阀门等物资采购中，主动采购比项目公司要求更高等级的产品，虽然增加了项目经营成本，但有效降低了机组调试期间出现问题的概率，缩短了机组调试周期，确保了机组后续稳定运行。由于汽机房外观设计变更，导致厂房保温工作量大增，施工难度也随之增加，项目部及时从外部增调了施工力量，确保厂房封闭优质按期完成，项目部的努力获得了项目公司等各方的高度赞赏。

无私奉献，舍小家为大家

在全体参建员工的共同努力下，本项目1号机组比合同工期提前4个月优质实现投产，2号机组虽遭受新冠肺炎疫情的严重影响，但也比合同工期提前1个月投入运营。如果把电力工程建设比作阳光工程的话，那么顾巨红就是在爪哇海边追赶太阳的人。

事业成功的背后，饱含着他对家庭无限的愧疚。自从参与本项目建设，顾巨红与家人总是聚少离多，回家探亲也只是趁着回国出差时短暂与家人小聚。来去匆匆的他，对家庭来说"就像客人"一般。儿子上大学、考研究生他都无暇顾及，爱人有事找他商量，他回复一句："我实在没时间回家，你决定吧。"

2020年年底，顾巨红从印尼回国，获悉公司中标一个核电项目，还在负责本项目决算的他，第一时间到公司主动请缨，投身新上马的核电项目，继续为核电建设贡献自己的智慧与力量。他深知，对家庭的愧疚又增加了几分。

爪哇7号项目海工桩基施工

架起中印尼友谊的"彩虹桥"
——四航院参与爪哇7号项目建设侧记

从广州向南飞，穿过赤道，飞越印尼爪哇海，透过窗户向下望，会惊奇地发现湛蓝的海面上缀着一条长长的"彩虹"，七彩缤纷，分外惹人喜爱，这就是由四航院总承包的印尼爪哇7号项目煤码头的彩色管带式皮带机。

自2016年1月本项目中标到2020年8月20日完成2号机组168试运，顺利并入印尼爪哇-巴厘电网，四航院人历时4年在爪哇海上建起了一座连接中印尼友谊的"彩虹桥"。

"走出去"的康庄大道

开工伊始，面对材料不足、设备不达标、工期紧等困难，四航院爪哇7号项目团队迎难而上，始终以"建设一座具有中印尼文化特色、同行认可、长期盈利、世界领先、印尼第一的燃煤发电示范电站"为引领，导入国际化思维，高标准开工，高水平建设。"在印尼市场资源有限的情况下，如何整合、调配、充分利用本地资源，满足项目需要，是我们的一个重大挑战。"时任项目副经理尹金星说。

考虑到外籍起重船调遣到印尼周期长、费用高，项目团队创造性地提出用海上双台吊方法进行预应力T梁安装，"双台吊法预应力T梁安装"方法就此诞生。同时，针对项目材料、供应商及分包商实行最大程度本土化策略，钢筋等原材料采用本地供应、钢管桩在本地生产、疏浚采用本地分包商，项目地方采购率远超印尼政府规定，高达50%。

良好的施工条件，让双线管带机调试一次成功成为现实，让项目管理上的优异成绩和精品质量再次在印尼项目上闪耀。

在调试工作中，项目团队通过多方沟通和吸收借鉴，整合设备供应商、安装、设计、业主、监理各方人员，打破以往各方界限，融合各方智慧，形成各方一体的调试试运行团队。时任项目经理沈启亮介绍，"我们JEPC项目试车队伍，每一位员工都是项目部安全、水工、土建、安装各专业的佼佼者，大家和厂家服务工程师一起进行培训和工作交底，分工明确，反复模拟锤炼"。短短6天内，卸船机、皮带机、管带机"三大机"空载联动调试取得阶段性成功，正是四航院人用坚韧的脊梁和顽强的意志"拼"出来的成绩。

"走出去"的属地多样化

2020年春节，受新冠肺炎疫情影响，项目团队无法及时前往印尼，好在项目组未雨绸缪，早已在项目上培养了一支印尼员工施工队伍，最大限度地发挥当地员工的建设能力，在中方管理人员不足的情况下，依旧确保工程建设平稳推进。这其中很具代表性的，便是印尼女孩Ayu的成长故事。

起初，Ayu因为会说中文被招入项目中，从事采买、翻译等辅助性工作。随着项目推进，项目聘用的当地员工日渐增多，人事管理工作日渐繁重，于是项目部安排Ayu做人事管理的文件整理工作。沈启亮注意到，Ayu虽然专业能力略有不足，但是工作细致认真、态度积极、肯学肯干，便特意找她谈话，鼓励她多多学习，争取把人事管理工作承担起来。Ayu也非常珍惜这个机会，经过一年时间，她被提升为项目部的人事管理经理，成为印尼员工中最闪亮的"明星"之一。

项目部引入"6S"管理理念，编制并颁布《安全文明施工标准化图集》，时常组织日常安全知识培训。每月的"金牌班组"评选，是现场员工最期待的时刻，项目部从建造成品、安全防范措施等方面评比优秀班组，激励员工争先创优，以先锋引领各方员工自我对标。

"走出去"的绿水青山

"我们要为印尼人民建造的不仅是一座经济码头，更得是一座生态码头。"

项目进入实施阶段后，沈启亮带领团队做的第一件事就是对本项目海岸线附近区域的红树林进行调研，下滩涂清理淤泥、编写红树林保护方案。项目前期方案是在海岸滩涂段疏浚填海300米，如此一来，海边大片的红树林就将全部被破坏。为了尽可能多地留住现有的红树林，项目部不仅专门规划了红树林的生长培植区域，还对进场施工人员进行了保护红树林、保护海鸟的专门教育，并安排红树林保护小组定期开展专题活动，用无人机对红树林的生长变化进行监控。在疏浚施工过程中，项目组特意修建了一条土坝，为红树林的生长、繁殖创造了更好的条件。两年下来，施工区域的红树林不断成长，红树林面积比项目开工前还扩大了10万平方米。

为了改变黑灰满地、煤尘漫天的煤码头形象，四航院团队设计人员专门设计了长达4千米的管带式皮带机，管径达到了600毫米的双线管带机。针对卸船过程中产生的煤尘污染，项目组专门增加了干雾抑尘装置，对码头面的煤尘则进行了专门冲洗，对含煤污水全部回收处理。

"在一个地方，就要爱一个地方。"有着海外项目管理经验的沈启亮，对每一个工作过的地方都有很深的感情。

驻扎在项目现场，为保障项目周边渔民的利益，也为增进邻里之间联系，项目部在设计中专门设置了渔船通道；项目建设期间，项目部多次帮助村镇渔民进行河道疏浚，在资金、设备、人员上尽可能帮助周边渔民；项目部经常组织节日庆祝，包括中国传统节日的欢聚，参加当地印尼人的婚礼，共同庆祝印尼新年等；在印尼龙目岛地震、巽他海峡海啸等灾害发生时，项目部积极组织募捐，尽显人文关怀。

项目建设以来，四航院人用"创新高效，铸造精品"的产品理念，不仅将彩虹画在海上，更在当地人民心中架起了一道友谊的"彩虹桥"。

不忘初心，方得始终
——记印尼爪哇7号项目监理部总监董广君

如果把工程比作一个人，那么工程建设过程正如人的成长过程，工程质量不高，就像人失去了健康，宝贵的生命会时刻受到威胁。"质量是工程的生命"是印尼爪哇7号项目监理部总监董广君从业几十年一直的信念。2018年年初，董广君在巴基斯坦山东华能（如意）萨希瓦尔2×660MW机组项目完成机组投产后创优报审收尾工作。最终，该项目获得了2018年国优金奖。接到公司的调令后，董广君又赶赴印尼爪哇7号项目建设现场，参与项目施工监理工作，开启了崭新的征程。新的项目，新的起点，不变的唯有"坚持质量第一才能走得好、走得稳"的信念。

尽职尽责，精益求精

董广君抵达印尼爪哇7号项目现场时，工程建设已进入高峰期，土建、安装施工作业全面展开，质量管理工作量大。由于现场一线作业人员多为印尼当地工人，质量标准和施工工艺、方法都有很大的提升空间，因而质量管理工作难度大。

为了更好地完成工程质量管控工作，董广君作为项目监理部总监坚持率先垂范。为了更快熟悉工程建设情况，投入质量管理工作状态，他一天三次巡检现场，对现场存在的质量问题事无巨细，悉究本末，积极与现场管理人员沟通、交流，及时消除质量隐患。他表示，工程质量无小事，对很多"小问题"追根溯源，都能找到会对工程建设产生重大影响的因素。质量问题搁置造成的结果是不容忽视的，对于无法第一时间整改处理的问题，及时组织各参建单位召开专题会议，集思广益，协调解决。

锐意进取，奋勇拼搏

董广君习惯于在总结中反思，在比较中学习，在竞争中进步。他坚信，年轻同志只有多学习，才能提高专业水平和能力，才能不断优化个人职业路径；年长同志只有多学习，才能与时俱进，不被新时代、新技术、新工艺淘汰。

为了提高工程建设质量，印尼爪哇7号项目建设单位发布了较多质量管理规定，要想提供一流、优质的监理服务，必须将这些管理规定牢记于心。本工程属于海外工程，部分质量要求、标准与国内大部分电厂建设有一定差异，打铁还需自身硬。为了更好地完成质量管理工作，董广君必须尽快将各项标准、规定研究透彻。跑现场，组织、参加各种工作会议等占据了他大部分的时间和精力，只有不停整理时间碎片，充分利用工余时间，克服各种困难，才能快速、精准地完成学习任务。

参与爪哇7号项目建设的中南监理团队部分建设者合影

作为本工程监理质量管理第一责任人，董广君每周二晚上定时组织现场全体监理人员召开内部会。根据工程建设实际需要和公司的安排，不断学习、培训公司管理体系文件、相关最新的法律法规、建设单位发出的质量管理规定及其他要求，并督促各专业监理人员将学习内容落实到现场施工监理实践中，对执行过程中出现的问题，及时反馈、解决，不断提高监理队伍的职业素养和专业水平，保持较强的先进性和竞争力。

积极探索，求实创新

为了进一步提升质量综合管理，完成质量创优目标，董广君积极推进先进、节能、环保等新技术、新工艺和新设备的应用，并要求施工单位以超前策划、强化执行、技术培训、样板引领、规范验收、层层落实、过程对标、有效激励等手段为抓手，全面提升新技术使用的稳妥性。他多次组织对重大施工方案、精品工程策划方案等的新技术、新工艺和新设备应用的可行性进行评审，为应对新挑战做好最充分的准备工作。

"日月逝矣，岁不我与"，在董广君看来，能用一滴滴的汗水和坚定的信念为工程建设添砖加瓦，是一种幸福。面对海外项目的复杂社会环境和工程建设的道道难题，唯有铆足干劲，咬紧牙关，砥砺前行，才能守住工程建设的质量关，保证工程建设顺利推进。唯有不忘初心，方得始终！

第八章

打赢海外防疫战

2020年年初，新冠肺炎疫情开始在全球蔓延，印尼也未能幸免。爪哇7号项目周边疫情形势严峻，为了保障安全施工，本项目认真贯彻落实国务院国资委、集团公司疫情防控工作要求，结合实际情况，细化防疫措施，制定《生产系统疫情防控措施》，切实做好现场的防疫工作，筑牢防疫堡垒。

爪哇7号项目高度重视新冠肺炎疫情可能带来的影响，时刻关注着疫情变化动态，来自中印尼两国的管理者积极谋划，及时更新疫情管控措施并跟踪落实，确保了2020年疫情后复产复工的顺利进行，实现防疫与复产复工"两手抓、两不误"。

自疫情发生以来，爪哇7号项目围绕1号机组安全生产、2号机组调试和现场防疫三条主线开展了大量工作。为保障1号机组的安全稳定运行，项目针对疫情的阶段性情况，制定了检修班前会分区域或在室外空旷通风良好区域进行，保持人员距离；集控办票室控制不超过两人；集控交接班在控制室外走廊上进行，保证通风效果；集控运行人员分开两个区域就餐，保持人员距离；采用网络方式开办学习班等疫情防控和安全生产措施。

同时，充分发挥印尼董事作用，与PLN密切沟通，以备发生紧急情况时借用PLN其他相关电厂的备品备件。全体员工克服现场人员紧缺、工作强度大等困难，每位员工都身兼数职、发挥主人翁的精神加班加点拼搏在一线。国内员工无法返回现场，利用VPN等信息手段进行网上办公，保证各项工作的有序衔接。爪哇7号项目还进一步加强对中印尼员工身体健康的监测力度，确保每一名员工都能在工作岗位上平安健康。

印尼疫情发展高峰时期，正是爪哇7号项目2号机组建设的攻坚阶段，印尼爪哇公司高度关注着疫情变化动态，第一时间成立防疫工作组织机构并启动项目Ⅰ级应急响应，科学防疫，及时更新，严格制定并落实防疫制度与措施。

第八章 打赢海外防疫战

第一节 迅速反应，制定措施，科学防疫

2020年2月8日，项目公司按照国务院国资委下发的《关于做好中央企业赴境外人员新型冠状病毒感染的肺炎疫情防控工作的紧急通知》要求安排各单位回国休假人员暂缓返回现场，并安排专人随时掌握全部人员信息和健康动态。同时，本项目实施封闭化管理，严格执行人员外出审批制度，禁止人员擅自外出；对休假结束返回现场的员工执行隔离观察制度，隔离结束由驻厂医生检查并出具《解除隔离观察意见书》方可回到工作岗位。

防疫工作人员认真为入厂车辆消毒

一、细化落实防疫措施

（一）人员安排方面

各生产部门及标段按照现场正常生产运营需求，安排最少用工，生产人员原则上在公寓远程办公，工作时间内保持手机通信畅通。各生产部门中层人员公寓房间开通内网，便于部门生产正常进行。运行部主管、维护部及生产标段专业人员分成A、B两组倒换，一组在宿舍办公，一组负责设备巡视、点检、消缺、专业指导等工作，两组人员做到不近距离接触。灰渣班在1号机组电除尘电子间值班，灰硫化运行巡操在化水楼一楼电子间值班，灰硫化主副值及集控运行人员在集控五楼值班，各区域保持相对独立。灰硫化主副值住宿、用餐与集控运行人员统一管理。

（二）日常工作安排方面

对点巡检、现场作业、备件管理、物料接卸等方面的工作流程都做出了详细的防疫要求。在保证不影响安全生产的前提下进一步优化生产工作流程，全面落实好各项防疫升级管控措施，确保生产体系的有效运作，保证机组安全稳定运行。

（三）生产会议安排方面

每日通过微信召开生产早会。各维护专业每天通过微信会议确定各项作业内容，并进行风险评估，并由维护值班人员汇总发给当班值长审核，最后发送至微信生产调度群。集控运行、BOP运行、输煤运行的交接班会正常召开。维护及生产标段检修班组利用微信等通信方式布置工作任务。

（四）区域管理方面

进行分区管理，禁止跨区域流动，各区域责任部门制定管控措施，明确区域管理要求。进入集控室、输煤控制室、工程师站等区域，人员必须戴口罩，保持防疫距离。进入集控室人员须穿鞋套；各区域负责人每班组织对地面、门把手、座椅等进行消毒；作业人员每次工作前和工作结束自行对键盘、鼠标、台面进行消毒处理；至工程师站路径由围栏设置单独通道，与集控室隔离。

二、严格制定防疫制度

（一）工代到场

疫情期间，到场工代名单一般须经过多次评审确定，随后由项目公司通知工代到场，通知时须将到场注意事项及防疫规定一并发予工代。

须办理工作签证或者商务签证，工作签证约为2周左右贴签，商务签可当周贴签，签证办理可委托项目公司联系代理一并办理。厂家工代须自行准备口罩、防护服、护目镜、面罩、一次性手套等防疫物品。爪哇7号项目防疫办要求，入场前须准备登机前72小时内的新冠快检合格报告及核酸检测合格报告。工代到达前须提前报备项目防疫办，填写派车申请单送交派车办公室，向项目公司申请生活及防疫物资，项目公司协调好隔离房间后将物资放入房间，等待工代入住；工代登车后须报送相关信息，通知项目公司准备到场后消毒及快速检测；工代到场及快检合格后，进入隔离房间进行隔离；工代在隔离期间须每天报体温，严格执行项目防疫要求。

（二）工代离场

工代现场工作结束或即将结束时，须提前至少7天签署工代离场申请单，由相关方签字，签批完成后工代办理离场事宜。工代离场前3天填写派车申请单送交派车办公室；提前3天进行核酸检测。工代拿到核酸检测报告后，须及时上传国际防疫健康码，由我国驻印尼大使馆进行审核，审核通过后取得绿码方可回国。

（三）隔离期间工作

爪哇7号项目2号机组整套启运开始于2020年7月月底，工代实际到场时间为8月中旬，由于工代到场时间晚于整套启动时间，所以工代不可避免到场后在隔离中进行工作。为做好疫情防控，对到场工代未满隔离期且需进行工作的须编制专项措施。

2号机组调试期间编制审批了《关于二号机组工代到场工作的疫情防控专项措施》《关于隔离期未满人员参加二号机组励磁系统试验的疫情防控措

施》《关于二号机组调试过程中印尼当地技术人员到场工作的疫情防控专项措施》，执行期间各方严格遵守专项措施要求，未出现违反防疫要求现象。

（四）不到场工代技术管理

1号机组调试期间，设备工代在场60余人，由于疫情原因，2号机组调试期间，工代在场人数骤减至9人，为顺利完成2号机组调试工作，需要对所有设备状态进行梳理，最终确认指导调试及现场调试的设备工代名单。

调试单位梳理需进行调试设备，项目采购团队协调厂家提供调试指导书，同意由调试单位人员自行进行调试；各设备建立对应的微信群，厂家技术人员及调试单位人员沟通调试事宜；组建由爪哇运维公司、项目公司、调试单位等组成的现场调试小组，及时对设备调试状态进行反馈及修正。

（五）到场工代清单梳理

现场调试单位对设备状态进行梳理，并划分三个等级——必须到场、可视频指导、不用到场，形成初步到场工代名单，由项目采购团队落实厂家意愿并反馈修改工代名单，多次循环，形成最终到场工代名单。

返岗中方人员隔离期间接受核酸检测

三、科学防疫，阻击新冠

自2020年5月18日起，爪哇7号项目现场开始进行第一剂新冠疫苗注射。随后，印尼爪哇公司陆续组织624名印尼员工（含家属）及承包商人员完成第二剂疫苗接种工作，除个别人员因个人原因被医生建议暂不接种外，全场印尼员工第二剂疫苗接种率基本达到100%，实现了防疫攻坚战的又一阶段性目标。

自印尼新冠肺炎疫情发生，印尼爪哇公司严格按照我国政府、国务院国资委、集团公司等相关要求，坚决落实海外防疫机制，周密部署疫情防控工作。全员疫苗接种是筑牢项目防疫屏障的重要一环，印尼爪哇公司高度重视全员疫苗接种工作，专门指定一名印尼董事负责疫苗接种工作的组织实施。

印尼爪哇公司现场有员工及承包商人员1088人，接种疫苗人员数量大，疫苗接种人员分散在现场办公、厂外隔离酒店、居家办公三个场所，疫苗接种需要去厂外指定地点，安全风险大，组织难度高。为安全有序高效推进全员疫苗接种工作，印尼爪哇公司根据实际情况和印尼卫生防疫机构的要求，将所有未接种疫苗的人员分两个群体分别开展疫苗接种工作，每个疫苗接种群体分成数个疫苗接种批次，每个批次按照单位区域化管理要求分配在不同的大巴车，大巴车有独立卫生间，每个大巴车安排专门的小组长负责疫苗接种期间的防疫管理和监督。每次疫苗接种人员出发前均进行防疫安全交底，提示疫苗注射接种事项。项目现场人员疫苗接种完毕返厂后执行隔离管理，隔离完毕及核酸检测正常后全部安全返岗工作。

四、全力保障建设进程

面对新冠肺炎疫情带来的防控压力，在爪哇7号项目2号机组整套启动的关键时刻，浙江火电高度重视项目复工复产情况，公司总部和项目部积极联动，认真做好人员返岗策划、组织、实施工作。2020年7月14日，2号机组整套启动需返岗95人分两批搭乘航班前往印尼，会同项目现场留守的管理技术人员112人，施工作业人员153人和调试人员39人，满足了2号机组整套启动需要。

在策划落实好人员进场计划的同时，浙江火电前后方同步加强复工复产疫情防控工作，严格做好返岗员工的健康检查，对出境员工统一接种疫苗并进行核酸检测，并在出国前进行详细的安全交底，旨在确保员工旅途和入境印尼后的健康安全。浙江火电项目部结合复工复产实际情况，进一步完善疫情防控方案，加强人员分类、分区域管理，储备充足的防疫药品和物资。

受疫情影响，留守员工在境外工作普遍超过半年，有的甚至一年多没有回国轮休。公司认真贯彻执行集团公司关于海外项目和员工"两稳、两争、两保"的指示要求，启动涉外突发公共卫生事件Ⅱ级响应，成立涉外突发公共卫生事件应急处置指挥小组。公司领导班子成员在疫情期间直接对口爪哇7号项目，深化"六个一"行动，加强人文关怀，向海外员工及家属发送慰问信和防疫物资、爱心包，建立关爱热线，做好心理安抚工作，增加疫情期间境外员工临时补贴，扩展人身意外伤害保险的范围和险种，及时解决员工家属反馈的实际问题和困难，积极做好稳定"大后方"的工作。同时，通过中国能建《人文关怀大讲堂》、"能健康"等平台，组织收看专家的防疫讲座，进行正向引导和加强员工自我心理建设，增强项目员工抗击疫情的信心和决心。在确保员工健康安全的前提下，公司总部和项目部在疫情期间不惜代价，全力配合业主实现生产目标，确保优质高效完成2号机组投产任务，努力与业主共同打造"21世纪海上丝绸之路"能源"新地标"。

第八章 打赢海外防疫战

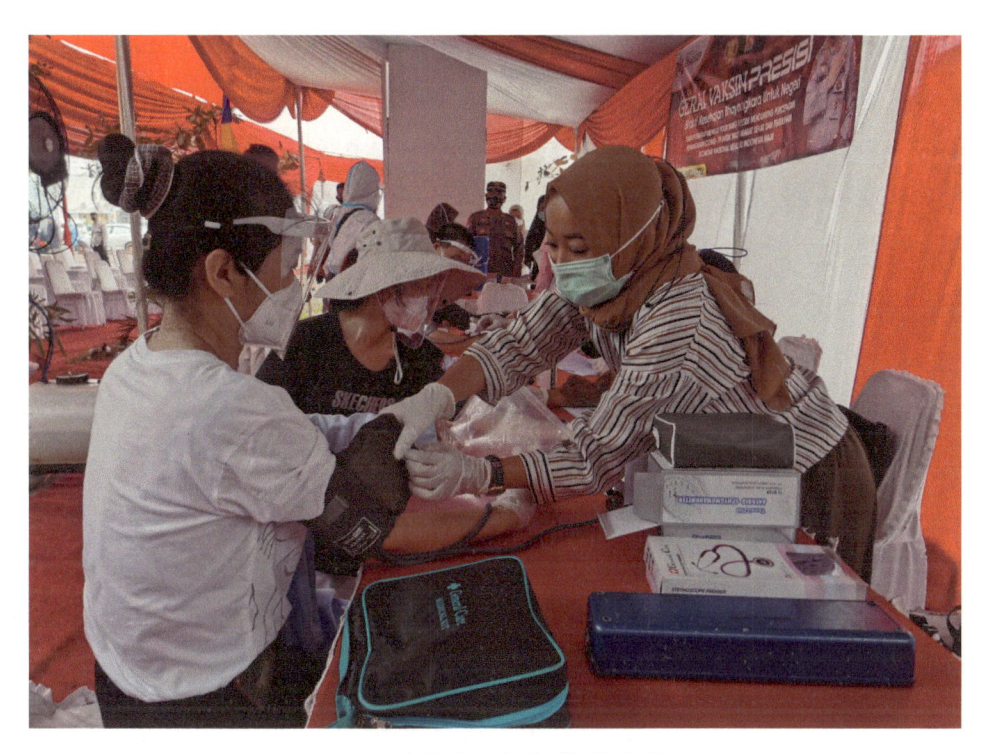

印尼爪哇公司组织接种疫苗

第二节 逆行与抗疫

黑沉沉的夜，仿佛无边的浓墨重重涂抹在天际，空气中弥漫着热带地区独有的闷热气息，路灯拉得人影老长，星星洒下微光，拖着疲惫身体的工程技术部经理助理史国青往宿舍走着，他刚刚处理完厂房区域内火灾报警。

"零零零——"寂静的夜晚，突然响起的手机铃声格外刺耳。疲惫的史国青赶忙接通电话，电话那头传来同事焦急的声音："史工，Telkom线路又出现故障，原因未知，赶紧过来看下吧！"听到这儿，史国青马上调转方向，朝着办公楼一路小跑。此时，已经是凌晨两点钟。

这已经不是史国青第一次遇到这种情况了。进入3月份，印尼群岛迎来了一年一度的雨季，频繁的降雨已经多次导致印尼爪哇公司到雅加达APL机房的专线发生故障中断，厂区外施工挖断线路导致中断情况的发生时有发生，这就需要信息人员到现场进行网络专线的手动切换操作。为了不影响正常的生产经营秩序，每有故障发生，不管多晚，史国青都坚持第一时间赶到办公室，完成线路切换及故障排除。

　　2019年5月，46岁的史国青积极响应电力公司技术支援爪哇7号项目的号召，随电力技术支持组来到爪哇7号项目，负责热控、信息化和火灾报警建设等各项复杂的事务性工作。

　　2020年春节，他把回家的名额让给了同事，谁曾想突如其来的新冠肺炎疫情使水陆航路中断。爪哇7号项目现场人员极为短缺，许多具体的执行性工作面临着无人监管的情况。两名运维人员因疫情无法返岗，基建现场、办公区、生活区信息化管理，信息化安全管理，网络设备，电脑终端，视频会议等众多工作只剩下史国青和1名印尼员工支撑，信息化工作面临空前压力。

　　值得庆幸的是，有一名热控专业人员有一定的调试工作经验，从3月到6月，史国青就和他一起摸索着进行故障处理和系统完善，在艰难的条件下完成了输煤区域、化水区域、二氧化碳区域的调试工作。7月12日，为了在2号机组整套启动前完成厂房区域内火灾报警投入的目标，在调试人员无法到场情况下，史国青率先打破单位界限，协调维护部、B标组成4人调试小组，根据现场实际协调厂家研究完善设计偏差，审核和修改数据点表和控制逻辑，指导施工单位缺陷处理。经过连续多日的加班加点，史国青和他的团队终于赶在7月28日前完成了厂房内火灾报警和IG541气体消防的调试工作，以信息技术手段助力疫情防控，为爪哇7号项目2号机组试运投产插上了信息化的翅膀。

　　在接受采访的时候，史国青说："不用写我，还是写写别人吧，在这里的每个人都很辛苦，这是很平凡的事，我只希望疫情尽快结束，回家好好陪陪老婆孩子。"

第九章

总结昨日,开启明日征程

习近平主席曾指出："我们回顾历史，不是为了从成功中寻求慰藉，更不是为了躺在功劳簿上、为回避今天面临的困难和问题寻找借口，而是为了总结历史经验、把握历史规律，增强开拓前进的勇气和力量。"这正是国家能源集团对爪哇7号项目成功运营的最高指导——总结昨日之辉煌，凝聚今日之力量，开启明日之征程。

第一节　总结昨日辉煌

一、荣誉

（1）2021年，爪哇7号项目在被誉为亚洲电力行业"奥斯卡盛典"的亚洲电力评奖活动中，摘下"2021年度煤电项目金奖"和"2021年度快发能源项目金奖"两项桂冠。

（2）2016年和2017年，国华印尼代表处连续两年被中国驻印尼大使馆经济商务参赞处组织的中国企业印尼商会总会评为优秀会员单位。

（3）2017年9月，爪哇7号项目获得印尼工业部授予"印尼最佳中资企业投资奖"。

二、首个"一带一路"高质量发展案例报告发布会

2020年10月25日，首个"一带一路"高质量发展案例报告发布会在北京召开，本次活动由人民日报数字传播有限公司主办，中印尼数十位专家和相关领域领导参加，《人民日报》等多家媒体报道了活动。

1.《人民日报》的报道

2020年10月25日，由人民日报数字传播有限公司主办的首个"一带一

路"高质量发展案例报告发布会在北京举行。人民日报社副总编辑赵嘉鸣，国家能源集团总经理刘国跃，国务院国资委、国家能源局等相关部委负责人，专家学者等出席发布会，印尼驻华大使周浩黎为发布会录制了视频讲话。

人民日报数字传播董事长徐涛发布了报告。报告聚焦国家能源集团国华印尼系列火电项目深耕印尼14年的实践历程，总结经验，为投身"一带一路"建设的中国企业提供可复制、可推广的实体案例参考。

在圆桌对话环节，嘉宾们围绕"共生""变化""可持续"三个关键词展开交流。他们认为，中国提出"一带一路"倡议7年来，越来越多的国家和国际组织加入共商共建共享"朋友圈"，中印尼两国经贸领域紧密合作、成果丰硕。国家能源集团坚定践行国际化战略，与当地社会结成命运共同体，逐步形成了共赢局面和"共生"模式。

共生是理念，也是方法；共生是过程，也是结果，共生模式走多深，可持续发展之路就走多远。

发布会上，时任人民日报社副总编辑赵嘉鸣在致辞中表示，能源合作是共建"一带一路"的重点领域。以国家能源集团为代表的央企勇挑重担、锐意进取，在加强能源基础设施互联互通，加大传统能源资源勘探开发合作，积极推动清洁、可再生能源合作等方面做出了重要贡献。他表示，新闻媒体也是共建"一带一路"的积极参与者和推动者，肩负着讲好丝路故事、宣传丝路精神的重要使命。2014年以来，人民日报社连续多年举办"一带一路"媒体合作论坛，100多个国家的200多家媒体积极参与。此次，人民日报数字传播有限公司深入调研国家能源集团在印尼的成功实践，推出首个"一带一路"高质量发展案例，这是讲好丝路故事、促进丝路合作的全新探索，具有重要意义。案例坚持项目导向，凸显了共建"一带一路"的鲜明理念；坚持实践导向，提供了共建"一带一路"的重要参照；坚持发展导向，传递了共建"一带一路"的信心力量。

助力共建命运共同体　国能托起爪哇明珠

国家能源集团总经理刘国跃发表讲话

　　国家能源集团总经理刘国跃表示，国家能源集团积极参与"一带一路"建设，全方位加强国际合作，联合中国能源产业链共同"出海"，在印尼项目建设中，与合作伙伴秉承"双赢、多赢、共赢"的理念，构建了"共生"模式的国际化发展之路。他强调，国家能源集团将坚持创新、协调、绿色、开放、共享发展理念，坚持共商共建共享原则，主动融入"双循环"新发展格局，坚持务实合作、坚持优势互补、坚持创新发展、坚持改善民生，与"一带一路"沿线国家和企业一道，携手共进，共谋发展，共同推进"一带一路"能源基础设施互联互通，为推动共建"一带一路"实现高质量发展，构建人类命运共同体贡献央企力量。

　　该报告以国家能源集团为案例研究主体，梳理该集团国华印尼项目缘起、破土、生根、成长、成林五个发展历程，凝练出战略、利益、质量、科技、人才、民生、产业、生态和文化的"九大共生"为基点的共生模式，最终实现源于项目而超越项目的全方位共生。报告指出，如今，越来越多的企业响应"一带一路"倡议，开启国际化征程，国家能源集团的"共生"模式提供了一个可借鉴的活力样板，具有重要现实意义。

印尼驻华大使周浩黎在视频演讲中表示，在过去几年，中国国家能源集团与印尼开展了广泛合作，为印尼的发展做出了巨大贡献，对此深表感谢。他指出，近年来两国在贸易、旅游和投资等诸多合作领域不断加强双边合作，实现快速增长。印尼政府高度重视与中国的协同合作。2018年，两国就推动"一带一路"倡议与"全球海洋支点"构想对接达成重要共识。印尼欢迎中国投资者在采矿、制造、医疗和基建等重点领域继续加大投资，衷心祝愿印尼与中国在各领域巩固并深化合作，携手为促进两国发展、增进两国人民友谊树立典范。

发布会现场的圆桌对话环节

在圆桌对话环节，国家能源集团副总经理王树民，印尼驻华大使馆参赞芦媚妮，亚太经济合作促进会顾问专家组专家范永昌，中国国际经济交流中心经济研究部副部长刘向东共同围绕"共生""变化""可持续"三个关键词展开交流。圆桌对话由人民数字经济研究院副院长宋明霞主持。

王树民指出,在中国"一带一路"和印尼"全球海洋支点"对接框架下,国家能源集团在"走出去"的过程中,心中装着"国家、荣誉、责任",肩上担着"安全、质量、效益",超越项目价值,超越投资回报,追求利人利己,在合作中摒弃零和博弈,为项目合作方及各相关方多想一步、多做一步,在成就对方中成就自己,以"建设印尼第一、世界一流的电厂"为目标,实现了"共育共生"、可持续发展。

嘉宾们认为,中国提出"一带一路"倡议7年来,越来越多的国家和国际组织加入共商共建共享朋友圈,中印尼两国经贸领域紧密合作,成果丰硕。国家能源集团坚定践行国际化战略,在中国"一带一路"倡议与印尼"全球海洋支点"对接中,走基于共生价值理念的国际化发展之路,与当地社会结成命运共同体,共同培育了共生理念,收获了共赢的局面,逐步形成"共生"模式。共生模式具有宽广的适用范围、很强的可行性和操作性及"共赢"的天然属性,为走出去的中国企业提供了一个可借鉴的活力样板,具有重要的现实意义。

2. 中国能源网的报道

首个"一带一路"高质量发展案例报告在人民日报社发布

发布日期:2020-10-26 中国能源网 佚名

发布会报道

3. 国家能源局国际合作司副司长魏晓威的发言

国家能源局国际合作司副司长魏晓威在首个"一带一路"高质量发展案例报告发布会上指出，能源国际合作是中国特色大国外交的重要组成部分，是共建"一带一路"的重中之重，是保障国家能源安全的重要手段。印尼是东盟地区大国，也是共建"一带一路"的重要国家。目前，中国正在研究制定"十四五"能源发展规划，积极壮大清洁能源产业、推进能源清洁高效利用将是重要方向。我们愿同印尼伙伴加强政策沟通、设施联通、贸易畅通、资金融通和民心相通，全方位深化能源合作，惠及两国经济发展和民生福祉，共同促进全球能源可持续发展，维护全球能源安全。

4. 来自国资委的评价

国务院国资委宣传局副局长刘福广在首个"一带一路"高质量发展案例报告发布会上表示，近年来，中央企业勇当高质量共建"一带一路"的排头兵，在沿线国家承担了3400多个重大工程项目，以高质量合作、高质量产品、高质量服务，促进沿线产业高质量配置、经济高质量增长、文化高质量融合。走出去的中央企业都是中国的优秀企业，走出去的产能都是中国的优势产能，这些企业有很多极具价值的实践做法值得深入总结和积极宣介。中央企业将与广大媒体、智库、专家和各方组织一道，面向全球讲好央企故事、传播中国声音，赋能世界一流企业建设新征程，书写"一带一路"高质量发展新篇章。

三、贺信及讲话

1. 爪哇7号项目2号机组通过168试运并取得PLN颁发的SLO认证文件，中国驻印尼大使馆、PLN、国家能源集团、PJB、各参建单位等纷纷发来贺信

中国驻印尼大使馆在贺信中提到，在新冠肺炎疫情持续蔓延、影响全球经济发展和商业活动之际，爪哇7号项目能够取得这样的成绩殊为不易，令人振奋，并向所有参与爪哇7号项目建设的单位和个人致以崇高敬意和热烈祝贺！希望国家能源集团与印尼电力合作伙伴加强务实合作，为印尼建设更

多精品工程，发展经济，造福印尼社会！

PJB发来的贺信中专门指出，截至2020年9月25日，爪哇7号项目1号机组连续安全稳定运行288天，2号机组高标准完成调试各项工作，成绩斐然。

收到的贺信中还提到，爪哇7号项目集合了中国乃至世界最先进的燃煤发电技术，自2017年6月30日浇筑第一罐混凝土开工以来，得到了中印尼社会的广泛赞誉和认可，面对新冠肺炎疫情的严峻挑战，项目全体建设者高标准完成2号机组整套启动调试工作，取得SLO认证，在开工1181天后，圆满实现PPA合同约定的目标。衷心希望爪哇7号项目能够再接再厉，全力确保1号、2号机组精细化运维管理，全面做好安全、生产、经营各项工作，为印尼提供安全、稳定、优质、便宜的高品质绿色能源，为中印尼两国电力事业合作树立良好典范！

2. 国家能源集团总经理刘国跃在2号机组投产暨爪哇7号项目一期工程竣工仪式上的讲话（有删节）

很高兴可以通过视频与大家一道见证国家能源集团国华爪哇7号项目2号机组高质量完成168试运，取得SLO证书，这标志着本项目一期工程经过39个月建设实现了高标准全面竣工；标志着国家能源集团与PLN合作的"能源新地标"竣工落成；标志着凝聚着两国建设者心血、印尼电力建设史上装机容量最大、参数最高、技术最先进、指标最优的高效环保电厂全面建成投产；标志着中印尼两国人民在"一带一路"倡议和人类命运共同体理念的倡导下，精诚合作、共克疫情，在"21世纪海上丝绸之路"首倡之地打赢了一场重要的国际化电力项目建设的收官之战。

新冠肺炎疫情给爪哇7号项目2号机组的建设和调试带来了前所未有的挑战，全体参建将士都克服了重重困难，我也听说了印尼项目在疫情期间的很多可歌可泣的感人故事：今年年初，几十名干部员工接到消息就马上中断了国内休假，辗转多地返回项目现场；2月起，两国封航致使机组调试人员无法到达现场，机组试运被迫搁置；7个多月来，中印尼方员工长期在现场驻守，中方员工无法定期归国休假，平均驻守9个月，最长的已超一年。

印尼方员工积极配合、大力支持项目的防疫措施，即使离家不远也坚持在现场值守、定期轮换，斋月和开斋节期间更是克服了很多生活上的不便。最难能可贵的是疫情发生数月来，现场的所有干部员工上下一心、科学防控、严防死守，始终保持了"零疑似""零感染"，为机组的如期投产奠定了坚实基础。事实证明，本项目的参建将士们使命感强、凝聚力强、能打硬仗、能打胜仗！

2019年12月13日，本项目1号机组较PPA合同约定提前4个月投产发电，投产后一直连续安全稳定运行，到今天已有288天，累计发电58.4亿千瓦时，平均负荷率80.7%，创造了国家能源集团百万千瓦级火电机组投产后连续运行新纪录，为印尼经济社会发展和疫情防控做出了积极贡献。

此次2号机组试运厂用受电、汽机冲转、并网发电、RB试验和168试运均"一次成功"。满负荷试运期间机组锅炉效率92.69%，汽机热耗7438.29kJ/kW·h，厂用电率4.16%，供电煤耗288.64g/kW·h，各项指标均优于设计值，主要环保指标达到了印尼最优。机组按照PPA合同约定如期高水平投产，再一次诠释了中国品质、中国速度！诠释了中印尼两国电力项目合作共赢的示范意义。

集团对全体干部员工为爪哇7号项目高水平投产、机组长周期运行的突出业绩充分肯定，对今年疫情以来大家体现出的忠于职守、勇于攻坚、敢于逆行、甘于奉献的精神充分肯定，对大家为国家能源集团海外业务发展所做出的个人牺牲和巨大贡献充分肯定。刚才，宋畅董事长已经宣布了嘉奖的决定，在此，我也特别强调：集团高度重视五省区电力体制改革涉及的海外项目员工，将在尊重大家意见的基础上妥善做好安排，免除大家的后顾之忧，请大家继续在现场安心工作。

国家能源集团拥有煤炭、火电、新能源、水电、运输、化工、科技环保、产业金融等业务板块，是全球最大的煤炭生产公司、火力发电公司、风力发电公司和煤制油化工公司。国家能源集团从2007年3月正式进入印尼至今，在印尼已设立了4家公司（3家火电公司+1家运维公司）、1个代表处、2个前期项目。建设和运营的3个电力项目全部为煤电机组，总投资约31亿美元，装机容量310万千瓦，占印尼火电装机容量8.8%，是在印尼控股容量最大的外国电力企业。

集团公司高度重视印尼业务发展，正在研究基于印尼现有项目发展的能源矩阵布局，计划以国华电力为基础筹备成立国家能源集团海外电力公司，与国华电力一套人马两块牌子；新公司将在认真总结已有印尼电力项目合作开发实践经验的基础上，进一步优化整合积累的管理优势、管理体系、管理平台、远程技术，为印尼电力、能源项目发展提供更为完善的优质高效环保的解决方案。借此机会，也邀请印尼能矿部穆尼勒司长、PLN哈里扬多董事、PJB伊万董事长等领导，在方便的时候来中国的相关企业参观考察，进一步促进中印尼两国能源项目全方位合作。

3. 国家能源集团国华电力董事长宋畅在2号机组投产暨爪哇7号项目一期工程竣工仪式上传达国家能源集团王祥喜董事长重要批示并讲话（有删节）

尊敬的印尼能矿部穆尼勒司长、PLN哈里扬多董事、PJB伊万董事长，国家能源集团刘国跃总经理，各位领导，各位来宾，各位参建将士：

特向项目全部竣工表示热烈祝贺！向参与工程建设的干部员工致以亲切慰问和致意！希望再接再厉，精益求精，加强运维管理，确保安全运行。要高度重视和当地政府的关系，密切与外方合作交流，树立企业品牌和良好形象。

王祥喜

2020年9月23日

集团王祥喜董事长的重要批示是对爪哇7号项目全体参建将士们的亲切关怀和莫大鼓励，是对本项目的充分肯定和殷切希望。

爪哇7号项目从一片沼泽地开始，历经39个月建设，使两台1050MW机组拔地而起，创造了印尼电力建设史上百万千瓦机组建设速度最快、建设周期最短的新纪录。这其中凝聚着中国、印尼两国建设者的心血，特别是全球突如其来的新冠肺炎疫情，为项目的建设和运营带来了难以想象的困难：中方员工长期在现场坚守，平均已有9个月，最长的已超过一年；印尼员工因为隔离，日常也无法与家人团聚，斋月和开斋节期间更是有很多生活习俗上的不便。但正是因为大家团结一心、严防死守才为项目建设、运营创造了良好基础；也正是因为大家始终不忘项目"世界领先、印尼第一的燃煤发电示范电站"的初心，牢记"国家、荣誉、责任"的光荣使命，不断攻坚克难，才得以让本项目高水平投产。

在此，我谨代表国家能源集团国华电力公司，感谢印尼能矿部、印尼政府投资协调委员会、中国外交部、商务部、驻印尼大使馆等两国政府部门的重视与支持！感谢PLN、PJB、PJBI，国家能源集团、新闻媒体等两国社会各界的关心与帮助！特别是要感谢全体参与项目建设的中印尼两国员工的艰辛付出与无私奉献！

4. PJB董事长伊万在2号机组投产暨爪哇7号项目一期工程竣工仪式上的致辞（有删节）

今日的竣工仪式将成为本项目，特别是2号机组的历史时刻之一。通过168试运和SLO证书的颁发，爪哇7号项目2号机组已经被证明是可靠的，并且满足"爪哇—巴厘—马都拉"电网的运行条件。借此机会，我们向参与项目建设各方的管理层、员工，以及支持项目完成168试运，获得SLO认证的各界人士，致以崇高的赞赏。

疫情期间，实现项目圆满竣工不仅对内部团队是一个挑战，对所有在技术和商业上为本项目做出贡献的各方也是一个挑战。爪哇7号项目2号机组所取得的成就见证了PLN、中国国家能源集团、PJBI、PJB以及印尼爪哇公司等利益相关各方进行的友好合作。这是一项非凡的工作，为其他项目推进树立了榜样。本项目建成投运不仅有力支持了印尼电力系统，提供了更可靠、更环保的电能，并且拥有颇具竞争力的电价。

为确保本项目稳定运行，希望印尼爪哇公司、PLN及旗下公司能够继续加强友好合作关系。同时，我们希望本项目能够安全稳定运行，并按照PPA合同投入商业运行。

四、亲历者说与媒体报道

（一）亲历者说

2018年9月，国家能源集团副总经理王树民一行赴印尼爪哇7号项目现场召开现场办公会，并对工程建设工作进行指导。

会上，针对下一步工作，王树民副总经理要求，要维护与印尼相关方的良好关系，助推中印尼经济的合作和发展，将"一带一路"推向更高层次。爪哇7号项目的成功建设和运营将成为中印尼两国国有企业在能源合作上的典范和示范窗口，对促进中印尼经济的合作与发展有着巨大的助推作用。

2019年3月，时任国家能源集团副总经理米树华到爪哇电厂调研指导工作并在联合办公区召开座谈会。米树华副总经理讲到，印尼各项目团队扎根海外，持续加强风险管控，强化文化引领，突出精细化管理，战高温、斗酷暑，艰苦创业，取得了瞩目的成绩，为集团公司赢得了荣誉。

对爪哇7号项目，米树华副总经理提出5个方面的建议。一是坚持两个"一以贯之"，筑牢"根"和"魂"。二是进一步夯实安全基础，落实各级安全责任，增强风险意识，确保安全生产形势平稳。三是严格执行作业标准，落实质量监督管理，坚持质量第一，确保工程质量有效管控。四是认真履行合同，加强工程组织协调，确保项目按期投产发电。五是全力打造家园文化，为员工搭建文化平台，心往一处使，确保企业的和谐稳定。

2019年3月，时任国华电力公司董事长宋畅莅临爪哇7号项目检查指导。宋畅董事长讲到，爪哇7号项目全体参建将士在建设"一带一路"事业中践行了习近平主席"社会主义是干出来的"伟大号召，传承了国华文化，发扬了国华精神。

会上，宋畅董事长提出，各参建单位要不忘初心，继续努力。要瞄准"世界领先，印尼第一"的工程建设目标不放松，落实主体责任，持续围绕安全、质量、进度等关键要素，抓好工程建设。

各参建单位要瞄准目标，再创佳绩。要瞄准9月30日1号机组通过168试运以及12月30日2号机组并网满负荷运行的工程建设目标，在"六个好"的基础上实现"建设质量好、设备性能好、机组可靠性好、投资回报好"的工程建设结果，打造"十好"工程。

各参建单位要坚持问题导向，铸造精品。要继续发扬"八个心"管理要求：不忘初心、坚定信心；尽责尽心、团结一心；管理细心、调运精心；关爱关心，事事暖心，要丰富"八个心"管理要求的精神内涵。

第九章 总结昨日，开启明日征程

2018年7月，宋畅董事长一行到爪哇7号项目检查指导工作，对爪哇7号项目取得的成绩给予了高度赞赏。在回顾爪哇7号项目从无到有的艰辛历程时，宋畅董事回忆了2015年爪哇7号项目投标之初，他作为国华投标授权人及主要决策领导，全程参与了爪哇7号项目投标、澄清、中标等工作，爪哇7号项目能够经历大浪淘沙，从36家投标单位中胜出，得益于集团的实事求是精神。两年多的时间内，经过各方坚持、不懈努力，爪哇7号项目所有参建单位和参建将士克服一系列困难，渡过一系列难关，开展了一系列创新，"万丈高楼平地起"，项目从无到有，日新月异，令人感触颇深。

宋畅董事长用"五个好"对项目成立两年来各项工作取得的成绩予以充分肯定。一是精神状态好，现场所有参建单位员工都表现出了无限的激情和热情，饱满的精神状态是项目所有参建单位和参建将士成就宏伟事业的基础。二是团结协作好，项目所有参建单位和参建将士为了爪哇7号项目建设团结一致，超常规贡献了智慧和汗水。三是工程管控好，项目现场安全、质量管理规范有序，各项工作有条不紊。四是社会责任好，爪哇7号项目与当地政府和社区建立了良好的社会关系，展现了中国国企的社会责任感，历史经验表明，拥有良好的社会责任是企业成功之本。五是文化传承好，爪哇7号项目良好地传承了中华优秀传统文化、各参建单位的优秀企业文化，以及国华公司成熟的企业文化，更好地促进了中印尼的文化融合。

随后，宋畅董事长向爪哇7号项目建设提出要求。

一是加强协调，严格管控，把握基本关键要素，再立新功。各参建单位要紧密围绕安全、质量、进度、投资、档案等关键要素，抓好工程建设。安全是根本，各参建单位首先要把安全作为基建第一要素，时刻要有安全"归零"意识，主动抓好基建安全。安全管理人员要做好安全文化传导，让现场施工人员始终感到安全管理是对他们最大的"爱"。"百年大计，质量为本"，建设"国家能源集团示范工程，中国国企在印尼样板工程，中国电力建设和管理水平形象工程"关键要靠工程质量。

二是坚定信心，克服困难，确保项目如期高水平投产发电。项目建设已经进入高峰期，现场正从静态转变为动态高风险状态，要不断借鉴吸取同类型电厂的经验教训，反复对图纸进行确认，坚持一次成优，为集团及国华公司"走出去"战略提供助力，努力打造中国国企在印尼的样板工程。爪哇7号项目所有参建单位及参建将士要瞄准目标，坚定信心，坚持打造精品工程。爪哇7号项目有很多独具特色的创新、创造，所有参建单位要继续坚持将创新、创造更好地应用于工程建设。

三是文化传承，建设讲政治、高素质、负责任、有实力、重人文的高品质燃煤电站。各参建单位要围绕爪哇7号项目，同心同德，为印尼提供清洁能源，打造清洁、高效、环保示范电站。基建安全、质量、进度等几大关键要素构成了高品质燃煤电站的基本框架，要始终清醒地认识到"人才"和"实力"是当前最大的短板，"实力"主要体现在机组各项技术经济指标，是国华公司进一步技术升级的基础，爪哇7号项目从一开始就要提高定位，建设技术经济指标一流的高品质燃煤电站。

时任国华电力公司总经理李巍于2018年9月在爪哇7号项目现场召开员工座谈会。他希望爪哇7号项目参建将士要坚定信心，直面困难与挑战，巩固和发展国华电力公司在印尼电力建设市场所取得的卓越成就。

在"走出去"战略引领下，国华电力公司深耕印尼电力市场，经过不懈努力，公司的品牌形象深得印尼政府及社会各界人士广泛认可，取得了优异成绩。同时，大家更应该清醒认识到"走出去"的过程中不可避免会遇到各种压力和挑战，只有坚定信心才能巩固和发展国华电力公司在印尼电力建设市场所取得的卓越成就。

他鼓励大家要珍惜机遇，正确认识员工与企业的发展前景，国家能源集团对后续在印尼深入开展电力建设合作有着非常明确的倾向，国华品牌也将依托集团及国家强大的支持扎根印尼电力建设市场，并为海外的电力人才搭建更大的平台和创造更广阔的发展空间。印尼爪哇公司基础好，一定会为集团及国华电力公司积累一大批具有海外电力建设经验的、宝贵的人才。

2019年11月，国家能源集团总经理助理刘金焕、中国神华总经理杨吉平一行到爪哇7号项目检查指导工作。刘金焕指出，国华电力及印尼海外项目要在现有基础上更进一步发挥示范引领作用。一是努力发挥好桥头堡的作用，要紧随国家能源集团"一个目标、三型五化、七个一流"总体战略发展要求，深耕印尼电力市场，更上一个台阶。二是充分发挥好示范引领作用，认真谋划，树立中央企业在海外"一带一路"建设中的品牌和旗帜，建设世界一流高品质能源企业。三是发挥好集团公司海外人才引领作用，不断总结海外工作经验，将印尼海外项目发展成为集团公司海外人才培养的摇篮。

杨吉平对国华电力公司以及印尼海外项目工作所取得的成绩表示充分肯定，针对印尼海外项目，特别是爪哇7号项目，杨吉平总经理提出了6个方面的建议。一是坚持两个"一以贯之"，牢记"四个意识"，坚定"四个自信"。二是始终将风险防范作为企业的重点工作，提前谋划，确保企业的长治久安。三是始终在印尼工程建设运营中起到安全环保的示范引领作用，树立中央企业海外电力事业的品牌形象。四是紧随国家能源集团的战略规划，超前谋划，朝着建设"一带一路"的标杆企业做强、做优。五是协调好项目与周边的公共关系，积极履行社会责任，构建良好的地企关系。六是营造温馨舒适的员工工作生活环境，增强团队凝聚力，构建和谐稳定的海外企业。

（二）与本项目有关的媒体报道

爪哇7号项目建设、运营成功实践的意义非同凡响，为中国企业进军海外、开拓电力市场树立了一座丰碑。项目建设过程中受到国内外新闻媒体的广泛关注。国务院国资委研究中心研究员周丽莎接受《经济参考报》记者采访时表示，这标志着继高铁、核电、特高压之后，百万千瓦级高效清洁煤电成为中国央企"走出去"的一张"新名片"。

《人民日报》、新华社、中央广播电视总台记者分别前往爪哇7号项目现场，对项目建设、投产等情况进行采访报道。《中国电力报》头版刊发爪哇7号项目深度报道，新华网、人民网、环球财经连线、央视网、《国际日报》、CNN Indonesia、RambuEnergy、《雅加达邮报》等多家媒体长期以来对项目建设和投运等重要节点进行持续跟踪报道。

《人民日报》——共同打造印尼与中国电力合作典范

新华社——百万千瓦级火电机组落户印尼，高效清洁煤电成央企走出去"新名片"

《经济参考报》——高效清洁煤电成央企走出去"新名片"

《经济日报》——如何用项目合作促进民心相通？国家能源集团在爪哇的"力作"里有答案！

经济视野网——国家能源集团印尼爪哇公司1号机组投产

国资小新——看中国企业干工程，是一种享受……

澎湃新闻——印尼装机容量最大电厂正式投产，由国家能源集团投资建设

（三）部分报道展示
1. 中国能源网报道

中企总承包建设印尼爪哇7号项目2号机组并网

发布日期：2020-08-21 · 浙江火电、科技发展公司　刘磊

当地时间8月20日，由中国能建EPC总承包建设的印尼爪哇7号2×105万千瓦燃煤发电工程2号机组，成功实现并网。

2号机组调试期间，工程项目部以现场为中心，严格落实各项防疫保障措施，及时协调各方，科学调试，顺利地完成了多项机组关键性试验，有效确保了机组并网任务的顺利完成。

印尼爪哇7号独立发电厂项目（简称"爪哇7号"）是印尼国家35000兆瓦电站中期规划的重点项目之一，是"一带一路"倡议与印尼"全球海洋支点"对接的重要举措。工程位于印尼雅加达西北约100公里，装机容量为2台105万千瓦机组。爪哇7号项目由中国能建浙江火电牵头EPC总承包建设，广东院负责设计监理，中南院负责施工监理，浙江火电和安徽电建一公司还分别承担了1、2号机组检修维护和输煤系统运维，华东电力试研院负责设备调试。

2. 国资委网站报道

国务院国有资产监督管理委员会
State-owned Assets Supervision and Administration Commission of the State Council

| 首页 | 机构概况 | 新闻发布 | 国资监管 | 政务公开 | 国资数据 | 互动交流 | 在线服务 |

热点专题　首页 > 新闻发布 > 新闻 > 正文

**中国企业在海外投资建设的单机容量最大 拥有自主知识产权的火电机组——
国家能源集团国华印尼爪哇7号项目全面竣工**

文章来源：国家能源投资集团有限责任公司　发布时间：2020-09-27

2020年9月25日，在中国、印尼各界嘉宾与参建各方代表的共同见证下，中国企业在海外投资建设的单机容量最大、拥有自主知识产权的火电机组——国家能源集团国华印尼爪哇7号2×1050MW发电项目2号机组以跨国视频连线的方式举行完成168小时试运暨一期工程竣工仪式，标志着凝聚中印尼两国建设者心血，印尼电力建设史上单机容量最大、参数最高、技术最先进、指标最优的高效环保型电站全面竣工。中印尼两国人民在"一带一路"倡议和人类命运共同体理念的倡导下，精诚合作，共克疫情，继1号机组投入商业运营后，在"海上丝绸之路"首倡之地再创印尼能源建设新佳绩。

3. 北极星火力发电网报道

北极星火力发电网　新闻 政策 招投标 项目 技术　火电 风电 光伏 水电 售电　招聘 学社 直播 商务通　企业注册 企业登录 个人注册 个人登录

您的位置：电力 > 火电 > 火电动态 > 项目 > 正文

一带一路｜国华电力印尼爪哇7号2台1050燃煤发电机组项目建设走笔

2017-06-14 08:34　来源：中国电力报　作者：吕霖 齐俊甫　关键词：燃煤发电 燃机机组 电厂项目　收藏 点赞

分享　电力交易员技能提升培训班

爪哇岛是位于印度洋和太平洋之间的一个美丽海岛，大多数中国人不知道的是，在爪哇岛西北角，有个叫"神华国华印尼爪哇7号2台1050燃煤发电机组"的项目，有一大批有志于中国电力"走出去"的同胞，为了中国和印尼电力事业，在夜以继日、殚精竭虑、挥汗如雨地奋斗、拼搏、付出着。

309

助力共建命运共同体　国能托起爪哇明珠

2×1050MW！中企承建印尼爪哇7号百万机组投运

12月12日，中国能建浙江火电牵头EPC总承包建设的国家能源集团国华印尼爪哇7号2×105万千瓦燃煤发电工程1号机组签署商业运营日期证书及移交生产交接书。

（来源：微信公众号"中国能建" ID：ENERGY-CHINA）

这标志着，印尼电力建设史上装机容量最大、参数最高、技术最先进、指标最优的高效环保型电站正式投产，为印尼这一"海上丝绸之路"首倡之地再添能源新地标。

4. 国际节能环保网报道

印尼爪哇7号工程2号机组锅炉点火成功

（时间：2020-8-11 10:22:54）

8月5日，中国能建浙江火电总承包建设的印尼爪哇7号工程2号百万机组锅炉顺利点火成功，标志着该机组正式进入整套试运阶段。

受新冠肺炎疫情影响，2号机组整套试运工作推迟了数月时间。印尼政府实施"带疫解封"政策后，浙江火电第一时间组织机组参调人员返岗，同时强化整套试运前机组各系统完善性检查，并严格落实各项生产防疫保障措施，为确保2号机组整套试运工作迅速展开奠定了良好基础。根据计划，2号机组将于8月上旬实现汽轮机冲转和并网目标。

5. 中国侨网报道

中企在海外投建的最大燃煤电厂印尼爪哇7号投产

2019年12月14日 09:22 来源：人民日报

6. 快资讯网报道

中国神华国华印尼爪哇7号独立发电项目2号机组通过168小时试运行

智通财经
2020-09-27 20:47 原创

智通财经APP讯，中国神华(01088)公布，近日，公司国华印尼爪哇 7 号独立发电项目 2 号机组顺利通过 168 小时试运行，整体工程实现全面竣工。

7. 搜狐网报道

在投运仪式上，神华国华（印尼）爪哇发电有限公司各级领导对工程建设给予充分肯定和高度认可，对各参建单位表示感谢。"交融天下一带一路添神韵，建者无疆中印合作谱华章"，是对本项目的高度概括，充分体现了神华集团与中国交建在"一带一路"项目上的精诚合作，也展现了项目建设的深远意义以及创建优质工程的目标。

（四）部分报道节选

1. 中企将印尼沼泽地变为超级发电厂（《环球时报》2016年7月26日报道）

"爪哇7号项目将有效地满足印尼的电力需求，印尼的大部分人口都居住在爪哇岛，这个项目将降低该地区的电力成本，还能够加速经济发展"，印尼驻华大使周浩黎近日接受采访时表示，"爪哇7号项目不仅有利于当地居民，电厂周边的地区也将从中受益。"

今年24岁的项目翻译莉亚对《环球时报》记者表示，"这一项目为印尼带来了先进技术，解决当地数千人就业。我希望通过'一带一路'建设，让更多的中国企业到印尼投资，让更多的印尼人能亲自感受中国人的勤劳和善良"。

2. 国家能源集团印尼爪哇公司1号机组正式投产——印尼电力建设史上装机容量最大、参数最高、技术最先进、指标最优的高效环保型电站（中国日报网2019年12月13日报道）

当"一带一路"倡议和人类命运共同体理念凝聚起世界人民的广泛共识之时，中印尼电力建设合作再结丰硕成果。

作为特大型国际化合作项目，爪哇7号项目建设充分体现了"共商、共建、共享"的合作精神，在项目许可、项目融资、外事签证、劳工风险、资源协调方面得到中国国务院国资委、商务部、银保监会、中国驻印尼大使馆高度重视和多方协调。佐科总统亲临现场主持开工仪式，并提出了高度期望；印尼政府出台了一系列优化投资环境和税务优惠政策、简化行政审批程序措施；印尼矿能部、国企部、经济统筹部、投资协调委员会等在建设过程中给予大力支持。在各方努力下，爪哇7号项目成为第一个在PPA合同生效后6个月内完成融资关闭的项目，印尼爪哇公司是第一个按照印尼投资协调委员会"3小时投资证照申请通道"一次性办结11项注册成立证照的公司，也是第一个依据印尼财政部企业所得税减免政策取得企业所得税减免批复的企业。

3. 百万千瓦级火电机组落户印尼，高效清洁煤电成央企走出去"新名片"（新华社2019年12月16日报道）

据国家能源集团国华电力总经理李巍介绍，目前电力共获得国家科学技术进步奖1项、省部级科学技术进步奖6项、中国电力科学技术进步奖73项、中国电力创新奖25项，累计获得国家授权专利1103项。在海水淡化、污染物减排、碳减排、金属微创、智能化建设等领域，都做到了国内领先。特别是拥有自主知识产权的百万千瓦超超临界煤电机组，堪称全球领先的高效清洁煤电机组。

"同时，爪哇7号燃煤发电工程1号机组的投产，标志着继高铁、核电、特高压之后，百万千瓦级高效清洁煤电成为中国央企走出去又一张'新名片'。"

4. 如何用项目合作促进民心相通？国家能源集团在爪哇的"力作"里有答案！（经济日报新闻客户端2019年12月13日报道）

国之交在于民相亲。对于中国企业而言，扬帆海外特别是加强与"一带

助力共建命运共同体 国能托起爪哇明珠

一路"沿线国家的合作是大势所趋，这个市场有无限潜力。如何通过项目合作促进民心相通，进而开拓更大市场？

爪哇7号项目1号机组签署商业运营日期证书及移交生产交接书，标志着凝聚两国建设者心血，印尼电力建设史上装机容量最大、参数最高、技术最先进、指标最优的高效环保型电站正式投产，为印尼这一"21世纪海上丝绸之路"首倡之地再添能源"新地标"。

爪哇7项目1号机组这一"力作"，从设计到施工，无不体现了两国"共商、共建、共享"的合作精神，也为通过项目合作促进两国民心相通积累了重要经验。

一个值得为梦想而奋斗的地方——爪哇7号项目

5. 看中国企业干工程，是一种享受……（国资小新2019年12月13日报道）

12月13日，印尼爪哇7号项目1号机组签署商业运营日期证书及移交生产交接书，标志着印尼电力建设史上装机容量最大、参数最高、技术最先进、指标最优的高效环保型电站正式投产!

自2017年6月30日浇筑第一罐混凝土以来,国华电力交上了一份"高标准开工、高质量建设、高水平投产"的满意答卷。

中国企业建设的不仅是电站,更是名片!中国电站传递的不仅是能量,更是友谊!

6. 中国企业海外投资建设最大单机火电机组安全运营100天(人民网2020年3月20日报道)

3月20日,印尼爪哇7号2×1050MW燃煤发电工程1号机组实现安全运营100天。近年来,中印尼两国以共建"一带一路"为契机,深入对接发展战略,扎实推进务实合作。两国合作建设的加蒂格迪大坝、巨港轻轨、爪哇7号项目等一批重大基建设施正持续释放经济和社会效益。

PLN董事长祖尔基弗利认为,爪哇7号项目具有重要的国家战略价值。"该项目的投产从根本上改善了爪哇—巴厘电力系统的稳定性,项目采用的超超临界发电技术将成为印尼电力行业的标杆,项目依靠先进的技术和成本优势将为各方创造巨大的价值和效益,印尼国电将学习借鉴中国国家能源集团先进高效的工程建设及运营管理模式。"他说。

PJB董事长伊万认为,爪哇7号项目作为国际化电力基础设施建设合作项目,是印尼与中国电力事业合作的典范,真诚感谢中国国家能源集团为此做出的巨大贡献。

7. "疫"然前行——国华印尼爪哇电厂点亮"一带一路"领航灯(《国际日报》2020年3月27日报道)

截至(2020年)3月20日,国华印尼爪哇电厂1号机组实现连续安全运行100天,累计发电量约15.3亿千瓦时,经受住了新冠肺炎疫情的严峻考验,严格科学的防疫措施得到了PLN以及印尼社会的普遍认可。在与新冠肺炎疫情勇敢搏斗的同时,该厂围绕1号机组安全生产、2号机组调试和现场防疫这三条主线开展工作,各项工作有条不紊,全体员工用实际行动在抗击疫情中点亮了"一带一路"的"领航灯"。

8. "一带一路"抗疫复工记：疫情下印尼中资项目"逆势而上"
(《参考消息》2020年8月4日报道)

疫情期间，来自项目建设承包方浙江火电的潘平锋一直待在项目区，几乎没出过项目部的大门。作为项目综合部主任，他的工作较为繁忙。

"从3月20日开始实行封闭管理，项目区域内按照国内标准采取防疫措施，关闭了公共活动场所，尽量减少不必要的聚会，连采购食物都要经过严格的消毒程序。"已经9个多月没回国休假的潘平锋说。

自6月份以来，印尼开始进入防疫与重启经济的"新常态"，大规模社交限制措施逐步解除，商场、酒店、宗教场所以及景区等陆续重新开放。

印尼中国商会总会副会长杜淮表示，从中长期看，疫情对包括中资在内的外资造成了较大冲击。

印尼是"21世纪海上丝绸之路"的首倡之地，是"一带一路"倡议的重要支点国家。这些年来，中印尼两国经贸关系日益紧密，中资项目遍布印尼各大主要岛屿。中国持续多年成为印尼最大的贸易伙伴，中国实际上是印尼最大的外资来源地。目前，两国合作正从传统的基建、资源、通信等领域迅速向工业化、金融、电商、人工智能、人力资源开发等新兴领域拓展，新合作增长点不断涌现。今年上半年，中国对印尼投资额逆势大幅增长，双边贸易额与去年同期总体持平。

9. 印尼爪哇7号项目2号机组首次并网成功(《国际日报》2021年8月22日报道)

8月20日，印尼爪哇7号项目2号机组首次并网成功，顺利并入印尼"爪哇—巴厘—马都拉"电网。并网期间，机组主辅设备运行稳定，各项参数正常，汽水品质合格，自动保护投入正常，电除尘、脱硫等环保设施运行良好。

爪哇7号项目作为中国出口海外的首台百万千瓦级机组以及印尼目前单机容量最大的发电机组，集合了中国乃至世界最先进的燃煤发电技术，项目全厂主辅一体化DCS控制系统采用国家能源集团具有完全自主知识产权的EDPF-NT Plus DCS系统。机组效率领先，自动化水平、环保指标以及国产化率均达到行业领先。该项目1号机组自2019年12月13日正式投产发电以来设备安全可靠，各项运行指标优良，受到了中印尼各界的广泛关注和好评。

电厂集控室内的运行值班员

10. 中国企业在海外投资建设的最大单机火电机组全面竣工（人民网2021年9月25日报道）

9月23日，印尼爪哇7号项目2号机组正式投产。项目整体投运后，年发电量约150亿千瓦时，将有效改善印尼区域电力供应现状，大大改善爪哇地区用电紧张局面，对当地经济增长和社会发展起到强有力的拉动作用。项目建设期累计纳税约1.1亿美元，直接吸纳当地人员就业逾3000人；预计运营期年纳税约0.4亿美元，提供近700人的就业机会，第三方服务人员逾500人。

第二节　凝聚今日之力量

一、科技成果，管理成就

（一）省部（行业）级科技进步奖：22项

序号	奖项名称	颁奖单位	获奖等级	获奖时间
1	国产ＤＣＳ系统在印尼爪哇2×1050MW机组的应用研究	中国安装协会	一等奖	2022年4月
2	海外EPC总承包企业全流程采购设备质量管控	中国电力企业联合会	一等奖	2019年11月
3	国际电站设备运输及仓储管理提升	中国电力建设企业协会	一等奖	2020年11月
4	电厂烟风道支吊架三维数字设计技术	中国电力建设企业协会	一等奖	2019年4月
5	火电厂三维土建数字化设计技术	中国电力规划设计协会	一等奖	2018年4月
6	建立风险预控、过程见证、问题导向的电建企业先进型安全检查和验证机制	中国电力企业联合会	一等奖	2017年11月
7	神华国华印尼爪哇7号燃煤发电工程项目大型机械配置及设备管理创新	中国电力设备管理协会	一等奖	2020年3月
8	大型流程设备质量管理火电EPC海外总承包项目全控	山东省企业管理现代化创新成果评审委员会	一等奖	2018年12月
9	真空预压软基处理工艺应用	中国电力建设企业协会	二等奖	2018年3月

序号	奖项名称	颁奖单位	获奖等级	获奖时间
10	沿海电厂低影响取排水系统关键技术研究应用	中国电力建设企业协会	二等奖	2018年3月
11	火电厂工艺仪控系统数字设计与三维协同技术	中国电力建设企业协会	二等奖	2019年11月
12	基于新型汽温控制的直流锅炉稳压吹管技术与应用	中国电力建设企业协会	二等奖	2022年1月
13	基于EIIS系统的办公平台建设及应用	浙江省电力学会	二等奖	2020年2月
14	锅炉受热面小径管焊接接头典型缺陷相控阵图谱研究	浙江省电力学会	二等奖	2020年2月
15	厂矿道路路面结构设计优化系统	中国电力建设企业协会	三等奖	2018年3月
16	火电厂建（构）筑物变形监测与预测研究	中国电力规划设计协会	三等奖	2017年6月
17	厂级信息系统一体化技术研究与应用	中国电力建设企业协会	三等奖	2018年10月
18	"口述安全流程"示范宣教片的开发和应用	中国电力技术市场协会	三等奖	2020年12月
19	爆炸环境下的仪控安全防护设计	中国电力建设企业协会	三等奖	2019年11月
20	火电厂管道布置设计智能检测技术研究与应用	中国电力建设企业协会	三等奖	2019年11月
21	电力项目出口运输报关工作策划研究	中国电力建设企业协会	三等奖	2019年11月
22	超长距离圆管带式输送机安装应用与可靠性研究	中国安装协会	三等奖	2022年4月

（二）QC成果奖：33项

序号	奖项名称	颁奖单位	获奖等级	获奖时间
1	"平台扶梯三维数字化设计"QC小组获得2018年电力勘测设计行业优秀QC小组一等奖	中国电力规划设计协会	一等奖	2018年11月
2	"锅炉送粉管道设计提效QC小组"获得2020年工程勘测设计质量管理小组一类优胜成果	中国勘察设计协会	一等奖	2020年11月
3	"减少爪哇7号项目锅炉启动蒸汽消耗量QC小组"获得2020年工程勘测设计质量管理小组一类优胜成果	中国勘察设计协会	一等奖	2020年11月
4	"啄木鸟QC小组"获评2017年全国优秀质量管理小组（设备管理类）	全国质量协会等	一等奖	2017年11月
5	"山东院卓越之星QC小组"获得2019年电力勘测设计行业优秀QC小组一等奖	中国电力规划设计协会	一等奖	2019年11月
6	"仪控电缆敷设研究QC小组"获评2017年全国建设质量管理小组活动优秀成果一类	全国建筑业协会	一等奖	2017年11月
7	"印尼精益求精QC小组"的《减少国际火电升压站系统工代服务人工日数》课题获得2019年电力勘测设计行业优秀QC小组一等奖	中国电力规划设计协会	一等奖	2019年11月
8	"印尼挑战者质量管理小组"的《提升爪哇火电项目钢结构油漆验收一次合格率》课题获得2019年度电力建设质量管理小组活动一等奖（第2项）	中国电力建设企业协会	一等奖	2019年4月
9	降低锅炉送粉管道设计工时	山东省勘察设计协会	一等奖	2020年11月
10	降低印尼大型火电总承包项目设备供货缺件课题QC小组	山东省勘察设计协会	一等奖	2019年11月
11	"万无一失QC小组"的《降低印尼大型火电总承包项目设备供货缺件率》课题获评2019年度电力行业优秀质量管理小组成果展示与交流会一等成果	中国水利电力质量管理协会	一等奖	2019年7月

续表

序号	奖项名称	颁奖单位	获奖等级	获奖时间
12	《减小火力发电厂发电机出口TPY型CT体积》项目获得2018年度电力建设优秀质量管理QC成果二等奖	中国电力建设企业协会	二等奖	2018年11月
13	"减少爪哇7号项目厂区回填量QC小组"获得2018年度山东省工程建设勘测设计QC成果二等奖	山东省勘察设计协会	二等奖	2018年11月
14	"节能降耗QC小组"获得2020年电力勘测设计行业优秀QC小组二等奖	中国电力规划设计协会	二等奖	2020年11月
15	"爪哇7号项目总图QC攻关小组"获得2017年电力勘测设计行业优秀质量管理小组二等奖	中国电力规划设计协会	二等奖	2017年11月
16	"提高爪哇7号项目设备资料现场验收一次合格QC小组"获评2020年度电力行业优秀质量管理小组二等成果	中国水利电力质量管理协会	二等奖	2020年11月
17	"印尼挑战者质量管理小组"的《提高爪哇7号项目集箱管接头焊接质量一次合格率》课题获得2019年度电力建设质量管理小组活动二等奖（第125项）	中国电力建设企业协会	二等奖	2019年4月
18	"三维土建设计QC小组"获评2018年度优秀质量管理小组	全国质量协会等	优秀成果	2018年11月
19	"降低印尼爪哇7号项目温度元件更换率QC小组"获得2019年度全国工程建设优秀QC小组三等奖	山东省勘察设计协会	三等奖	2018年11月
20	"降低发电机母线安装图差错率QC小组"获评2020年度电力行业优秀质量管理小组三等成果	中国水利电力质量管理协会	三等奖	2020年11月
21	"建筑工程公司爪哇7号项目工区技术攻关质量管理小组"的《关于提高灌注桩后注浆浆液注入量》获得2019年度电力建设质量管理小组活动三等奖（第108项）	中国电力建设企业协会	三等奖	2019年4月
22	"爪哇 7 项目机械质量管理小组"的《关于提高平头塔机顶升效率》项目获得2019年度电力建设质量管理小组活动三等奖（第189项）	中国电力建设企业协会	三等奖	2019年4月

续表

序号	奖项名称	颁奖单位	获奖等级	获奖时间
23	"隔振器基座机组轴系振动异常处理质量管理小组"的《关于降低隔振器基础汽轮发电机轴系振动值》项目获得2019年度电力建设质量管理小组活动三等奖（第117项）	中国电力建设企业协会	三等奖	2019年4月
24	"华业钢构核电配管质量管理小组"的《关于提高合金钢配管焊口一次合格率》项目获得2019年度电力建设质量管理小组活动三等奖（第168项）	中国电力建设企业协会	三等奖	2019年4月
25	"爪哇7号烟囱钢内筒质量管理小组"的《关于减少4.5mm厚奥氏体不锈钢焊接变形》项目获得2019年度电力建设质量管理小组活动三等奖（第146项）	中国电力建设企业协会	三等奖	2019年4月
26	"钢管桩沉桩QC小组"获评2019年度河北省工程建设优秀质量管理小组	河北省质量协会	优秀成果	2019年4月
27	"煤码头现浇磨耗层QC小组"获评2019年度河北省工程建设优秀质量管理小组	河北省质量协会	优秀成果	2019年4月
28	"印尼JAWA7海工项目煤码头现浇横梁QC小组"获评2018年度全国交通行业优秀质量管理小组	中国交通企业管理协会	优秀成果	2018年11月
29	"提高预制纵梁外观质量合格率"项目获评2018年河北工程建设优秀QC小组成果	河北省质量协会	优秀成果	2018年4月
30	"印尼爪哇7号项目管带机基础混凝土质量控制QC小组"获评2019年全国交通运输行业优秀质量管理小组	中国交通企业管理协会	优秀成果	2019年11月
31	"印尼项目采购组"认真贯彻实施《质量信得过班建设准则》团体标准，在开展质量信得过班组建设活动中取得显著成效	中国质量协会	优秀成果	2018年12月
32	海外火电厂建设条件改变重大变更质量管控	中国电力建设协会	三等奖	2022年3月
33	爪哇7号项目自主海水淡化技术的应用和示范	中国电力建设协会	三等奖	2022年3月

（三）专利：发明专利4项和实用新型专利38项

奖项类别	专利名称	颁发单位	获得时间
发明专利	1. 蒸汽管道疏水及其扩容蒸汽集中回收的系统及方法	国家知识产权局	2019年10月25日
	2. 一种非旋转同步双台吊海上安装预应力T梁的方法		2019年8月6日
	3. 一种圆管带式输送机的运行仿真方法及装置		2021年2月2日
	4. 一种火力发电机组控制系统及方法		2021年2月19日
实用新型专利	1. 一种低压侧双绕组变压器局部放电试验的接线结构	国家知识产权局	2018年1月23日
	2. 扭力传递器		2018年11月20日
	3. 一种液压推顶装置		2020年11月23日
	4. 蛇形管组支撑固定结构		2017年3月29日
	5. 一种X射线机固定装置		2019年9月6日
	6. 一种板状试件背面充氩保护装置		2019年9月6日
	7. 一种便于清洗的胶片悬挂架		2019年7月2日
	8. 一种洗片夹存放架		2019年8月16日
	9. 多用途直角尺		2020年8月7日
	10. 气动翻板式隔绝门		2018年11月30日
	11. 一种电站锅炉屏式过热器管组		2017年3月29日
	12. 一种锅炉减温水系统的全管段酸洗系统		2021年4月6日
	13. 一种改善空预器出口烟温偏差的装置		2021年3月30日
	14. U型火焰低氮煤粉锅炉		2018年2月13日
	15. 一种对冲燃烧锅炉二次风箱控制系统		2020年5月19日
	16. 一种监视电站锅炉水冷壁管结渣情况的便携式装置		2020年4月28日
	17. 一种管带输送机及其防胀装置		2020年11月3日
	18. 基于长距离分布式光纤测温的管状输送系统的检测装置		2020年1月14日
	19. 一种高烈度地震区的大跨度引桥结构		2020年7月14日
	20. 一种室外疏放水海绵式收集装置		2020年9月18日
	21. 一种球阀截止阀复合的蒸汽疏水系统		2020年4月14日
	22. 一种海水烟气脱硫水质恢复系统		2019年3月19日
	23. 一种海水烟气脱硫曝气水质恢复系统		2019年1月11日

续表

奖项类别	专利名称	颁发单位	获得时间
实用新型专利	24. 一种海水烟气脱硫后酸性海水的水质恢复装置	国家知识产权局	2019年1月11日
	25. 一种利用海水脱除烟气中高浓度二氧化硫的装置		2019年2月5日
	26. 一种海水烟气脱硫吸收塔		2018年6月18日
	27. 一种电厂凝结水精处理再生废水处理系统		2019年5月17日
	28. 一种凝汽器抽真空装置		2019年5月17日
	29. 一种平台踢脚板固定装置		2018年12月28日
	30. 一种圆管带式输送机防扭转装置		2021年2月2日
	31. 一种管带机的防跑偏装置		2021年2月2日
	32. 一种管带机的托辊组及管带机		2021年2月2日
	33. 分散处理单元		2017年9月22日
	34. 分散控制系统输入输出模块		2017年9月22日
	35. 分散控制系统底座		2017年11月14日
	36. 模块与底座的连接结构		2017年10月17日
	37. 一种数字量输出板卡		2019年11月1日
	38. 一种多通道数字量采集板卡		2019年11月1日

（四）参编标准：国家标准1项，行业标准7项，团体标准1项

序号	标准名称	发布单位	标准等级	发布时间
1	GB／T51312—2018《船舶液化天然气加注站设计标准》	国家市场监督管理总局	国家标准	2018年12月1日
2	DL／5210.3—2018《电力建设施工质量验收及评价规程》第三部分	国家能源局	行业标准	2018年7月1日
3	DL／5210.2—2018《电力建设施工质量验收及评价规程》第二部分	国家能源局	行业标准	2018年7月1日
4	T／CSEE 0053—2017低温多效蒸馏海水淡化装置化学清洗导则	中国电机工程学会	行业标准	2018年5月1日
5	JTS 168—2017《港口道路与堆场设计规范》	交通运输部	行业标准	2017年12月11日
6	JTS／T 234—2020《水运工程施工监控技术规程》	交通运输部	行业标准	2020年11月15日
7	JTS／T242—2020《水运工程静力触探技术规程》	交通运输部	行业标准	2021年2月1日

续表

序号	标准名称	发布单位	标准等级	发布时间
8	JTS／T179—2020《水运工程海上人工岛设计规范》	交通运输部	行业标准	2021年3月1日
9	TSDAQ／001—2020，非开挖用改性聚丙烯（MPP）电缆护套管		团体标准	2020年5月1日

（五）其他省部级及以上奖励

序号	奖项名称	颁奖单位	获奖等级	获奖时间
1	《BIM技术助力印尼爪哇电厂配套码头工程（EPC）的建设落地》获得2018年第七届全国BIM大赛一等奖	中国图学学会、人力资源和社会保障部教育培训中心	一等奖	2018年11月
2	《漫画版ISO9001及电建项目管理实务读本》获得2019—2020年度电力行业创新创意成果银牌	中国电力技术市场协会	二等奖	2020年8月
3	《神华国华印尼爪哇7号2×1050MW燃煤发电新建工程配套码头工程工程可行性研究报告》获得2018年度全国优秀工程咨询成果奖二等奖	中国工程咨询协会	二等奖	2019年12月
4	《BIM技术在神华国华印尼爪哇7号2×1050MW燃煤发电新建工程配套码头工程中的应用》获评2020年首届工程建设行业BIM大赛三等成果	中国建筑业协会	三等奖	2020年9月
5	《神华国华印尼爪哇7号2×1050MW燃煤发电项目》在中国对外承包工程商会"2020年国际工程绿色供应链管理评价活动"中获评优秀项目	中国对外承包协会	优秀成果	2020年9月

二、精品印象，细部工艺

汽机本体、汽门保温	辅机附属设备
管道支吊架	管道布置、保温、成品保护
水冷壁集箱吊挂装置	炉顶放气阀组

第九章 总结昨日，开启明日征程

煤粉管道无漏粉污染

锅炉点火燃油回油阀无泄漏、放静电符合要求

电除尘灰斗及保温

吸收塔管道

曝气池及曝气风管

斗轮机及干煤棚

327

助力共建命运共同体　国能托起爪哇明珠

管带机及引桥道路 　　　　　　卸煤码头及卸船机

电缆桥架布置 　　　　　　电缆桥架及电缆敷设

柜体电缆标识 　　　　　　1号机保护室保护盘后接地排

第九章 总结昨日，开启明日征程

1号机保护室保护盘后电缆封堵	锅炉照明
热控盘柜	热控盘柜及电缆
仪表及管路布置	户外设备防护

助力共建命运共同体　国能托起爪哇明珠

汽轮发电机基座清水砼

烟囱清水砼

主厂房钢结构安装

钢结构焊缝熔渣打磨清根 　钢结构焊缝打磨防腐

钢结构高强螺栓安装、扭矩检验 　高强螺栓安装摩擦防腐

厂区沥青砼道路

综合管架及管道布置

第三节　开启明日之征程

"爪哇7号项目1号机组的投产,标志着继高铁、核电、特高压之后,百万千瓦级高效清洁煤电成为中国央企走出去又一张'新名片'"。跨过历史交汇点,我们在历史前进的方向中前进,在时代发展的潮流中发展,我们所处的时代充满挑战也充满希望。

爪哇7号项目的成功,从建设理念、项目设计、管理原则到超高的技术含量,赢得了印尼政府对国能集团的高度信任和青睐,提升了国能集团在海外市场的竞争实力,激扬了国能人的志气,增强了国能人积极投身海外市场的底气,是集团公司踏上海外新征程的里程碑和加油站。爪哇7号项目像一座灯塔,照亮国能集团海外拓展的下一段征程。

勠力同心,强强联合,牢记国家荣誉、企业担当和使命,始终以建设"一座具有中印尼文化特色,同行认可、长期盈利、世界领先、印尼第一的燃煤发电示范电站"为目标。为印尼再添能源新地标,助力中国企业在海外市场扬帆远航!

对历史最好的致敬,是书写新的历史;对未来最好的把握,是开创更美好的未来。无数平凡英雄拼搏奋斗,汇聚成新时代中国昂扬奋进的洪流。沿着中华民族前进历程中的一个个鲜明脚印前行,我们更有勇气和力量去攀登新时代的高峰。

心中有丘壑,眉目作山河。平凡如我们,或许不会做什么惊天动地的大事,但可以用热情与力量去克服生产生活中的困难,去理解自己对国家与民族的责任和担当。我们唯有踔厉奋发、笃行不息,方能不负历史、不负时代、不负人民。

也正因如此,我们能够将昨天的感慨,化作面向未来的昭示。展望未

助力共建命运共同体　国能托起爪哇明珠

来，时与势在奋进的中国。每一个奋斗者都在时代的舞台上绽放光芒，让我们勠力同心、奋勇前行！

爪哇7号项目远景规划示意图

附录

参加爪哇项目建设人员名单

一、项目公司及运维公司

（一）董事会及领导班子
（按任职时间排序）

1. 第一任董事会及领导班子（2015年12月—2019年2月）

董事长：闫子政

总经理、董事及副总经理等：封官斌、李立峰（运维董事长）、崔育奎、余西友、Rudi Hendra、Hendro Susilo、Arief Teguh Sutrisno、Ajrun Karim（运维）、陆成骏（运维）、闫卫东（运维）、Satrio Wayuhdi（运维）、Beton Karo Sekali、郝建光、徐北辰。

2. 第二任董事会及领导班子（2019年2月—2021年10月）

董事长：温长宏

总经理、董事及副总经理等：赵志刚（运维董事长）、崔育奎、余西友、陆成骏（运维）、闫卫东（运维）、Satrio Wayuhdi、Beton Karo Sekali、郝建光、徐北辰、Teguh Handoyo、安亮（运维）、Eko Ariyanto（运维）、刘琦（运维）。

3. 第三任董事会及领导班子（2021年10月至今）

董事长：赵志刚

总经理、董事及副总经理等：陆成骏、崔育奎、余西友、Teguh Handoyo、徐北辰、Satrio Wayuhdi、Eko Ariyanto（运维）、Doddy Nafudin、安亮（运维）、刘琦（运维）、沈建飞。

（二）参建人员名单

（按姓氏笔画排序）

于绪强、马骎、马巧昕、王亚、王有、王进、王森、王赟、王文杰、王文博、王军超、王泽森、王学成、王宝库、王爱民、韦美连、方乐乐、邓旭、石伟、石玉兵、皮郡立、邢华文、邢鹏飞、任国辉、刘伟、刘松平、刘宝成、刘绍慰、刘海涛、刘期宏、刘朝阳、齐俊甫、关宏宇、安洪坤、安耀国、许潇涵、孙权、孙东生、李宁、李昂、李剑、李铮、李正兴、李永强、李志坚、李建忠、李春宏、李洪峰、杨欢、杨路、杨大为、杨守胜、杨润宇、时文俊、吴迪、邱杨、何凌燕、余望杰、沈明军、宋志明、张凯、张馗、张小东、张文波、张仕帆、张宏林、张建华、张海瓦、张海军、张雄俊、陈伟、陈思、范术东、范东保、欧阳智、岳海鹏、周翔龙、郑晓、宗佺、宗学谦、房红岗、赵建伟、赵桂申、胡成宝、胡昌盛、胡宝生、柳铧锋、钟秋、钟启刚、侯永、施智勇、姜彬、姜洪波、费志博、秦占锋、袁永飞、袁浩淇、聂鑫、莫量、贾涵、贾利永、晁阳、钱义生、徐振、徐小伦、徐雪冬、徐德卷、高志华、高景民、郭晨悦、展飞、黄亮星、曹玉琦、曹江平、庹兴亮、康伟、康二红、盖雪浩、梁平、梁峰、彭里程、董冲烈、董国曜、董浩然、韩少凡、鲁德利、靳文娟、谭阳文、翟君、翟朝阳、滕跃、穆永刚、魏金标、魏静怡

（按姓名字母排序）

Achmad Syaefullah Akmal、Achmad Yusuf Arif Huzaini、Adam Laskar Ikhwani、Adiwibowo Sitompul、Adnan Khairandi、Adrian Alkahfi Fauzi、Agum Raksagumilang、Agung Fauzi、Agung Puja Dirandra、Agung Purnomo、Agus Juhri Muhajir、Ahara Septawan、Ahmad Adrian Hanafiyah、Ahmad Afkar Umam、Ahmad Ilham Kamal、Alfret Parulian Sinambela、Alvin Paulus Silitonga、Andhika Eka Kustiawan、Andhika Mesias Arie Ramba、Andhika Widi Saputra、Andi Ghinaa Senissa Putri、Andika Eri Trianto、Andri Purnawan、Andrianto Eko Wahyudi、Anggia Aclp Sihombing、Anjar Praditya Wicaksono、Arief Lucky Bima Sakti、Ariel Generanta Isura、

附录

Arinal Haqqo、Arya Wisnu、Yoga Okta Pamungkas、Baja Maruj Siagian、Bambang Supriyatno、Bayu Santika、Bemby Yulio Vallenry、By Romeo Kerinci Aris Kelana、Catrin Payusca、Daffa Akmal、David Alfonsus Lumbanraja、Dennis Anggara、Dhaifina Adani、Dhiya Dini Azmi、Diana Suradi、Dicky Wicaksono、DidikSumarsono、Dika Lirisanti、Dimas Prasetyo Nugroho Putro、Djohanalfian、Dodi Darmawan、Doni Nur Cahyono、Eddy Tandiono、Edo Sigit Pratama Andreans Saputra、Eki Andrian Perdana Putra、Eko Panji Budi Handoko S.T.、Elan Budi Kusuma、Elzan Agung Yurleziwan Hidayat、Emil Hakim、Eric Candra Budianto Simanjuntak、Erlangga、Erwin Firmansyah、Erwin Sanjaya Hermawan、Fadella Binda Parwitasari、Fandi Wijaya、Faqih Andi Alfian、Fauzi Achmad、Fauzu Nuriman、Febri Riadi、Felix Marvin、Fikri Salahudin、Galih Nurhidayat、Gina Aulia Rachmawati、Guntoro、Gusparezki Galih Indrasakti、Hamka Putra Parsada、Herdian Djuanda、Heri Dwi Sulistiyono、Hilmy Ilham Alfisahri、Hiro Nayaparana、Hizkia Satria Usodo、Ibnu Syaifullah Prasetyo、Ida Faroh Sakdiyah、Ilham Aulia Akbar、Ilham Dwiatmaja、Ilman Satriawan Pratama、Indra Budi Setiawan、Jalal、Jhonstone Josua Tambunan、Johan Ferdiansyah、Jovinia、Juherna、Julia、Khalif Maulana、Kholid Abdul Azis、Listiyani Wijaya、Lydiana、M Fikri、M.Reminton H A F、M.、Faisal Cahyadi、Mastodotua Raja Guk Guk、Maulana Ainul Yakin、Mesakh Harir Rajagukguk、Milka Minerva Rusliana、Moch Jabbaar Ai Baasith、Mochamad Rizky Ramadhan、Muhamad Luqman Hakim、Muhamad Miftahul Azhar、Muhammad Abi Darda Ferbe、Muhammad Ainur Rofiq、Muhammad Baried Yuliar、Muhammad Dzaky Haidar、Muhammad Fadli、Muhammad Muzakky Alwy Al Fatawi T.H、Muhammad Reza Zhafari、Muhammad Rizki Rafido、Muhammad Yakub、Muslimin、Nata Khakima Adhuna、Noer Rizal Salim、Nur Rahma Dona、Nur Saiful Alam、Nuraga Isma Affandi、Nurul Anwar、Onward Simanungkalit、Premadi Setyoko、R. Kholilul Rahman、Rachmad Wahyu Illahi Robbi、

Rahmat Bayu Setiawan、Rama Yoga Hermawan、Ridho Restu Adi、Ridwan Rachmansyah、Rijal Fathoni、Rino Rinaldhi Yoga Handarta、Riyo Saputra、Riza Mulyadi、Rizka Anggraini、Rodzian Aries、Rubiyanto、Rudi Hari Wibowo、Sakinah、Sampulur Kerta Sugiharta、Satria Prima Satya、Satrio Wicaksono、Septian Aditama、Shafwan Haidar Iskandar、Siani Liu、Sodiyah、Stefanus Suryo Sumarno、Teguh Setyo Pambudi、Tri Suci Bagus、Tulus Martini、Usman Azka Jaisyullah、Venny Lie、Yandi Permana Putra、Yeremia Arie Fibianto、Yoga Faissi Rachman、Yudha Ady Nugroho、Zainal Arifin

二、国华电力技术支持组

组长：尹武昌

成员：王丙贵、王晓晖、王善同、史国青、安亮、宋勇、张宇飞、陈鸣晓、周翔龙、钟秋、徐雪冬、黄香彬、渠国防、薛丰

三、浙江火电

（一）项目经理部

项目经理：顾巨红

项目副经理及项目人员：陈加生、叶国良、周海俊、金欣、宁峥嵘、周军忠、沈钢、于建东、林长春、刘伟先

（二）参建人员名单

（按姓氏笔画排序）

于博、马千里、王琦、王茂华、王国伟、方磊、方平安、占旭、叶峰、叶沾祥、田钢、吕荣民、朱建平、华光烈、向友权、刘仁勇、齐杭新、孙宏民、芦百树、李兴强、李明礼、杨洋、杨立军、沈光飞、宋石锋、张沛江、张宜富、张洞亮、陈志、陈兴才、金晓辉、周炜、赵磊、赵进华、赵喜君、俞勇

伟、姚志洪、高清渭、唐海斌、陶文祥、葛哲彬、蒋华飞、潘平锋

四、山东院

（一）项目经理部

分管院长：王作峰

分管总监：周宝田

分管副总监：王本君

项目经理：赵忠明

项目副经理及设总：范明波、翟忠振、孙文、黄汝玲、于洪涛

（二）参建人员名单

（按姓氏笔画排序）

丁强、马强、王文超、王俊玲、亓萌、牛洪刚、尹坤、邓伟妮、田志磊、史本宁、曲孝飞、吕东东、刘羽、刘佳、刘洋、刘新亮、刘福君、齐光才、李旭、李涛、李琳、李鲁、李冠霖、吴迪、吴勇拓、邱善龙、汪立群、沈兆飞、宋庆浩、张伟、张涛、张森、张广龙、张永飞、张纪兵、张盼盼、张培根、陈平、陈娜、单志超、孟令伟、赵东峰、郝倩、娄锦昆、姚伟、徐鑫、徐大鹏、曹洪振、麻东东、董健康、程爱红、臧梦、潘家鹏

五、四航院

（一）项目经理部

公司主管领导：李华强

公司主管总工：杨云兰

事业部主管领导：张校强

项目经理：沈启亮

项目副经理等：卢金华、陈红军、尹金星、杨森、庄勇

（二）参建人员名单

（按姓氏笔画排序）

马强、王更、王继成、王维杰、韦羚、古堇良、卢少彦、申勇锋、冯倩、乔光全、刘敏、刘堃、刘庆辉、刘阳阳、刘哲圆、许伟航、孙继斌、巫飞、李阳、李声文、杨云安、杨亚宾、连石水、肖坤、肖敏艳、何汉艺、何姜姜、应安娜、汪超、汪作凡、张龙、张诚、张鹏、张立帅、张露露、陈波、陈响、陈斌、陈海峰、陈海燕、林向阳、林宏杰、周莹、周道、周龙旭、周鑫强、单恒年、郝志斌、胡金芝、钟良生、俞舟、姜培平、姚斌、贺贝、袁静波、贾旭、钱龙、徐润刚、殷玉平、高丛、郭浩霖、黄炎潮、戚俊杰、龚道雄、崔政伟、谢钊凯、谢钿加、廖源、廖向京、谭毅、黎维祥

六、中南监理

（一）项目经理部

项目总监：董广君、鲍东海

项目副总监：程良驱、史沛、余斌、曾文斌、张征、曾超英、李安正、张强、杨杰

（二）参建人员名单

（按姓氏笔画排序）

万晓龙、王乐、王礼、王文源、王宇轩、尹艳文、甘健、叶海钏、冯书林、朱建明、刘红、刘畅、刘喆、闫雷、闫文玲、安宁、安兴福、李抢、杨洪波、余益、宋志斌、张立、张洁、陈杰、陈建勋、陈钟林、范海涛、尚冰洁、周斌、周知青、荣维民、胡学文、柳文东、姜玉国、姜亚清、姜洪志、夏林松、殷先亚、郭亚龙、郭伟红、席国强、桑红伟、康壮、梁正仁、薛志哲、薛燕华

七、广东院

（一）项目经理部

设计总监理工程师：乐自知、马旻

设计副总监理工程师等：陆文定、唐刚

（二）参建人员名单

（按姓氏笔画排序）

马莉、王正琴、王衣超、王兴华、邓锡斌、白建基、伍丹萍、伍清宏、任灏、任国澄、刘巍、刘广林、刘宇穗、刘瑞怡、李戈、李勇、李鹏、李建雄、杨莉、邱招贤、何子琳、邹晓杰、沈云、张镟、张先提、张旭光、陈鑫、陈永雄、陈晓云、武洋、尚继发、罗振宇、罗海中、周倩、周雷靖、赵科熙、邰瑞莹、莫璇、贾斌、唐玉萍、涂娟、姬晓慧、黄挺、黄继峰、曹明生、梁博、梁金放、彭明祥、董凡祺、蒋石龙、韩卫冬、韩兰军、韩晓枫、温国标、谢明、谢明志、赖琦、窦朋、廖思雄、潘灏

八、杭州意能

（一）调试项目部

项目经理：王异成

项目执行经理、副经理：章鹏、钱林锋、黄军浩

（二）参建人员名单

（按姓氏笔画排序）

丁海雷、马思聪、王光辉、方天林、邓前、史德佩、许自主、李飞、李怡、李辉、李卫华、杨伟辉、杨振华、吴跃森、邹晓峰、宋方圆、张维、张童、张关淼、陈乐、陈聪、陈德海、陈巍文、赵寅丰、施吉祥、徐柳斌、蒋薇、程维、曾文进、靳聚磊、滕千里、冀会军

九、西安热工院

（一）项目经理部

项目经理：赵杰

（二）参建人员名单

（按姓氏笔画排序）

王昭、王慧青、白小锋、邢乐强、任海锋、刘雨佳、刘玺璞、李东阳、李楠林、吴涛、何涛、何仰朋、余昭、陈盛广、陈稳定、郝栓柱、宦宣州、高延忠、崔利

工程航拍

主厂房

项目夜景

集控楼

煤码头

输煤栈桥

行政办公楼

员工公寓

项目外景

项目周边红树林